新形势下贵州构建体育治理新格局的机制创新研究

刘积德 / 著

新华出版社

图书在版编目（CIP）数据

新形势下贵州构建体育治理新格局的机制创新研究 / 刘积德著.
北京：新华出版社, 2024. 10
ISBN 978-7-5166-7608-0

Ⅰ . G812.773

中国国家版本馆CIP数据核字第2024F0H554号

新形势下贵州构建体育治理新格局的机制创新研究
作者： 刘积德
责任编辑： 蒋小云
出版发行： 新华出版社有限责任公司
　　　　　（北京市石景山区京原路8号　邮编：100040）
印刷： 北京亚吉飞数码科技有限公司

成品尺寸： 170mm×240mm　1/16　　　　**印张：** 19.25　　**字数：** 305千字
版次： 2025年4月第1版　　　　　　　　　**印次：** 2025年4月第1次印刷
书号： ISBN 978-7-5166-7608-0　　　　　　**定价：** 98.00元

微店

视频号小店

抖店

京东旗舰店

微信公众号

喜马拉雅

小红书

淘宝旗舰店

扫码添加专属客服

前　言

　　20世纪后期，新公共管理运动逐渐兴起，国际体育治理研究也在应对体育实践问题的过程中不断取得新进展。近年来，随着全民健身、健康中国的理念不断深入人心，体育强国已成为我们国家的基本政策。特别是新时代以来，中国现代化体育工作事业已经取得了巨大成果，推动学校体育、竞技体育、群众体育、体育文化及体育相关产业等领域的全面发展。然而，我们的治理理念不明、思路不清的问题依然不同程度地存在，在治理理念的系统梳理和切实贯彻、治理主体的利益划分和权力制衡、治理机制的科学论证和协同构建、治理方法的积极引入和有效落地、治理效果的专业评估和主动反馈等方面，我们仍然任重道远。这些问题，显然与我们的体育治理有着密切的联系。

　　国内外学者们广泛地探讨组织腐败、兴奋剂、操纵比赛、假球黑哨等全球体育问题，尤其是奥林匹克危机与治理、国际单项体育联合会治理成为体育理论和实践领域的热门研究选题和热点讨论话题。以国际奥委会、国际足联、国际田联等为代表和引领的国际体育界采取开放态度，将学者观点和业界共识纳入自身的管理实践，推动了体育治理的深度变革。全球体育治理理念始终围绕透明、民主、问责、制衡等核心词，具备平等和均衡特征，形成了较为成熟的全球体育治理概念体系与范式。这种理论和实践的统一，已经成为全球体育治理走入协同共治的一个集体镜像。透明国际和Play the Game等机构是新兴的国际体育治理监督者和影响者。

　　在全国积极推进中国特色学术体系和学科体系建设，在中国哲学社会科学的发展中，我们要努力打造一个有中国特色、中国风格和中国气派的学术成果，在讲好中国故事、传播中国声音、塑造好中国形象成为时代主题的背景下，中国的体育治理研究也不应置身事外，而应主动回应、积极对接、努力创新。

中国提出的"建设人类命运共同体"的概念，在2017年3月第一次在安理会通过。并在同年9月，联合国第71次会议上，中国提出了"合作、分享"的建议，这是第一次在联合国的全球经济管理理念中引入这个概念。"人类命运共同体"思想以其深邃的理论意涵、鲜明的实践价值成为海内外各哲学、政治学、法学、经济学、管理学等学科的学术研究热点。在这样的宏大背景下研究体育治理，自然又有了新的理论意涵和现实价值。

体育治理已经成为体育学术热点命题和体育实践热门话题，这对于贵州来说，是绝好的一个实践机会。贵州有着独特的自然资源、地理、文化环境，少数民族的地域分布十分广阔，民族体育的特点也十分突出。发展贵州特色体育和贵州特色体育产业，前景十分广阔。但现实是我们的体育实力并不强劲，体育资源分布并不均衡，体育事业和体育产业的发展，还相当落后，因此，加强贵州省体育长足治理建设和体育科学治理研究，是我们每一个体育人在贵州体育事业发展进程中义不容辞的历史使命与责任担当。正鉴于此，《新形势下贵州构建体育治理新格局的机制创新研究》一书，由此而生，本书在治理新格局的视角下，重点研究体育治理机制创新，愿体育治理尽快成为体育管理的核心理念，为体育治理新格局开辟更加广阔的视野。

作者

2022年8月

目　录

绪　论

一、研究背景及意义

（一）体育强国发展战略

习近平于2016年8月25日与中国31届奥运代表团会晤时说："我们希望各位同志继续发扬奥林匹克精神，发扬中华体育精神，不断提高我国竞技运动的整体水平，使我们的竞技运动更好、更快、更强，为国家赢得更多的荣誉，推动大众运动的发展。"

习近平于2017年1月23日在河北省张家口市视察冬奥会筹备工作时说：中国拥有13亿多人口，体育是一项重要的社会事业，是一项具有巨大潜力的朝阳行业。我们申办北京冬季奥运会的一个重要目标，就是为了促进我们国家的冰雪事业迅速发展，促进大众体育的普及。

习近平于2017年8月27日会见先进个人代表与全国优秀体育单位的时候强调，体育强国事业的快速发展，必须大力弘扬中华体育精神，树立体育道德，增强信心，奋发图强，增强体育整体素质，充分发挥体育制度的功能，把体育事业做得更好，增强为民族争光的能力，让体育成为一个充满活力的社会力量。

2017年10月18日，习近平总书记指出，没有全民健康，就没有全面小康，人民健康是民族昌盛和国家富强的重要标志。2019年国务院正式成立了健康中国行动推进委员会，发布了《健康中国行动组织实施评估方案》，同年7月，还发布了《国务院关于实施健康中国行动的意见》。

习近平在2019年2月1日视察北京冬奥会和冬残奥会的筹备工作时说，"体育是中国梦想的一个重要组成部分，也是一个民族复兴的有力动力。"体育强国建设需要全体人民弘扬中华体育精神，提高我国体育的道德水平，促进学校体育、竞技体育、群众体育及体育相关产业协同发展。

在2020年召开的全国教育、文化、卫生、体育等领域的座谈会上，习近平主席着重指出：体育在提升全民族健康水平中发挥着至关重要的作用，它是实现人民群众对美好生活追求的桥梁，是推动人全面健康发展的关键环节，同时也是彰显国家文化软实力的重要舞台。而在9月30日会见中国女子排球队代表时，习近平总书记进一步强调：在新时代的征程中，建设体育强国离不开对女排精神的传承与发扬，必须让科学健身成为人民健康生活的重要组成部分。我们应以文化自信为基石，大力弘扬中华体育精神，将体育制度与市场机制有机结合，始终坚守初心，持之以恒，共同开创我国体育事业在新时代的新篇章。

2022年4月8日，习近平总书记在北京冬奥会和冬残奥会总结和表彰会议上指出，要充分发挥体育在促进人的全面发展中的重要作用，继续加大体育科学研究力度，努力推进体育事业的创新、加强全民健身制度的改革，提高广大群众尤其是青少年的体育健身意识，提升中国体育竞技、竞赛综合水平与竞技体育在国际舞台上的竞争力，加快现代化体育强国步伐的建设。

习近平主席在北京市延庆区国家高山滑雪中心进行考察调研时深刻指出，群众体育是建设体育强国的基础。通过办好北京冬奥会和冬残奥会，在3亿人中推广冰雪运动，尤其是雪上运动，推动建设体育强国。

自十八大以来，党中央便明确提出了全面深化改革的宏伟蓝图。十八届三中全会确立了深化改革的总体目标，即"推动国家治理体系和治理能力现代化"。而十八届四中全会则进一步聚焦法治建设，以"构建具有中国特色的社会主义法制""构建社会主义法治国家"为核心任务，为国家的长治久安奠定了坚实的法治基石。

这对于我国的现代化建设有着重要而深刻的影响。要落实好党在体育工作中的各项决策，就必须坚持依法治国、健全国家管理体制、推动国家治理现代化。唯有如此，体育事业方能在实现中华民族伟大复兴的壮丽征程中，扮演不可或缺的重要角色，为实现中华民族伟大复兴的中国梦贡献其独特而重要的力量。

体育实现高质量发展，是我国社会现代化发展、人类文明健康发展的重要标志之一，它可以反映出一个国家或地区的综合整体实力和社会现代文明程度，这是提升广大群众身体素质、全面发展、丰富人民的物质生活水平、推动经济、社会发展、激励中国人民发扬追求卓越、超越自我的伟大力量[①]。新中国成立以来，特别是改革开放三十载的光辉历程中，中国的体育事业取得了辉煌的成就。然而，随着时代的进步与发展，我们也不可避免地面临着一系列新的挑战和问题。当前，我国正站在由体育大国向体育强国迈进的关键节点，全面深化改革的大背景下，体育领域的发展同样需要直面问题，寻找解决之道。因此，我们有必要从体育事业自身出发，积极创新，深化改革，全面提升体育治理水平，推动中国现代化体育事业的健康、全面发展。本文深入探讨了"治理"与"体育治理"的概念内涵及其现实意义，剖析了体育治理体系和治理能力现代化的核心问题，并提出了完善体育治理体系、推进体育治理现代化的对策与机制创新路径。通过这一系列论述与分析，旨在为我国的体育事业发展提供新的思路与方向，助力实现中华民族伟大复兴的"中国梦"。

近日，贵州省政府办公厅制定发布了《贵州省建设山区民族体育特色强省行动计划》，提出了三个发展目标：到2022年，实现山区民族体育特色强省建设阶段性成果；到2035年，建成民族体育特色大省；到2050年，建成山区体育强省。《计划》提出，要大力推进全民健身运动，促进健康贵州的发展；积极推进体育事业的改革和创新，努力提升我国竞技体育的整体水平；加强体育教学整合，推动青少年健康发展，激发产业要素，充分利用资源优势推动山地民族体育品质提升；强化文化导向，推动体育文化的蓬勃发展。

---

① 习近平.人民身体健康是全面建成小康社会的重要内涵[EB/OL].http://news.xinhuanet.com/
politics/2013−08/31/c_117171570.htm，2013−08−31.

（二）体育大国向体育强国转型

中国成功举办2008年北京奥运会，金牌数位居世界第一，2022年世界冬季奥运会和残奥会在北京圆满结束，不仅成为中国人的骄傲，也实现了中国人的百年梦想。然而，金牌的数量并不能全面反映中国人的健康水平。当前，我国虽然在体育领域取得了显著成就，但只能称之为体育大国，而我们的最终目标是成为真正的体育强国。体育大国是指体育发展数量指标在世界上名列前茅的国家，而体育强国注重体育发展的质量。具体来说，体育强国指的是以高水平的竞技体育为引领，以广泛而深厚的群众体育为基础，体育综合实力和发展水平均位居世界前列的国家。在2008年北京奥运会之后，中国的体育企业重新审视了自身的发展道路，进行了科学的目标定位与战略规划。这些调整与定位的核心目标，正是为了实现体育强国的宏伟愿景。

成为体育强国意味着我们的竞技体育和社会体育都应位居世界前沿，并且体育产业、文化、教育、科技及法律等相关领域也需达到国际先进标准。从竞技体育的角度看，这主要表现在我国的体育竞技水平和国际竞争力领先全球。而从社会体育的角度看，首先是国民的体育参与率和人均体育设施面积应与中等发达国家持平或更高；其次，我们的体育事业应实现组织化、科学化和社会化的高标准发展。简言之，体育强国的核心在于将"以人为本"的理念扩展至体育及其相关领域，将体育的科学发展视为推动人们全面健康的重要途径，以此推动公众体育的持续健康发展，并使体育成为构建和谐社会及社会文明进步的关键要素。但是，目前我国体育协会的管理状况还不尽如人意。我国目前存在的问题是，我国的体育非营利组织在治理结构、管理水平等方面尚需进一步完善。

（三）第三产业的快速发展

20世纪中期以后，第三产业在全球经济、社会发展进程中迅速崛起，成为全球最大的支柱产业。从水平上来看，越是发达国家和区域的经济发展水平越高，服务业的比例也就越高。在纵向上，各种服务业在经济发展和社会发展中所占的比例都在增加。世界各国都在发展第三产业。第三产业的迅速发展，使得第三产业在我国国民经济中所占的比例逐渐增加，已经成为一个日益重要和战略地位的行业。①

体育作为第三产业中的一个重要部分，其在西方发达国家得到了充分的体现，其对我国的社会和经济环境造成了深远的影响。2014年，国务院发布《国务院关于加快发展体育产业促进体育消费的若干意见》②；2015年2月27日，《中国足球改革发展总体方案》由中央全面深化改革领导小组批准③。这标志着中国体育产业的发展策略已经被提上了重要日程。

第三产业发展的日新月异，为体育领域的全面发展提供了更加宽广的发展空间，推动了体育科学技术的创新与体育国际化发展的进程。体育产业的快速发展推动了第三产业的发展，同时，职业体育的发展也决定了体育产业发展的规模和速度。加强体育管理的学习对促进中国特色体育事业的发展具有重要的现实意义。

（四）体育发展的客观需求

从西方体育发展的过程中，我们可以看到，体育从自由竞争发展到垄断竞争。尤其是，职业运动已经从单纯的竞技运动变成了一个新的经济增长点，促进了运动行业的发展。体育具有很大的市场价值和潜在性，其发展势头十分迅猛，带动了一批相关行业的发展，是一个新的投资热点。职业运动的社会化与全球化对职业运动行业的发展起到了积极的促进作用。专业体育造就了一系列与专业体育产品的生产、交流、流通和消费直接或间接相关的专业公司。以大型运动产业集团为基础，沿"逆""正""横"三个方向，发

---

① 李江帆.第三产业经济学[M].广州：广东人民出版社，1990：165-183.

② 《国务院关于加快发展体育产业促进体育消费的若干意见》，见中华人民共和国中央人民政府网（http：//www. Gov.cn／zhengce／2014-10／20／content_9152. htm），发布日期：2014年10月20日。

③ 《国务院办公厅关于印发〈中国足球改革发展总体方案〉的通知》，见中华人民共和国中央人民政府网（http：//www. gov. Cn/zhengce/content/2015-03/16/contenL9537. htm），发布日期：2015年3月16日。

展出一种以"特殊"为最鲜明特点的运动产品。随着广大人民群众生活质量水平的日益提升，人们对体育健身运动的需求也越来越大，体育已经与人民的生活紧密联系在一起，形成了庞大的体育消费市场，推动了体育市场的蓬勃发展。

（五）我国体育体制改革

改革开放后，我国的体育经营从创建到逐步完善，成绩斐然。然而由于历史等深层次的原因，我国体育研究大多还停留在学习与借鉴国外的体育模式上，缺乏体育发展的中国模式。中国体育的转型发展提上了议事日程，特别是党的十八大之后，中国特色体育的转型发展更是一个迫切需要解决的问题。

中国体育作为体育体制改革的先行者，其发展模式一直处于争议之中。回顾历史，中国体育发展的治理和运作模式都开创了体育的先河。20世纪80年代末、90年代初，乘着改革开放的春风，中国体育迎来了划时代的变革。1992年6月，中国足球协会在北京西郊红山口召开会议，会议以改革为主题，决定率先在竞技体育职业化、社会化、市场化方面尝试改革。这段历史也在一定程度上反映了体育作为一个公共产品，其供给主体的选择和变迁的过程。一方面，这个公共产品由于全国的大环境仍未彻底改变，供给主体的变迁尚未完成；另一方面，中国体育的政府治理正在不断深化。

我国体育现有的发展根植于计划经济与市场经济的结合，在一定程度上受到体制内运转一些系统性制约，造成"政府政策失灵"和市场低效率现象一直存在。所以，加强市场自身内在的力量，推动新一轮的体育市场经济改革，包括体育部门在内的政府机关和事业单位也将逐步实现职能转变，实施公共服务市场化配置体制机制。作为公共事业的体育发展也面临同样的问题，加强体育的市场化改革，推动体育的政府治理创新，提升体育发展的质量与效率，满足人民不断增长的体育需求是今后政府面临的重要的工作任务之一。

（六）研究意义

1.理论意义

从中国特色体育的内涵与特征角度，对中国体育发展的现象进行分析，探讨在目前社会条件下，中国特色体育发展存在的问题；运用现代经济学的理论和方法，以中国特色体育治理为核心，构建体育政府治理的分析框架将阐释中国体育发展模式，弥补现有体育理论的不足，从而形成比较完整的中国特色体育治理理论。本书主要从体育治理主体的变化和治理机制创新的角度出发，结合中国特色体育的现实特性，探索体育治理结构与治理机制。通过深入探讨中国特色体育治理机制，希望探清体育治理的方式，以及这种方式是在何种条件下形成的，是什么原因促使它形成的。这将会在一定程度上弥补中观层面体育治理理论研究的不足，从理论上丰富和完善体育政府治理的理论成果。

另外，在加快我国体育快速发展的过程中将不可避免地涉及政府和市场关系问题。政府和市场的关系是一个动态研究课题，是市场的不断发展和成熟与政府职能转变的互动过程，体育的发展离不开政府和市场的相互作用。本书研究体育治理方面的问题，期许有助于促进政府职能转变，加强政府宏观调控，提高政府服务意识。同时，期许促进政府和市场的交叉与互补，相互促进、相互融合，推进中国特色体育事业的进一步快速发展，促进我国特色体育的结构优化，提升我国现代化体育在国际上的综合竞争力。本研究将进一步分析中国体育的转型发展及政府职能作用的转变，为我国体育的发展提供一些借鉴与参考。通过探索体育发展规律，为人们正确认识现代化体育提供理论依据。

2.现实意义

西方体育具有完善的商业化运营体系与产业化发展模式。我们往往关注的是体育的外在表现特征，即体育的运营方式，如联合生产、垄断竞争、双边市场等；而对体育更为广泛的社会意义，如满足人们社会观赏需求、适应社会发展等却较少关注。体育实践中，联赛产权、联合运营与联赛市场及社会关系存在相互依存的关系。因此，从治理角度探究体育的发展，可以全面考虑体育的治理体系，有效地把握治理的态势和市场群体关系状况，有利于进一步推动我国体育的发展。

　　贵州地处偏僻、多山、交通不便，经济发展、通信条件十分落后。以种植业、劳务输出、旅游为主，是少数民族聚居区，一些偏远城镇、贫困村庄也有大量的人员流失。首先是流动人口，其次是大学生。贵州省的民族民间体育资源十分丰富，具有很好的发展前景。在新农村建设与国家乡村振兴战略的实施过程中，必须通过不断健全的政府管理制度来寻求问题的根源与出路。在当前我国体育发展的关键时期，从政府治理的角度构建贵州特色体育的治理路径，有助于完善贵州特色体育治理体系，促进其健康发展。这对推进贵州体育治理能力的提升，实现贵州体育的良性运转意义重大。

　　贵州特色体育是在体育全球化的背景下发展起来的。全球化意味着国外高水平的体育进入我国，而我国初级水平的民族体育却难以走出国门，"适者生存，优胜劣汰"无疑挤压了中国民俗民族体育的发展空间。站在社会变迁和社会转型的角度，研究贵州特色体育治理体系和机制构建问题，分析治理问题与路径选择，无疑有助于贵州特色体育应对全球化竞争的挑战。

二、研究动态

　　随着体育产业的不断扩大和专业化，体育治理已成为体育学领域的一个重要研究主题。本节将概述近年来体育治理研究的主要动态，从国外体育治理研究、国外体育治理实践以及国内体育治理研究三个方面探讨影响体育治理现状和未来发展的关键因素。

（一）国外体育治理研究

1.体育哲学、体育法领域的治理研究

　　体育不仅是身体活动的集合，更是深植于社会结构和文化价值的一种现象。体育哲学和体育法领域的治理研究聚焦于理解和实现体育活动中的道德价值、法律正义和有效管理。本文探讨了体育治理中的伦理、法律和管理实践，通过多种理论和案例分析，以期提出更合理的体育治理框架。

体育哲学领域的治理研究，特别关注于体育伦理，这涵盖了尊重、平等和责任等核心道德原则。McNamee提出，有效的体育治理应建立在这些道德要素之上。此外，Henry和Lee通过跨学科的研究，将道德哲学、公共管理和伦理学结合起来，从社会价值和文化功能的角度，深入分析体育管理的道德内涵。这种方法帮助我们理解体育活动不仅是竞技和娱乐，也是社会教育和文化传承的重要载体。

Deborah Healey的研究强调了体育组织在应对法律和治理挑战时的独特性。特别是在澳大利亚，体育组织面临的治理实践与普遍法律理论存在不完全匹配的问题。这表明体育组织需要具备灵活性，以适应竞技体育的特殊价值体系和需求。为了强化治理实践，Healey提议加强利益相关者的参与和认同，确保决策的道德性和公平性，并坚持组织的社会责任。

治理的民主化、问责制和透明度是体育法领域的另一重要研究议题。Katwala和Pound强调，治理结构必须确保所有利益相关者，包括运动员、粉丝和赞助商都能有发言权，并且这种合作关系应该被制度化。Chaker的研究则补充说，表达自由和独立地运营对于国际和国家体育组织至关重要，这有助于增加组织内部的民主咨询和沟通的有效性。

Bonollo DeZwart和Gilligan则关注于体育组织的可持续治理问题。他们指出，很多短期运作的体育组织由于缺乏长远的社会责任感，往往治理成效有限。因此，建立稳定而长期的组织框架，对于促进体育组织的持续发展和高效治理至关重要。

体育哲学和体育法领域的治理研究强调了在体育管理中实现道德、法律和效率的重要性。通过确保民主参与、加强问责制和透明度，以及促进可持续治理，体育组织可以更好地服务社会，推广体育的正面价值。这不仅要求法律和治理结构的灵活适应，还需要所有利益相关者的积极参与和合作。

2.体育领域的跨国治理和全球治理研究

随着体育行业的全球化和市场化，国际非营利体育组织如国际奥委会（IOC）和国际足联（FIFA）等，面临着日益复杂的治理挑战。具体来说，在法律和税务方面，国际非营利体育组织必须在多国法律体系中操作，面对不同国家的税法和法规，管理复杂度极高；在组织内部管理方面，面临腐败和效率低下等问题，组织内部缺乏透明度和高效的监管机制，导致资源浪费和公信力下降；在文化方面，全球体育组织必须协调来自不同文化背景的成员的期望和做法，文化差异可能导致政策执行上的障碍和误解。

针对这些挑战，一些学者开始探索改革的方向。根据Hums和Maclean（2004）的研究，以及John Forster（2006）和Jean Loup Chappelet的观点，我们可以概述以下几个治理改革的关键方向：（1）增强透明度和问责制：透明度是建立信任和效率的基础。国际体育组织需要公开其决策过程、财务报告和治理结构，确保所有利益相关者都能访问这些关键信息。（2）推动治理民主化：民主化的治理结构可以增加组织的公正性和有效性。这包括确保选举过程的公正和反映真实意愿，以及确保所有成员国和利益相关者的声音都能被听到。（3）强化自主性：国际体育组织应在国家和国际法律的框架内保持高度的自主性，避免政治和经济因素的干扰。这包括在制定和修订体育法规时保持独立性。（4）社会责任感的培养：体育组织应承担起推广公平竞争、性别平等和反对腐败的社会责任。这包括但不限于通过教育、倡导和直接行动来提升其社会责任感。

体育领域的跨国治理和全球治理面临着由全球化和市场化带来的多重挑战。为应对这些挑战，国际体育组织需要在治理结构、透明度、民主性和自主性等方面进行根本性的改革。通过这些改革，体育组织不仅可以提升自身的治理效率，还能在全球舞台上扮演更加积极和负责任的角色。

3.国家体育治理和大众体育政策互动研究

在体育领域，国家政策与体育治理的有效互动是推动体育发展的关键。国家体育治理涉及多方面的结构和策略，旨在提升体育行业的综合性能和社会影响力。

Nicholson等人（2004）的研究表明，澳大利亚体育政策的制度设计优化对体育发展至关重要。通过调整和完善治理结构，澳大利亚体育组织能够更有效地管理资源，提升运动员和团队的表现，并增强体育活动的普及率。Tony Ward（2014）的调查也支持了这一观点，指出良好的治理结构能确保组织行为与其目标一致，从而提高组织绩效。

Barrie Houlihan（2014）的研究进一步揭示了政府、非营利组织和商业实体在体育治理中的相互作用。他指出，英国体育政策强调政治价值和行政管理的结合，通过制定明确的政策框架和治理结构，加强了体育组织的策略实施和资源管理。此外，Houlihan教授还强调了决策过程中面临的挑战，包括资源分配、政策优先级设定以及如何衡量体育活动的社会影响。

Groeneveld和Houlihan的研究则从社会资本的视角出发，分析了欧洲体育组织如何通过社会关系和利益博弈来实现有效治理。这表明，社会资本不仅有助于促进内部协调和外部合作，也是提升组织适应性和创新能力的重要因素。

尽管国家体育政策与治理结构的有效整合为体育发展带来了正面影响，但依然存在挑战。这些挑战包括如何处理市场效应的过度放大、保持伦理标准，以及如何在竞争激烈的环境中维持公共价值和社会效益。Emma Sherry等人（2007）指出，现有治理模式需更加注重伦理和社会效益，以应对这些挑战。

国家体育治理与大众体育政策之间的互动对于促进体育行业的持续发展具有决定性作用。通过实施优化的政策框架和治理结构，可以提升体育组织的管理效率和社会贡献。未来的研究需要进一步探索这种互动的最佳实践和创新方法，以应对日益增长的体育市场和社会需求。

4.国家体育治理和竞技体育政策的互动研究

竞技体育作为全球化浪潮中的重要组成部分，其发展不仅受到体育组织内部管理的影响，也与国家体育政策密切相关。本研究将探讨国家体育治理与竞技体育政策之间的互动关系，特别是以足球为例，分析其政策调整和治理结构对竞技体育的影响。

Darby（2003）的研究表明，随着全球化的推进，世界足球治理面临着重大的结构调整，非洲国家在未来世界足球秩序中将占据更加重要的位置。这预示着国家体育政策需加强国际合作，以适应全球体育治理的新趋势。

Arnout Geeraert等人（2013）对欧洲足球管理机构进行的研究揭示了网络治理结构的效能，强调了治理透明性和多元参与的重要性。这种治理模式为欧洲足球秩序带来了新的发展动力，也为国家体育政策提供了参考，特别是在促进治理参与度和提升治理效率方面。

Mathieu Wmand（2011）的研究显示，比利时本地体育治理实体的运作受到政府资助和职员数量的显著影响，特别是在竞技体育的二三级梯队中。这表明国家体育政策在资源分配和人力资源管理方面对地方体育组织的运作具有决定性影响。

Mowbray（2012）提出的治理模型强调了内部规范、合作伙伴关系及其沟通、长期战略规划和透明度四个核心要素。这一理论为体育组织提供了一个清晰的治理框架，有助于国家体育政策在制定和执行过程中更有效地与组织治理结构对接。

竞技体育政策与国家体育治理之间的有效互动是推动体育领域可持续发展的关键。通过深入分析足球这一全球性体育的案例，可以看出政策制定者需重视与全球体育治理趋势的一致性，同时强化国内体育治理结构的合理性和前瞻性。未来研究应进一步探索不同国家和体育类型之间的政策互动，以更全面地理解和促进竞技体育的发展。

（二）国外体育治理实践

体育治理是全球体育发展中的一个关键环节，它涉及体育组织的策略制定、执行、监督及评估等多个方面。不同国家和地区在体育治理上的实践各有特色，本文将探讨几个国家的体育治理模式，并分析它们的成效与挑战。

1.在国家层面展开的体育治理实践

体育治理在国家层面上的实践，涉及对体育组织的管理、政策制定、资源配置等方面的系统性调整和优化。各国政府对此颇具关注，尤其是在保证体育活动的透明度、效率和公平性方面。通过具体案例分析，我们可以深入理解不同国家在体育治理上的创新与挑战。

澳大利亚的体育治理实践是一个典型的例子，显示了国家如何通过制定详细的治理原则和强制性规定来指导体育组织的管理。1997年，澳大利亚的一份报告揭示了国家和州级体育组织在治理效能上的不足。为了应对这一问题，澳大利亚运动委员会采取了多项措施，包括发布《治理与管理提升计划》和《治理体育：董事会的职责》，这些措施旨在提高体育组织的治理水平，并通过《体育治理原则》等文件，规范体育组织的治理结构和绩效评估。

新西兰体育与娱乐委员会在2004年出版了《有效治理的9个步骤：建立卓越绩效的组织》，并不断进行更新，以适应治理实践的变化。这种做法体现了一种持续改进和自我检视的治理文化，强调内部治理结构的优化是提升整体运动绩效的关键。

加拿大体育与法理研究中心指出，在现代社会中，公众对非营利体育组织的期望越来越高，这要求这些组织在治理上采取类似商业公司的职责与责任。体育组织的董事需要展现出高度的勤奋、忠诚和服从，这些职责的明确化有助于加强组织的透明度和责任感。

英国作为全球较早采纳整体性治理模式的国家，其体育治理的实践具有深厚的历史背景和研究基础。通过《英国管理机构体育善治指南》等文献，英国致力于解决国家体育组织中的治理问题，包括人力资源管理、利益相关者关系及战略合作等方面。这种综合性的治理评估有助于提升体育组织的管理效率和公共信任。

各国在体育治理方面的实践表明，通过国家层面的政策支持和规范引导，可以显著提高体育组织的治理质量和效能。这不仅关乎体育竞技的成绩，更关乎公众对体育活动的信任和参与度。有效的体育治理需要不断的政策创新和实践检验，以适应日益增长的社会需求和期待。

2.国际组织体育治理实践

随着全球化的推进和国际交流的加深，体育活动已经成为跨文化交流的重要平台。然而，随之而来的体育商业化、职业化和国际化趋势也带来了一系列挑战，如腐败、兴奋剂滥用、赌博等问题。为了应对这些问题，国际组织和地区组织不断推进体育治理的实践与改革。

自2000年发布《尼斯宣言》，欧盟便开始关注体育的社会功能和文化价值。宣言中强调了确保公民享有参与体育活动的权利，并呼吁体育在促进社会融合、文化交流和经济发展方面发挥更大的作用。2007年的《体育白皮书》和2012年的《体育良治与道德》报告，以及2013年的《体育善治原则》进一步明确了体育治理的框架和原则，强调公平竞争和伦理行为的重要性。通过这些政策文件，欧盟不仅提出了具体的治理措施，如反对过度商业化和青少年过早职业化，同时也强调了政策制定的透明性和公众参与的重要性。

国际奥委会在2008年通过《奥林匹克与体育善治基本原则》，这一重要文件为奥林匹克运动及其组织面临的挑战提供了应对之策。这些原则基于组织自主性的基础上，推动了与政府、社会、赞助商等利益相关者的协同治理。2014年的《奥林匹克2020议程》更是强调了委员会选举的透明性和善治原则的坚持，以及增加透明度和合规性。

国际自行车联盟和国际足联等其他体育组织也在不断地审视和改进其治理结构，响应公众对透明度和诚信的需求。例如，国际自行车联盟在2004年颁布的《善政规则》，就是对全球自行车运动特别是大型赛事的有效管理的尝试。

国际透明组织通过揭露体育领域的腐败案件，如2010年巴基斯坦板球队的赌博丑闻，推动了对体育组织内部治理结构的深度反思和改革。这些揭露不仅让公众意识到体育腐败的严重性，也促使国际体育组织加强自身的治理和透明度。

通过以上实例可以看出，国际组织在体育治理方面采取了多种措施，包括但不限于制定政策、发布治理原则、推动伦理行为和增加透明度。这些措施旨在确保体育活动不仅能够增进国际交流与合作，同时也能在公正、公平的基础上进行。尽管挑战依然存在，但国际组织的努力对于推动体育领域的持续发展和优化治理水平起到了关键作用。

（三）国内体育治理研究

当前，关于"体育治理"这一核心概念的研究成果相对较少。体育研究领域颇为繁杂，治理概念本身具有很强的传承性，因此我国体育治理研究呈现出一定程度的分散性。本部分将基于问题导向，全面梳理我国国内体育治理研究，涵盖不同学科、范畴层次、治理要素及实践领域等多个方面。

1.依照学科的维度

首先，法律关注运动问题。于善旭（2014，2015）从体制和法治化的角度，阐述了法治在推进体育管理现代化进程中的重要作用，并提出了实现体育法治建设的目的：要确立宪法和法律在体育领域的至高无上地位，明确界定各类主体的权利与义务边界，保障公民享有体育权利。为了实现体育工作的法治化，必须建立健全的体育法制秩序，以推进我国体育管理的现代化进程。体育法治在解决矛盾纠纷、树立法治思维以及创造法治环境等方面发挥着重要作用。在体育管理的法治化方面，需要重点关注人权、健康权、知识产权、反兴奋剂、反歧视社团、经济活动等方面的法律问题。同时，需要建立体育纠纷的解决机制，以应对体育领域中的各种矛盾冲突。黄世席（2010）通过深入研究，出版了《欧洲体育法研究》一书，阐释了欧洲体育法及相关条款，从中我们可以了解欧洲各国政府对体育问题的态度以及立法上的调整，其中涉及反兴奋剂、体育暴力、体育劳工流动、体育与竞争法的关系、转播权以及欧洲体育仲裁等多个方面。国内学者针对体育仲裁、体育纠纷、反歧视问题、兴奋剂问题、职业体育联盟的垄断问题等进行了大量研究，例如，李智、闫成栋等针对体育领域纠纷的管辖与合法性、运动员资格纠纷、反垄断法、体育暴力及其处罚等体育纠纷进行了研究并提供了有效的解决措施。宋彬龄对兴奋剂问题进行了法学解读。

其次，经济学的视角为体育治理提供了另一种维度的理解。杨年松的研究从制度经济学、产业经济学到微观经济学多个层面分析了职业体育的经济规律，揭示了体育作为商品的生产、分配和交换过程。郑芳通过治理结构的分析，探讨了不同治理模式的共性与区别，为体育治理提供了优化对策。郑志强则深入到职业体育的组织形式和制度安排，研究了如何通过竞争与合作手段来实现利益相关者之间的制衡，有效地保护各自权益并抑制机会主义行为。张宝华的研究则从合同角度出发，探讨了职业体育中利益相关方的互动。

总体来看，体育治理的研究需要多学科的交叉合作，通过法律确保规范和公正，通过经济学原理优化资源配置和提高效率，共同推动体育治理向更现代、更高效、更公平的方向发展。

2.依照范围层次的维度

国内体育治理研究的一个重要方向是从人文地理学的视角，依照不同的地理范围层次进行分析。这种研究方法不仅与我国传统治理研究的规范相吻合，即先界定问题发生的地理空间范围再展开具体研究，而且有助于在相似的意识形态、制度与文化背景下进行更精准的分析。本文将探讨全球、国际、国家、地方、城市及社区层面的体育治理研究，以展现其多层次、多维度的研究特征。

在全球层面上，体育治理涉及到的核心问题包括如何处理全球化与民族主义之间的矛盾。王润斌（2008）的研究指出，奥林匹克运动在全球化与民族主义的张力中摇摆，这影响了全球体育的凝聚力。任慧涛（2015）通过访谈体育治理学者，深入探讨了全球体育治理的发展及其根源，这表明全球体育治理仍在不断发展和变化之中。

国际层面的体育治理研究则更侧重于各国或区域间的治理模式和政策协调。丁励翼和鲍明晓（2009）通过分析《欧洲白皮书》揭示了体育治理在欧洲体育发展中的关键作用。陈华荣（2015）讨论了欧盟体育治理的基本原则及其发展，突出了政府在体育管理中的角色和态度。

国家层面的研究通常关注于如何构建和完善国家体育管理体系。杨华（2015、2016）的研究从宏观背景出发，探讨了中国体育管理体制与管理能力现代化的必要性和内涵，强调了从"追赶"到"可持续"发展方式的转变。

地方和城市层面的体育治理研究则侧重于地方政府在体育发展中的具体实践和策略。这一层面的研究帮助理解不同地区在体育政策执行中的差异和特色，如何结合本地实际情况制定和调整体育发展策略。

最基层的社区层面研究关注点在于社区体育的组织、管理及其对居民生活的影响。社区体育治理的研究有助于推动居民的健康生活方式，增强社区凝聚力和居民的身体健康水平。

通过从不同的地理范围层次进行体育治理研究，我们可以获得关于体育政策、管理体制、文化差异及其对体育发展影响的全面理解。这种层次化的分析方式不仅便于理解和对比不同层面上的治理实践，而且有助于在全球化的大背景下，为不同层级的体育治理提供切实可行的策略和建议。

3.从公共治理基本要素的维度

体育治理作为一种公共治理的形式，涉及众多要素，包括治理主体、治理结构、治理工具、治理机制以及治理评价。这些要素相互作用，共同构成了体育治理的框架，对体育的发展产生深远影响。本文将从这些基本要素出发，探讨国内体育治理的现代化进程。

治理主体是指在体育治理中拥有决策权、执行力或影响力的各方。栾丽霞、张晓洁等学者的研究强调了治理主体的多中心化、多元化，以及弱势群体的保护。在体育领域，这包括政府机构、体育组织、商业企业、非营利组织、运动员和公众等。多元化的治理主体能更广泛地吸纳各方利益，确保体育政策的全面性和平衡性。

　　治理结构涉及不同治理主体间的关系及其相对稳定的组织形式。体育治理结构中引入体育基本权利、体育公共服务和体育公共利益等概念，有助于明确体育的社会功能和责任。此外，关于体育的性质——公共、准公共或私人的界定——仍然是治理结构中的一个争论焦点，这影响到资源配置和政策制定。

　　治理工具是体育治理中使用的各种手段和方法，包括法律、政策、资金支持、技术等。有效的治理工具应能适应体育领域的动态变化和特殊需求，如何选择和使用治理工具，直接关系到治理效果的优劣。

　　治理机制是指在体育治理过程中各要素如何相互作用和调节的规则体系。例如，董红刚（2015）提到的职业体育联赛的治理模式，或是政府与私企合作的公私伙伴关系，这些都是体育治理机制创新的实例。治理机制的有效构建，需要确保治理的透明性、公正性和持续性。

　　治理评价是对体育治理效果的检验和评估。董红刚和易剑东（2016）强调，治理评价应遵循透明、民主、法治和公义等原则，以确保体育治理的可持续发展。第三方机构的监督和介入，如科研机构和公益组织，对提升治理质量和效率至关重要。

　　体育治理作为公共治理的一部分，其现代化不仅需要综合运用各种治理工具和机制，还要建立在全面的、多元的和有效的治理结构之上。通过不断优化这些治理基本要素，体育治理能够更好地服务于社会和公众利益，推动体育事业的健康发展。在国内外不同的社会文化背景下，不断探索和创新治理模式，是体育治理现代化进程中不可或缺的一部分。

　　4.按照体育实践领域的维度

　　国内体育治理的研究通常涵盖学校体育、竞技体育、大众体育、体育产业以及体育文化等多个维度。这种分类不仅体现了中国体育研究的传统方法，也显示了不同体育实践领域之间治理结构和机制的紧密联系。下面将详细探讨这些领域内的治理实践和挑战。

　　学校体育是体育实践中极为基础的一环，它关乎青少年的体育习惯和身心健康的培养。治理挑战主要在于如何平衡教育和训练，以及如何提高学生的体育参与度。当前的治理策略需要关注课程内容的多样化、教师素质的提升及设施的改善。

竞技体育涉及国家荣誉和运动员职业生涯，治理的重点在于运动成绩与道德教育的平衡。此外，如张春合所提，体育体制中的"管办分离"改革对于提高体育竞技水平具有重要影响，需要通过治理结构的优化，实现行政部门和体育实际操作之间的有效协调。

大众体育的目标是促进全民健康和社区活力。胡科、王忠瑞等人的研究表明，通过政府购买公共服务和建立群众体育自主性机制，可以有效推动大众体育的普及。这要求政府与民间组织的合作，以及公共资源的合理分配。

体育产业的治理需要处理商业利益与公共利益的关系。体育产业的发展不仅带动经济增长，还应确保体育活动的普及性和可接受性。这需要制定合适的市场准入和监管政策，以促进健康竞争和公平。

体育文化在中国受到传统文化的影响较大，社会对体育的本体论价值认识不足。提升体育文化的社会认可度，需要通过教育、媒体宣传和文化活动的多角度推广。同时，反对体育领域中的不良习惯，建设正向体育精神和价值观。

中国体育治理的研究反映了体育实践的多样性和复杂性。通过针对不同实践领域的专门治理策略，可以更有效地推动体育的全面发展。未来的治理研究需进一步探索各实践领域之间的交互影响和协同效应，以及国际经验在中国的适用性，以实现体育治理现代化的目标。

本节内容对治理理论进行了详尽的文献回顾，特别关注了新公共管理理论，并从国内外的视角探讨了其在体育治理领域的应用。治理理论的发展受到民主政治、经济繁荣和社会变革等多种因素的影响，其核心在于探索政府管理体制、政府与经济的关系以及社会管理的优化。治理理论的两个显著特点是其逐渐摆脱意识形态束缚，转而从广泛的"民众视角"出发，寻求人与社会结构的和谐关系；以及理论应用领域的持续扩展，从私营企业和政府事业部门延伸至医疗、社保、市政和文化等多个领域。在体育领域，西方国家的治理理念对全球体育治理研究产生了重大影响，而欧洲的国际体育组织治理失败也促进了体育治理研究的发展。中国的体育治理研究不仅受到了西方理念的影响，还有国内的本土化治理学派和儒学的深入影响。尽管国际上有许多成功的治理案例可以借鉴，国内体育治理仍面临众多挑战。研究显示，国内体育治理研究还较为碎片化，亟需从理念层面进行更深层次的整合和发展。

第一章　体育治理机制创新的理论基础

第一节　核心概念的界定

一、体育治理

在詹姆斯·托马的《全球社会中的体育治理》[①]一书中，体育治理被描绘为一个多层次、跨领域的挑战，其关键在于处理好国际化进程中的各种矛盾与需求。此书强调了治理的全球视角，特别是如何在不同文化和政治背景下维护体育的普遍价值和公平性。

Jane Chappelet和Brenda Mabot在《国际奥委会和奥林匹克体系：世界体育的治理》[②]一书中，提出透明、民主、问责、自治和社会责任五大治理原则，这成为了指导国际体育组织治理的重要准则。这些原则不仅在理论上为

---

① James E. Thoma, Laurence Chalip. Sport Governance in the Global Community [M]. Fitness Information Technology, 1996.

② Chappelet J-L. The International Olympic Committee and the Olympic System: The Governance of World Sport[M]. London and New York: Routledge, 2008.

体育治理提供了方向，也在实践中对抗腐败、增强公信力等方面发挥了重要作用。

欧洲在体育治理方面的实践尤为值得关注。2004年，欧盟委员会的《体育良治原则》和后续的各种政策文件，都显示了欧洲在体育治理上的先进性和系统性。欧洲通过制定明确的治理框架和监管机制，力求达到体育活动的最大透明度和公平性。其中，如何平衡商业利益与体育精神成为一大挑战。

在《欧洲体育自治》①一书中，体育自治被定义为体育组织在自由且未受外部干预的环境中自我管理的能力。这种治理模式强调了体育组织内部的民主过程及其对外部压力的抵御能力。

随着全球治理理念的不断深入，各国也在尝试将这些国际标准和实践引入本土体育治理中。例如，中国的体育治理结合了国家行政体系和市场化改革的成果，正在逐步推动体育社会化、产业化。通过明确政府、企业、组织及公众的责任和利益，中国体育治理正在努力实现公开、透明和高效的目标。

国内外学者对"治理"这一概念进行了探讨。JamesN，统治理论的创始人，罗诺，在他的代表作品《无政府的治理》《21世纪的治理》中说："治理是一种管理机制，它不需要官方的许可，就可以在某一领域中进行，但是它可以起到很好的效果。"②这种行政行为的主体并不是由政府或其他的公共组织构成，而是由多个部门的协作而产生的。治理的内容更加丰富，包含了政府机构、非官方机构和非政府机构。1995年，《我们的全球伙伴关系》全球治理委员会的一项报告把它定义为："治理是一种由政府或私人组成的组织，其目的在于协调冲突或不同的利益，并经常采取一致行动，并拥有实施正式规章（包括各类非正式机构安排）的权力。"③据 UNDP 称，治理是一种价值观、政策和制度的结合。治理立足于国家内部、社会内部、民间社会及

---

① Chappelet J-L, Bousigue A, Cohen B. THE AUTONOMY OF SPORT IN EUROPE[C]. EPAS (2008) INFO1, Strasbourg, 2008-12-01.

② 詹姆斯·罗西瑙. 没有政府的治理[M]. 张胜军，刘小林，等，译. 南昌：江西人民出版社，2001：5.

③ 李福华. 大学治理与大学管理[M]. 北京：人民出版社，2012：2.

私人部门之间的互动，旨在对社会经济、政治及社会事务实施管理。治理作为一种社会自我调控方式，通过制定和执行决策来实现相互理解、达成共识及采取行动。治理涵盖公民和团体表达利益诉求、解决矛盾纠纷、履行权利义务等方面的制度与程序。此外，治理还包括规则、制度及管理，为个人、组织及公司的活动提供指导。

通过社会、政治和经济层面，政府在社会的所有层面上都扮演着重要的角色：家庭，村庄，城市，国家，地区甚至全球。[①]中国学者俞可平指出，"管理的根本意义在于，在一定的范围中，为了达到公共利益的最大化，可以利用权力来维持社会秩序，以满足人民的需要。"[②]

目前，国内外有关体育治理的研究已是一个热门话题，但至今尚无一个清晰的定义。任慧涛指出，体育治理是一个多层次、多维度的概念，普遍认为它是从宏观层面和微观层面上来解决体育现实问题的一个整体。张勤等人认为，体育治理应围绕结构、主体、手段、评价、机制等方面进行系统的设置与运作。韩磊磊等学者认为，政府、市场、社会三者之间的关系必须从政府、市场、社会三方面进行重新界定，并在此基础上确定目标、协商合作、沟通互动、合作伙伴关系，通过制度规范的方式来实现对公共体育的合理、高效的管理。本文认为，体育管理是在传统的体育管理中运用"治理"的理念，来调节和解决运动员之间的矛盾，从而达到"善治"的目的。可见，对体育管理内涵的诠释还处在摸索的过程中。本文同意杨桦教授提出的"管理的下属"的理念。要对体育治理这个概念有一个全面的认识，就必须对其内涵及产生的背景进行全面的剖析。

在总结中，作者认为，体育管理是一种新型的管理方式，即通过多种主体的合作，打破由上至下的单一的政府领导方式，形成多个主体相互影响的多种管理方式，并通过政府的力量；引入法律、道德、风俗等管理手段，来解决体育领域在教育、经济、文化、权利、福利等各个方面的问题，最后，

---

① 程李华. 现代国家治理体系视阈下的政府职能转变[D].北京：中共中央党校博士学位论文，2014：14—15.

② 俞可平. 治理和善治：一种新的政治分析框架[J].南京社会科学，2001（5）：41—43.

要使多个运动主体利益协调、高效、有序地运作，才能使体育活动的良性运行得以实现，使体育公益利益最大化。现代化是我国体育管理的起点与归宿，它标志着我国体育管理从传统走向现代，标志着体育治理从低水平向高水平的突破性进展。因此，要实现体育治理的现代化，就必须对体育治理方式进行突破性的变革。

从上述的"治理"原意和"治理"的现代含义来看，"治理"与"管理"既有联系，又有不同。尽管国内外学者对"治理"的理解众说纷纭，存在着一些模糊的认识，但我们仍能看出其治理的特征：（1）政府、个人、社会机构的多元参与；（2）多元管理，注重从上到下和从下到上相结合的政府机构和民间社会；（3）服务管理，注重服务于社会；（4）管理体制复杂。在经营技术上，强调内部和外部的多种机制，如市场机制、激励机制等。体育治理是一种基于体育利益，旨在实现体育事业发展目标的管理模式。它体现社会的公平性和效率，通过一系列体制安排协调各类体育组织、利益集团和公民个人，共同参与体育公共事务的管理。这种方式推动了体育事业的可持续发展。因此，体育治理应视为多主体的联合治理形式，而非单一的政府管理。

二、中国体育治理

中国的体育治理是建立在政府治理的基础上的。20世纪90年代，西方发达国家对中国的国家治理理论进行了初步的探索，并在实践中得到了初步的应用。

经过20余年的探索，中国政府治理理论取得了丰硕的成果，并在学术界产生了深远影响。在十八届三中全会上，审议通过了《中共中央关于全面深化改革若干重大问题的决定》（《决定》），其中明确提出了"完善和发展中国特色社会主义制度，推进国家治理体系和治理能力现代化"的目标。值得注意的是，《决定》中涉及治理体系的层次结构、治理方法和治理模式的内容共有24项，充分展示了国家治理体系的全面性和系统性。自《决定》颁布以来，学术界围绕国家治理的理论和实践展开了广泛而深入的研究，涵盖了政治、经济、社会、文化等多个领域。对于国家治理的概念，学者们持有不同的观点。许耀桐[①]认为，政府治理是指国家的君主和政府机关通过推动政府信息公开，参与社会事务的管理和监督，以促进社会的整体发展。而何增科则认为，"国家治理"是指政府的所有人、管理者、利益相关者和其他行动者共同参与的公共事务管理，旨在促进公共利益、维护公共秩序。

丁志刚[②]主张，国家治理的实质在于，政府根据既定秩序和目标，自觉地对社会、经济、文化、生态等领域的公民活动进行组织、协调、引导、规范、治理和控制。郭小聪[③]则认为，国家治理的本质在于国家的掌控者、管理者以及各利益相关者共同参与的管理过程，它涵盖了协调社会矛盾的各种制度、规则、程序和手段。这三方面共同界定了国家治理的基本特性和内涵。然而，我们必须立足于中国特色社会主义的发展道路，从历史、全面、准确、深刻地把握中国国家治理的内在逻辑规律出发，从历史、全面、准确、深刻地把握中国特色社会主义制度发展、改革开放、全面深化改革这四个基本点上来把握。治理是指在中国共产党的领导下，坚定不移地维护和发展中国特色社会主义制度，实现国家治理的科学化、民主化、法治化，以确保国家长治久安。

2014年，中国的体育治理研究从"国内治理"的角度出发，从"国际运动治理"的角度出发，走向了"世界体育治理"的道路。审视我国体育发展历程，可以认为是从"控制"向"治理"的转变。中华人民共和国成立后，在计划经济时代，历史原因使得我国体育事业长期处于半军事化管理状态。直至社会主义市场经济的兴起，体育事业才步入运动产业。相较于体育管制，体育管理取消军事化的强制措施和方法，营造较为宽松的管理环境。然而，政府作为唯一权力主体，其权力自上而下，从权利视角审视，体育管理的各项属性和行政管理界限，形成了中国特色的以政府为主导的体育发展模式。随着我国体育由政府主导的非常态化发展模式向社会常态化过渡，传统的体育经营方式已无法满足体育事业新形势的需求。我们提倡的"体育治

① 许耀桐，刘祺. 当代中国国家治理体系分析[J]. 理论探索，2014（1）：10-14，19.

② 丁志刚. 论国家治理体系及其现代化[J]. 学习与探索，2014（11）：52-57.

③ 郭小聪. 财政改革：国家治理转型的重点[J]. 人民论坛，2010（5）：24-26.

理"与"体育管理"有别于"政府""社会""企业""自下而上""上下互动""左右协调"。权力的实质是一种统一的统治，它是一种多元的协作共治，它的作用范围就是它的边界。

这种管理思想的形成，是源于中国30多年来社会和市场力量的发展，资源已不再是主要限制因素。当前中国体育所面临的主要矛盾在于，公众对体育的多样化需求与政府单一主体性的管理存在限制。这表明，尽管社会资源和市场力量在体育活动中的应用广泛，但在解决体育问题上，政府的表现往往不尽人意。因此，推动体育管理的发展，是对现有体育管理不足的一种补充。这需要从理念到方法、从组织管理到制度运作的全面创新，以更好地满足社会和体育活动的需求。

经过深入研究和审慎分析，我们坚信，在中国共产党的坚强领导下，中国政府正引领着体育事业迈向一个统一领导、多元协同、共同管理的新阶段。这一进程旨在实现国家体育目标，满足人民的体育需求，并推动体育事业的全面发展。

体育治理在我国的发展中占有举足轻重的地位。体育治理是中国实现国家治理现代化的关键。从公共体育管理角度出发，在此基础上，政府、市场和社会组织必须共同努力。这就要求各利益相关者之间的差异性，以达到有效的运作。体育是人类社会的一个重要活动，它对人类社会的运作具有举足轻重的地位。体育在引领、示范和推动社会规范方面发挥着重要作用，因此它不能脱离社会单独存在，而必须嵌入社会治理体系中，与社会紧密相连。随着我国社会改革的加速，体育市场化的推进已经暴露出原有体制机制的不足，必须将僵化的体育管理体制转变为"伦理缺失、行为偏差、道德失范"的体育治理模式[①]，充分统筹各方需求，平衡分歧，实现体育善治，需要在治理实践中找到方法和路径。体育治理是一种新型的管理方法，解决各种利益相关者的矛盾，从而达到协调、高效、有序的目的，从而达到良好的体育

---

① 黄亚玲.论中国体育社团——国家与社会关系转变下的体育社团改革[M].北京：北京体育大学出版社，2004：21

管理效果。①在当今社会日趋多样化的社会中，体育活动已超越其本身范畴，在全国公共卫生、公民教育、文化权益、社会福利等公共服务领域发挥着至关重要的作用。马博特确立了五个国际运动管理原则：透明度、民主参与、问责制、自主治理和社会责任。中国体育事业的进步与发展，关乎国家体育事业的繁荣。为实现中国的"体育梦"，应明确政府、企业、社会组织三者之间的关系，调整政府职能，促进体育社会化、产业化、法治化。这不仅是我国体育事业发展的历史担当，更是其肩负的社会责任。

三、协同治理

协同治理是一种以政府为主导，社会各方共同参与公共事务的管理模式，其目的在于持续动态地提升公共利益。这一过程不仅包括正式的、具有法律约束力的制度体系和规则，还涵盖各种旨在促进磋商与调解的非正式机制。

这两个系统之间的协同就像协同理论所说的那样：在一个复杂的大系统中，各个子系统相互配合、相互支持，以实现系统的总体目标，形成一个良性循环。②

（一）内涵界定

协同治理是指在政府和非政府组织中，由两个或更多的行动者通过建立管理系统来规范所有行动者的相互作用，并通过合作实施政策和共同参与公共事务来达到共同的目的。

---

① 黄亚玲.中国体育社团的发展——历史进程、使命与改革[J].北京体育大学学报，2014，37（2）：155-157
② 颜佳华，吕炜.协商治理、协作治理、协同治理与合作治理概念及其关系辨析[J].湘潭大学学报：哲学社会科学版，2015，0（2）：14-18.

（二）协同治理的内涵解析

1.国内学者对协同治理的理解

就概念应用而言，与"协同治理"相比，国内学者更多地采用了"合作治理"[1] "协作治理"[2]。这就是政府与其他部门的合作与共治；而在英文中，有关"协同治理"的翻译就是Cooperative Governance[3]或Synergy Governance[4]或Synergetic Governance[5]。许多学者认为，协同治理理论是由德国物理学家赫尔曼哈肯提出的。本文从调查结果中可以看出三个有趣的现象。首先，通过 Synergy/Synergetic Governance[6]等关键字搜索，发现在少数几个搜索结果中，大部分都是国内的，Cooperative Governance[7]仅仅是一种强调公司和政府间协作的管理方式，远远没有达到理论水平；其次，根据期刊网络所收集的资料，国内有关合作治理的论文引用文献中，很少有涉及到该论文的外文标题包含 Synergy/Synergetic Governance或 Cooperative Governance；最后，在国外关于"合作治理"的研究中，还没有学者把合作治理和物理研究中的协作管理联系起来。

在概念界定方面，我国学术界有两种观点。第一，"合作管理=合作理论+管理理论"。郑巧、肖文涛等人则指出，"在合作与管理理论的基础上，合作管理是指以维持与增进公共利益为目标的社会生活进程。"[8]蔡延东则指出，"在合作理论的基础上，合作治理理论是在社会生活中构建一个和谐、

---

① 敬义嘉，合作治理——再造公共服务的逻辑[M]．天津：天津人民出版社，2009.

② 吕志奎，孟庆国．公共管理转型：协作性公共管理的兴起[J].学术研究，2010（12）：31-58.

③ 欧黎明，朱秦．社会协同治理：信任关系与平台建设[J].中国行政管理，2009（5）：118-121.

④ 沙勇忠，解志元，论公共危机的协同治理[J].中国行政管理，2010（4）：73-77.

⑤ 何水，蓝李焰．中国公共危机管理的困境与出路——一个宏观的分析[J].湖北经济学院学报，2008（1）：91-95.

⑥ 若要借用协同的概念，从英语本身来讲，使用Synergistic Governance一词更为准确。表达两层意思：其一，多方一起合作；其二，合作可以产生"1+1>2"的效果。

⑦ 从英文语义上讲，cooperative和collaborative意思非常接近，都来源于拉丁文的词根，表示一起工作的意思。

⑧ 郑巧，肖文涛．协同治理：服务型政府的治道逻辑[J].中国行政管理，2008（7）：48-53.

有序、有效的社会公共管理网络。"①第二，根据国际组织的定义。刘伟忠举例说，"协调施政是一个不断发展的进程。"这包括正式的、具有法律约束力的制度和规定，以及非正式的机构安排，以便进行磋商和调解。②李辉、任晓春也同意，由联合国全球治理理事会提出的这个理念，得到了更多的认同。③

2.国外对协同治理的理解

（1）国外对协同的理解

关于"协同"的理论，众说纷纭。具体而言，可以将其划分为：①协同是指许多行动者为了一个共同的目的而合作。比如，Donaldson 和 Kozoll 把协同作用定义为"所有组织都在为不同的目的而合作"。④Huxham 认为，协同是指"在不同的领域中，人们通过不同的方式来达成一个积极的目标。"⑤②强调行为主体的能动性，认为协同是一种行为主体间相互作用的过程。⑥例如汤姆森和佩里把协作定义为一个由独立或半自治的个体之间的相互作用的过程。在 Hardy 和 Phillips 关于跨机构合作的讨论中，协同被定义为双方自愿参与的交互战略，并且尤其区别于其他的顺从策略，因为在这种情况下，强大的组织（例如，政府）可以利用公共力量来控制脆弱的团体，比如社会团体。⑦Gray 在定义协同的时候，紧紧抓住了动态的、互动的影响，并把协作

---

① 蔡延东，从政府危机管理到危机协同治理的路径选择[J].当代社科视野，2011（11）：31-35.

② 刘伟忠，我国协同治理理论研究的现状与趋向[J].城市问题，2012（5）：81-85.

③ 李辉，任晓春，善治视野下的协同治理研究[J]. 科学与管理，2010（6）：55-58.

④ Donaldson J F, Kozoll C E. Collaborative Program Planning: Principles, Practices, and Strategies[M]. Melbourne: Krieger Publishing Co., 1999: 1-2.

⑤ Huxham C, Vangen S. Managing to Collaborate: The Theory and Practice of Collaborative Advantage[M]. Abingdon: Routledge, 2005: 4.

⑥ Thomson A M, Perry J L. Collaboration Process: Inside the Black Box[J]. Public Administration Review, 2005, 66(1): 20-32.

⑦ Hardy C, Phillips N. Strategies of Engagement: Lessons from the Critical Examination of Collaboration and Conflict in an Interorganizational Domain[J]. Organization Studies, 1998, 9(2): 217-230.

看作是一个动态的、相互影响的、进化的过程，其中包含了协作与配合。[①]
劳伦斯和其他学者把协同界定为一种跨机构之间的联系，它既不依赖于市
场，也不依赖于官僚机构。[②][③]重视参与方之间的互信与分享。Mattessich和
Monsey将协同界定为一种持续的、被成员广泛信赖的伙伴关系。[③][④]有学者
把责任分担问题列入了以上学者的研究范畴。希梅尔曼将合作的定义为：公
司间的信息交流、行为的变化、资源的分享、能力的提升、风险、责任、收
益的分享，最终实现了共同利益。关于"协同"这一概念，各国学者的认
识不一。具体而言，可以划分为：协同是指许多人为了一个共同的目的而
合作。举例来说，Donaldson和Kozoll把协同效应定义为"为了达到不同的目
的，所有的组织都在共同努力。"并在此基础上进行了比较分析，并提出了
各自的界定与差异。马特西奇和蒙西把合作、协调和协同三种观念区分开
来。协同是一种没有共同愿景的非正式的关系。和谐是一种具有可调和的愿
景的更为正式的关系。合作需要建立合作体系，发展共同愿景，并制定广泛
的合作项目。[④]希姆梅尔曼也区别了合作与其他概念。他指出，协同只是四
种合作策略之一，这些策略代表了不同企业间的不同关系，并在一定程度上
都需要投入信任和时间。四种合作策略如下：①网络，基于互惠目标的非正
式信息交流关系。②协作，这是一种较为正式的关系，要求双方交流信息、
调整行为并达成共同目标，需要更多的时间投入和更高的信任水平。③合
作：涉及信息交换、行为改变和资源共享，通常需要正式合约，代表了更深
层次的合作和更高的信任需求。④协同：双方都有增强彼此利益和共同目标
的意愿，并可共同分担风险、责任和利益，这种关系需要充足的时间、高度

---

① Gray B. Collaborating: Finding Common Ground for Multi-Party Problems[M]. San Francisco: Jossey-Bass, 1989: 15.

② Lawrence T B, Phillips N, Hardy C. Watching Whale Watching: Exploring the Discursive Foundations of Collaborative Relationships[J]. Journal of Applied Behavioral Science, 1999, 35(4): 479-502.

③ Mattessich P W, Monsey B R. Collaboration: What Makes it Work[M]. Saint Paul: Amherst H. Wilder Foundation, 1992.

④ Mattessich P W, Monsey B R. Collaboration: What Makes it Work[M]. Saint Paul: Amherst H. Wilder Foundation, 1992.

的信任和权益共享。

西格勒的研究结果与前人的研究结果基本一致。在对乡村社会的政策制订和实施进行研究时，他提出了"一套合作方案"。一端是以交流为主要目标的松散"网络关系"，其次是以费用低廉的简单协定和非正式的或比较正式的"伙伴关系"为基础的"伙伴关系"，接着是要求更高的投资、更密切的关系以及更正式的"协调关系"。最后一项是最紧密、最持久、最正式、最有投入的"协同关系"。[1]

总而言之，协同治理是指在管理这个术语中的一个修饰语，它着重于各个领域的参与者的共同行为。在此过程中，参与者将会形成一种更为正规和紧密的联系，并且每个人都要对自己的行动和最终的成果负责。

（2）国外对协同治理的认识

"协同治理"是一种源于西方的理论与实践，目前已经成为一个热门话题。然而，国外学者对其含义认识不一，在运用过程中往往会将其与同类概念相混淆。

总体上，关于协同治理理论，西方学者有以下几点共识：政府之外的主体参与；大家通力合作，以达到一个共同的目的。但是，不同的学者对这一概念的界定所包含的要素也不尽相同。

对于"协同治理"，Ansell和 Gash定义的范围更窄。他们定义了一个共同的、基于共识的、个人或多个公共机构和非国家利益相关者协商的过程，以制定或执行公共政策或公共项目或财产。[2]Ansell和Gash给出的定义被大量引用。关于"非正式"与"政府间"的协调，也没有明确的定义。

美国学者Donahue这样定义协同治理：政府与企业等其他生产力量携手，共同参与决策，以实现我国官方设定的社会目标。此定义强调两点：一是协同治理的目标为政府预设，且各参与者均有权对特定目标进行阐释。鉴于目标设定的复杂性，最终决策权仍归政府。二是作为全面负责公共事务的机

---

[1] Cigler B A. Preconditions for the Emergence of Multicommunity Collaborative Organizations[J]. Policy Studies Review, 1999, 16(1): 86-102.

[2] Ansell C, Gash A. Collaborative Governance in Theory and Practice[J]. Journal of Public Administration Research and Theory, 2007, 18(1): 543-571.

构，政府具有较大的自由裁量空间，但其他参与者亦应享有自主选择权，而非仅遵循政府指令。

卡尔佩珀和齐的定义分别强调了多样性和身份平等。协同治理是指政府与非政府组织（NGO）在特定政策领域中的日常合作，在此过程中，政府无权对问题进行界定和执行。[①]

Mark T. Imperia对个体和组织的独立性进行了强调，他定义协作管理为"指导、控制和协调个体和组织，以实现共同目标的过程。"[②]而Zadek的定义则更侧重于规则的重要性，他指出，"协同治理是一个由公众和私营组织的多方参与者共同参与、制定、实施和管理的过程，旨在共同应对所面临的各种挑战。"[③]

另外，也有学者把非政府组织和民间的参与作为政策制定过程的一个重要内容。例如，JohnCalanni认为，协同治理是一种治理策略。Cooper、Bryer和Meek认为，协同治理是指公民与政府机关的代表进行合理磋商，并逐步融入当地的治理之中。弗兰克德尼斯（Frank Development Will Project）的共同创办人，哈佛肯尼迪政府学院合作管理项目的共同创办人，其实质就是在社会各部门间的社会和政治参与达到一个新的层次，它旨在解决当今社会的需求。这是这些部门自己无法做到的。

Bingham的论文对协作治理进行了明确的界定。首先，从参与主体的视角来看，协作治理不仅限于美国政府，还涵盖了包括公众、州与地方政府机构、部落、非政府组织、商业组织及其他非政府实体在内的多元主体。其次，从合作角度来看，涉及到的不仅是联邦机构，还包括所有与政策过程相关的活动，定义了政策过程，即政府在政策制定、实施及执行中的所有相关行为。再者，就协作治理的外延而言，它涵盖了所有基于磋商和共识的方

① Chi K. Four Strategies to Transform State Governance[M]. IBM Center for the Business of Government: Washington, DC, 2008: 25.

② Imperial M T. Using Collaboration as a Governance Strategy: Lessons from Six Watershed Management Programs[J]. Administration and Society, 2005, 37(3): 281-320.

③ Zadek S. The Logic of Collaborative Governance: Corporate Responsibility, Accountability, and the Social Contract[M]. Cambridge: Harvard University, 2006: 3.

式、方法和过程，例如公民的参与、对话、公众磋商、多党派协作、公共行政管理、纠纷解决和交流等。最后，在交流方式上，协作治理可区分为面对面交流和网上交流两种形式。[①]

本研究从西方环境中的"协同治理"概念的来源及内涵入手，提出了"协同治理"的概念，即政府与企业、社会组织、公民以及其他利益相关者之间的互动与决策，以及对由此产生的后果负责。协同管理具有以下六大特点。

第一，关于宣传。其目标在于解决公共议题，而非私人问题。

第二，关于多样性。参与协作治理的主体应涵盖各行业领域，包括政府、企业、社会组织及市民。需要注意的是，我国政府间利益冲突通常可通过行政手段予以调整，因此，若参与者仅限于不同政府部门或不同层级的政府，则不能视为本文所述的协作治理。

第三，互动性。在实现共同目标的过程中，参与者开展积极有效的沟通。沟通旨在分享信息、资源、力量、问题及解决方案，并在执行过程中分工协作。而且，在互动过程中，信息流动并非单向的，决策过程中交互作用持续贯穿其中。

第四，正式。为确保标准的运行，增加参与方的参与，必须制定更为正规的体系/规则，以明确各成员的职责。正式化是比较理想的。实际上，有些合作行为是以参与者对非正式协定达成一致而产生的。

第五，主导。即虽然并非只有政府负有责任，但它仍然是治理的核心，包括议程的制定、责任等。在此，有三个问题需要澄清：首先，在政府并非完全承担责任的情况下，政府将某些公共职能委托给非政府机构。为了实现这一目标，必须制定新的制度，以保证适当的权力行使，例如公布个人评估和评估结果、社会监督和第三方评估制度。其次，参与协调管理的政府机关要主动地引导和推动各方之间的交流与交流，为各方面的能力提升提供充足的技术和财力支持。在一般情况下，政府依然是决策者，但是，最终的决定

① Bingham L B. The Next Generation of Administrative Law: Building the Legal Infrastructure for Collaborative Governance[J]. Wisconsin Law Review, 2010(10): 298-350.

并非由政府决定，而是由各方的利益进行全面的权衡。

第六，动态性。没有一个统一的运行方式，它具有特定的动态特征。企业协同治理的动态特性取决于企业自身的外部环境和企业的内在运作。这个动力体现在组织结构、协作规则、问题范围、持续时间、解决方案和实施上。

四、新格局

新的发展模式是指以国内大循环为主、内外循环互为补充的新型发展模式。这是党中央在中国发展阶段、环境、条件等方面作出的战略构想。这是一个重要的战略部署，关系到中国的中长期经济发展。

（一）新格局的内涵要义

加快建设国内大周期、国内国际大周期、国际大周期相互补充的新发展模式，是新时期我国发展机遇与挑战、落实新发展理念的必然选择。这也是一个涉及全局的深层次、系统性的变化，必须从全局的角度来正确把握并主动推动。

以国内大循环为主导，内外循环相辅相成，关键是要充分利用自身的巨大市场优势，培育和挖掘内需，推动产业结构调整和转型升级，坚持多边贸易体制，推动国内经济融入经济全球化。内部循环和国际循环要互相促进，互相促进。

第一，以本国经济为主导的经济周期不会对国际经济产生排斥作用，相反，它可以推动国内经济和国际经济的双重循环。经济循环是指以供需为基础，对商品或生产要素进行优化配置的过程。按地域划分，按市场地域划分，可将其划分为国内市场与国际市场。实际上，在全球开放的大环境中，国内外的市场早已是紧密联系在一起的。相反，他们彼此交融，互相促进。就产品市场而言，内需的增长会使内销和进口的消费增长。从生产要素市场角度，我国经济大周期将使各类生产要素进行最优化配置，并能及时、恰当地向国际市场获取和输出部分产品。在经济系统中，内部和外部的流动是相互依存、相互融合的两种形式。以国内为主要渠道，不但不会对国际贸易造成制约，还会对国际贸易起到推动作用，从而使国内与国际的贸易互为补充。

第二，只关注国内大周期，并不意味着"闭关锁国"。而要实现更高水平的开放，为国际合作和竞争创造新的优势。改革开放对中国经济和社会的发展起到了很大的推动作用。在新的历史条件下，我们要不断地扩大开放，把对外开放搞得更高。长期以来，中国部分工业长期处于产业链的低端，主要靠大量的低附加值产品来赚取微薄的利润，因而长期依赖于外需。现阶段重点发展国内大流通，是为了扭转目前的局面，达到供求的均衡。通过扩大开放，在全球范围内形成新的合作和竞争优势，实现我国的工业系统的优化和发展。

第三，以大流通为主，不是一种紧急的策略，它是一种适应经济发展阶段变化的长远策略。过去，我国以对外经济发展为主，形成了一个完整的工业系统，经济规模得到了快速的发展；当今，我们要依靠持续的增长，不断地提高全要素生产率，才能使经济得到更好的发展。从长期来看，要实现我国经济高质量发展，必须坚持以内循环为主，坚持新发展理念。在新的发展时期，科技创新和制度建设将会越来越重要。随着我国经济的不断发展，能源和环境将逐渐得到改善，能源和环境将会是主要的支柱行业，而绿色消费将会在我国的发展中占有举足轻重的地位。在这一过程中，我们必须继续推进收入分配制度的改革，使我国的收入结构更加合理、更加公平、更加公正，从而为经济持续稳定的发展奠定了良好的基础。

第四，大规模的国内流动并不会导致"内部整合"，而是促进企业的自主创新。国内循环是主要的，国际循环和国内循环是互补的，不会造成某些学者所担忧的"内部化"。相反，这将促进以自主创新为主导的创新经济的发展。首先，要打破各种障碍，让市场机制发挥决定性作用，从而实现资源的自由流通和优化。其次，高科技产业和"新基建"等领域的持续投入，可以引导生产要素，推动企业的转型和升级。第三，推动创新要素的充分流通，建立创新体系，搭建创新平台，提高创新能力。

（二）"以国内大循环为主体、国内国际双循环相互促进"的有效路径

加快国内大循环与国际大循环的互动，加强工业战略规划，促进商品、生产要素的自由流通，提高对外开放水平，加强新型基础设施建设，推动产学研协同创新，积极探索有效途径。

加强工业发展策略。当前，我国众多产业发展过程中，对外资及关键技术和零部件供应存在较大依赖。为推动国家工业国际竞争力的提升，相关部门需立足战略层面，制定行业发展战略，协同攻关，确保关键环节可控。因此，有必要全面梳理各行业的发展状况与趋势，深入剖析瓶颈环节，加大基础投资力度，推动企业经营模式创新，整合国内外优势资源，以促进产业快速发展。

商品和生产资料流通顺畅。商品与生产要素的自由流通是实现经济运行的必要条件。但是，目前我国循环经济体系仍存在一定的体制障碍。要坚持改革，突破体制障碍。一是优化市场环境。健全公平竞争的法律法规，健全公司诚信体系，打击垄断，进一步实施税收激励措施。二是强化市场资源配置。为推动生产要素自由、有序流动，完善生产要素运作机制，进一步激发全社会的创新潜能和市场活力。三是提升市场平台建设。加大信息平台、交易平台、金融平台的建设力度，优化公共服务功能，促进商品和生产要素的顺畅流动。

大力发展高水平的开放。扩大开放是我国经济周期主导、国内周期与国际周期相互促进的新发展模式。在新的发展阶段，我们要继续推进更高层次的开放。一是推进各项制度、法规与国际标准的统一。我们将继续积累经验，大胆创新，在"一带一路"建设和自贸区建设中，构建符合高水平的国际贸易投资规则体系。二是平等对待所有在中国注册的公司。根据准入前国民待遇和负面清单的规定，对我国企业的投资行为实行严格的监管，强化对知识产权的保护。三是进一步放宽外资市场准入。扩大交通、金融、教育、文化、医疗等服务业领域，构建全新的开放格局。第四，提升对外开放水平。加强国际分工，提高我国工业的国际竞争力，提升企业经营效率。当前，许多国内产业发展过程中，外资依赖程度较高，尤其在关键技术和零部件供应方面。相关部门应从战略高度进行布局，联合行业中的龙头企业进行

技术攻关，确保我国工业国际竞争力的关键环节牢牢掌握在自己手中。因此，有必要全面梳理我国各行业的发展状况及趋势，深入探讨"瓶颈"环节，加大基础投资力度，推动企业经营模式创新，整合国内外优势资源，促进产业发展。

强化对"新基建"的投入力度。新型基础设施代表了现代社会发展的必然趋势，充当着数字化、信息化和智能化的载体。当前，大数据、云计算、互联网、物联网、人工智能以及5G等数字化技术推动了信息产业的深度融合，数字资源已逐渐成为关键的生产要素。为实现新一轮技术及产业变革，我们需在"新基建"领域加大投资力度，以支撑"双周期"发展。第一，提前进行合理的投资。我们要有远见，抓住工业数字化和数字工业化的机遇，加快新的基建和数字经济的发展。第二，要推动地区经济的协调发展。"新基建"的建设要结合区域的经济发展阶段和行业特点进行统筹规划，突出差别化，避免重复、同质化的建设。第三，坚持以市场为导向的经营。它能有效地吸引社会资本，提高其投资效益，让投资者得到合理的回报。

加强产学研合作。新发展模式最根本的特征就是自我发展。面对新一轮的技术革命与产业转型，我国应加强科研投入，促进产学研合作，争取在原创性、基础性技术领域的重大突破，抢占国际市场的制高点和主动权。一是要加强基础和应用基础研究，坚持以前沿为导向，进行前瞻性基础研究。二是要建立产学研合作，建立多层次的科研系统，促进科技成果的转化。三是要坚持开放的创新，充分调动全社会的创造力，把优秀的科研队伍聚集起来，提升科技成果的利用率。

五、机制创新

"机制"一词源自希腊，意为机械的制造与运作。后来又被移植到生物学、医药等领域，用以表达生物体内的生理学或病理改变和器官之间的联系、运作和协调。郑航生教授将社会机制定义为支撑社会良性运行和协调发展的规律性模式。这些模式不仅反映了社会的结构性特征，还揭示了其动态变化的规律。为了深入理解这一概念，我们可以从不同的角度对社会运行机制进行分类。

按照功能的不同，社会运行机制可以分为五大类。动力机制：驱动社会向前发展的根本动力，涉及经济、政治、文化等多个方面；整合机制：确保社会各部分协调一致，维持社会结构的稳定性和连贯性；激励机制：通过各种手段激发个人或集体的积极性，促进其为社会目标作出贡献；控制机制：通过法律、规范等手段对社会行为进行规范和控制；保障机制：提供社会成员基本生活和发展的保障，包括但不限于社会保障、医疗保健等。

社会运行机制还可以根据不同的部门、区域和领域进行细分，其中包括：城乡协调机制：促进城乡间的平衡发展，缩小发展差距；区域协调机制：平衡不同地区间的经济和社会发展；阶级划分机制：影响社会阶层结构和流动；经济社会协调机制：确保经济增长与社会发展的同步进行；社会自然协调机制：调节人与自然的关系，促进可持续发展；国内开发开放协调机制：在全球化的背景下，平衡国内发展与对外开放的关系。这些机制的有效运作是构建和维护和谐社会的关键。[①]

机制创新是机制的创新活动。机制创新是指在不同的运作机制下，通过对各个环节、各个生产环节的优化，从而使企业的整体竞争力得到最大程度的优化。

企业机制包括利益机制、激励机制、竞争机制、管理机制、发展机制、约束机制等。机制创新应包括上述各方面的创新。

企业运行机制是指在一定条件下，企业各组成部分与各种生产经营因素之间自动交互、自动调节和控制的功能和过程。

（一）机制创新的关键点

要实现企业机制创新，必须注意以下几点。

（1）深入研究企业成立、经营、发展的客观规律，分析现有机制存在的弊端，是实现企业机制创新的基础。

① 郑杭生.社会学概论新修[M].北京：中国人民大学出版社，2013：9.

（2）企业体系的构建应以客观的经营法则为先决条件。公司体制内化了公司的机制。企业制度能否与公司的运作规则相适应，是企业体制改革能否成功的关键。

（3）把一个科学的公司系统融入一个正常的商业机构中，它需要一个正面和负面的奖励，并且可以持续很长时间。没有科学的企业体系，是无法形成合理的商业机制的。

我国国有大中型企业存在的问题，主要是由于体制不够灵活，不能适应市场经济的发展。

本文作者认为，要正确地理解"机制"的意义，就要从其自身的内涵出发，把它与诸如体制、制度、机制等混词区分开来。

"机制"最初是指机器的工作原理和结构，后来更普遍认为是指各种元件之间的工作方式和结构关系。在日常生活中，人们喜欢与"制度"等词连用，但它们的含义其实是不同的。科学研究不能马马虎虎，所以要分清混淆词，准确理解"机制"的含义。本文将机制定义为，通常是指整体的各个组成部分相互联系、制约和协调地运作，以实现其功能。

"制度"是指我们所有人都必须遵守的某些行动规则或程序。它也指在一定的历史条件下形成的礼仪、风俗、法律法规或规范。"制度"基本上是一种法律或规则，它可以被写在纸上，而"机制"是一种有机体的关系，它是一种达到某种目标的内在联系。工作机制的存在并不必然要求建立相应的制度，机构不必以体制为基础，如果没有体制，就有可能存在。"体制"是"机制"的基本原则和体制。它着重于与机构架构有关的系统。"机制"是指机构的运作原则和模式。如果我们将某个社会领域中的"体系"比喻为该体系的体系，"机构"则是推进该体系运转的发动机或润滑剂。这个机制是由一个制度所决定的，而这个制度又对这个机制起着作用。制度是指在一定的环境下，各个因素相互联系、相互作用，以达到某些特定的功能的运作原则和法则。"机制"侧重于工作原理，揭示规律，"机制"不仅说明其工作原理，而且关注于人们根据这些规律所选择和设计的调控要素，从而使其在运作中起到一定的作用。"系统"是一个包括若干相互依存、相互影响的、有特殊作用的有机整体。

从上面可以看出，"机制"不同于制度、体制、系统和制度。它有特殊的意义，有限定的范围和焦点。张毅祥的文章从社会运行、发展、作用等方面对"机制"问题进行了探讨，从"现象"的描述和实践出发，将其纳入到科学发展的本质揭示层面，并进一步深化其理论研究，以适应现代社会发展的需要。在阐释张毅翔所提出的四个关键问题的同时，也要着重把握和深刻理解方法论创新的规律，深刻理解"机制"在体育管理体制的创新理念中的作用。

最后，张毅祥的文章探讨了机制创新概念的外延，包括三个组成部分：保障机制——制度运行条件的支持；调节机制——制度要素的调控；评价机制——制度要素的价值判断。笔者认为，除了创新机制外延的三个组成部分外，反馈机制也是一个非常重要的不可忽视的内容组成部分。它决定着整个创新机制的运行速度。只有高度敏感的反馈机制，整个创新机制才能有效运行。

（二）体育治理机制创新的相关特点

体育治理机制创新有其独特的基本内涵，决定了其相应的特征。基于机制创新的内涵，笔者认为机制创新应具有以下特点。

第一，要有规律性、目的性。在"机制"上，既要符合规律，又要体现本质。体育管理方式的革新并非随意的，而是一种实际的革新。科研工作要本着实事求是的精神，尊重客观规律，追求真理，勇于创新。所以，在方法论上的创新，既要遵循客观规律，又要尊重客观规律。同时，由于方法创新的目标是使其达到更好的管理目标，所以必须以实现体育管理目标为中心，也就是要有目的性。

第二，要坚持长效、有效的机制创新。体制改革的运作目标在于探索一种有效地解决体育管理问题的新途径。随着时代的变迁，人们的生存方式、思想也发生了改变。当传统的理念和新时代的人的思想产生了矛盾，那么，体育管理的内容就会被排斥在外，而管理也就失去了作用。体育管理方式要创新，新的管理方式要有效，即要让运动管理的进程具有一定的管理效力。制度创新的目标在于保证方法创新制度的有效运作，从而使得新的管理方式得以更好的执行，所以，创新方式的有效性就需要制度创新的"有效性"。

必须注意，制度创新的有效性，最大程度上在于保证新方法的有效执行。虽然在方法上存在着很多的创新，但是由于缺乏有效的管理手段，导致了我国体育管理的效率低下。再者，由于体育是绝对的，时代的变化和发展也是绝对的，因此建立的体育治理创新机制应考虑到时代的变化。需要建立长效的创新机制，以确保方法创新体系不断产生的"新方法"能够满足体育治理的目的。机制的建立涉及到方法创新体系的诸多要素，其资源投入也较大。如果机制本身时效性差，需要反复建立，就不是一个成功的机制。从以上可以看出，体育治理方法的创新机制既要保证单一创新方法的实际有效性，又要对创新机制本身具有一定的持久性，要具有时效性和长期性。

第三，机制创新要有一定的灵活性。机制创新是一个由多个要素组成的机制群，它需要各机制的共同努力才能保证方法创新体系的良好运行，并需要具有一定的灵活性。如果机构群内部的各个子机构相互冲突，就必须作出相应的调整。所以，从总体上看，这些由多个机构构成的机构，也就是所谓的创新机构，都需要有一个可调整的空间。同时，在未来的研究方法创新中，也会加入一些新的内容，这就要求在方法和手段上要有一定的兼容性和多样性，并能作出适当的调整。如果改革的体制过于绝对，过于僵化，无法进步，那么它将会在今后的发展趋势中受到损害。只有留出发展的空间，才能不断地完善和发展创新的体制，建立起一种长效的体制。

第二节　理论基础

一、治理理论

从20世纪90年代起，"治理"作为一个重要的公共行政理念，而治理理论也在西方学者中得到了广泛的关注。治理理论是一种以公共治理为目标的新型理论范式，它是在借鉴国外新公共管理、公司治理、全球治理等理论的基础上，通过对西方国家的改革实践的总结。Rozenau认为，和治理不同，治理是一种有共同目标支撑的行为。行政行为不再是单一的行政主体，行政行为也不需要由国家强制执行。在学术界，我们可以将治理理论分为政府治理、公民社会治理以及网络协作三大类别。①尽管存在多种治理理论，其核心思想始终围绕着国家、社会以及公民的协同治理，也就是多中心治理。尽管治理理论起源于国外并被引入中国，但国内学者并未盲目采纳，而是结合中国本土的实际情况进行了深入研究和应用。张成福、毛寿龙、何增科等多位学者在此领域作出了杰出的贡献。鉴于国内外制度演进的差异性，在中国背景下，治理理论更多的是在政府治理的框架下被理解和运用。政府治理的理论研究涵盖了治理模式、治理结构、治理机制、治理工具、治理能力、治理评价等多个方面。本书亦从中国本土的视角出发，对国家治理理论进行了深入解读和细化分析。在体育行政部门治理能力评价方面，本书主要从狭义的政府治理角度出发，重点关注体育行政部门的内部治理，其中治理能力主要评估其履行自身职责的能力。

二、协同理论

（一）协同理论定义

20世纪70年代，科学家赫尔曼霍金在物理学研究中提出了协调理论观点，本文认为，多个子系统中的构成客体可以通过有序结构、空间结构和功能结构的交互作用而构成，从而保证了各子系统内部的结构不会出现新的结构或新的特点。协作原理包括开放效应、伺服原理和自组织原理。在这些因素中，开放效果是指在开放的情况下，各子系统在聚合过程中相互配合，达到一定临界点，从而提高系统的整体效果和秩序。伺服原理是指系统的子系统，一旦其他变量的行为被顺序参数控制或定义，就可以决定整个系统结构和功能的快速演化。自组织原理是指在不受外界信息流和物流影响的情况

---

① [美]詹姆斯．N．罗泽瑙，没有政府的治理[M]．张胜军，等，译．南昌：江西人民出版社，2001：75．

下，各子系统协同自发地形成一定的有序结构。

（二）协同理论的主要内容

协同效应。协同效应是指大型量子体系在一个复杂的开放体系中相互影响而形成的总体或集体影响。协调是形成有序体系的动力。它能在关键时刻引起体系的质变，形成协同作用，从无序到有序，从混乱到稳定。

伺服的原则。即序列参数对子系统的行为进行了控制。从不稳定因子和内部稳定因子的交互作用出发，对系统的自组织过程进行了描述。其实质是对系统设定值的一种简单化原理："一个迅速衰减的组态必须以较慢的速度成长，而非群体状态"，也就是说，当一个系统处于不稳定性或临界点时，系统的动力和突发性结构往往是由一些集合变量所决定的，而其他的系统变量则是由序列参数或规则所控制。

自我组织的原理。自我组织是与其他机构相关的。自组织原则是指在特定的外部能量、信息流和物质流的情况下，系统的时间、空间和功能的新的次序结构。

（三）协同理论的作用

基于耗散结构理论，协调理论认为，在一个大型复杂系统中，各个子系统之间的协调行为比单个因素的影响要大得多。

协同学是研究开放系统从最初的均匀无序状态向有序结构转变的过程。一方面，协同作用可以使系统的各个部分有序地工作；另一方面，它可以使复杂系统的各个子系统产生超越自身独立作用的整个系统的聚合效应。

三、协同治理理论的内涵

协同治理理论是在协同理论和治理理论基础上生成的一种全新的交叉学科理论。它突出了多个主体在治理与管理过程中的协同效应。"协同"这一概念源自希腊语，意指"协调"与"合作"。^①1971年，德国理论物理学家赫尔曼哈肯创立了协同学，其基本原理在于，即使在无生命物质中，也能产生新的有序结构，并借此保持活力。管理理论奠基人詹姆斯·罗瑟诺认为，统治与统治观念存在差异。他坚信，统治是一种规则体系，需得到大多数（或称最强势力）的认同。在一定程度上，罗瑟诺已意识到各方主体之间竞争与合作的重要性，并指出治理本质上是各方主体在竞争与合作中制定大多数人接受的规则体系，以实现治理目标的过程。^②

根据孙萍对协同治理理论的整理与探讨，本文认为，多元主体共同参与基层社会治理实践、协同治理过程中各主体间的互动效应，以及治理成果的超越性，这些构成了协同治理理念的必要要素。^③

---

① 〔德〕赫尔曼·哈肯.协同学——大自然构成的奥秘[M].凌复华，译.上海：上海译文出版社，2005.

② 〔美〕詹姆斯·N·罗西瑙.没有政府的治理[M].张胜军，刘小林，等，译.南昌：江西人民出版社，2001.

③ 孙萍，闫亭豫.我国协同治理理论研究述评[J].理论月刊，2013（03）：107-112.

第二章 体育治理评价指标体系构建

第一节 体育治理评价框架构建的价值取向

在构建体育治理的评价框架时，采用一个明确且科学的价值取向是至关重要的。这种取向不仅为评价体系提供了基础，而且直接影响到该体系的结构、科学性和合理性。尤其在体育行政部门的治理中，一个恰当的评价框架能够确保评价的全面性和准确性，从而促进体育行政的透明度和公正性。

在对贵州省体育行政部门的治理能力进行评估时，我们需要超越传统的评价方法，引入以体育公共服务职能为主的综合评价体系。这不仅是遵循国家体育发展"十四五"规划的要求，更是一个以问题导向和操作性为基础的实用策略。此外，本书还特别强调从公众视角出发的评价方法，通过互联网公开信息为主要手段，审视体育行政部门的治理能力，这在实践中增加了评价的透明度和公众参与度。

体育领域内的贪污腐败问题一直是国际关注的焦点。国际足联和国际奥委会等国际组织通常采取提高信息公开水平和加强透明度的措施来应对这一问题。中国体育行政部门在这方面也面临着类似的挑战。因此，将信息公开纳入治理能力的考察范围，不仅是因为它有国家层面的法律法规支持，而且因为信息公开有助于从公众视角对体育行政部门的工作进行有效评价。此外，从宪法视角看，信息公开是公民知情权的体现，也是公民参与和监督的前提和基础。

综上所述，本书在考察中国体育行政部门治理能力时，将信息公开纳入考察范围。这不仅为治理能力的评价提供了清晰的指导原则，而且为预防体育领域的贪腐问题提供了重要的手段，确保了体育行政治理的整体有效性和合理性。通过这种方式，我们可以构建一个既科学又具备高度操作性的评价框架，进而推动体育治理朝着更加公开和透明的方向发展。具体而言，本书在考察我国体育行政部门治理能力时，主要关注以下三个维度的价值导向或逻辑关系。

一、应以履行体育公共服务职能的能力作为评价核心

体育行政部门作为政府的重要组成部分，承担着推动体育公共服务的重要职责。根据国家《体育发展"十三五"规划》，体育行政的职责已被明确分为四个主要方面：竞技体育、群众体育、体育产业和体育文化。这些方面不仅彰显了体育行政的法定核心职责，也为评价政府在体育领域工作的效果提供了多元的评价维度。通过这种综合性的评价体系，可以全面地反映出一个省份在体育治理上的实际成效，并避免了过去那种以单一竞技体育成绩作为评价标准的局限。

在建立体育公共服务评价核心时，强调的是体育行政部门在履行公共服务职责方面的能力，特别是其在政策执行、资源配置、公众参与和文化推广等方面的表现。有效的体育政策不仅应该关注高水平运动员的培养，同样重要的是普及体育活动，增强公众的体育参与度，促进体育产业的发展，以及通过体育活动推广社会主义核心价值观。

因此，评价体育行政部门的工作，应重点考量其在实施体育政策、调动各方资源、促进体育活动普及及文化价值传播等方面的能力和效果。这样的评价标准不仅更全面地体现了体育公共服务的职能，也更符合体育发展的多元需求和社会发展的整体趋势。

二、信息公开和回应职能的履行能力是应对体育贪腐问题的核心

在体育行政治理中，信息公开和回应职能的履行是维护透明度和公信力的关键环节。体育领域的快速商业化，虽然带来了资金和资源的大量流入，但同时也加剧了治理不善和腐败问题的严重性。信息公开，作为预防和打击腐败的首要手段，对于体育行政部门而言，必须成为其制度设计的核心部分。

如蒋洪和刘小兵在2009年的研究中所指出，信息公开不仅是构建法治政府的基础，更是激励和约束政府行为的有效工具。[①]通过信息的透明公开，可以提升政府的治理效率和能力，这对于体育行政部门尤为重要。公开信息可以使公众对体育行政的政策制定和执行过程有更多的了解和监督，从而减少贪腐行为的空间。

在实际操作中，体育行政部门应依法公开财政信息、政策决策和实施细节等，确保所有行为都在公众的视野之内。此外，回应职能的有效履行也是体育行政部门能否高效治理的重要指标。公众对体育政策和行政行为的询问和质疑应得到及时和适当的回应。这不仅能增强公众对体育行政部门信任，还能通过公众参与进一步推动政策的完善和实施。

我国省级体育行政部门的治理能力评价，如图2-1所示的逻辑框架中清晰表达，应基于信息公开职能、体育公共服务职能、回应职能三个维度进行。这些维度反映了体育行政部门在透明度、民主治理、法治以及回应和责任等方面的表现。通过这样的评价体系，不仅可以对现有治理能力进行准确的测评，还可以针对发现的不足，提出具体的改进措施。

综上所述，信息公开和回应职能的有效履行，对于打击体育领域的腐败问题至关重要。体育行政部门必须将这两项功能视为治理的核心，通过制度化的保障和公众的广泛参与，形成一个更为透明、有效和民主的体育治理环境。这不仅有助于净化体育领域的商业和竞技环境，还能提升公众对体育政

---

① 蒋洪，刘小兵.中国省级财政透明度评估[J].上海财经大学学报，2009，11（2）：50-58.

策的满意度和信任度，从而推动体育事业的健康发展。

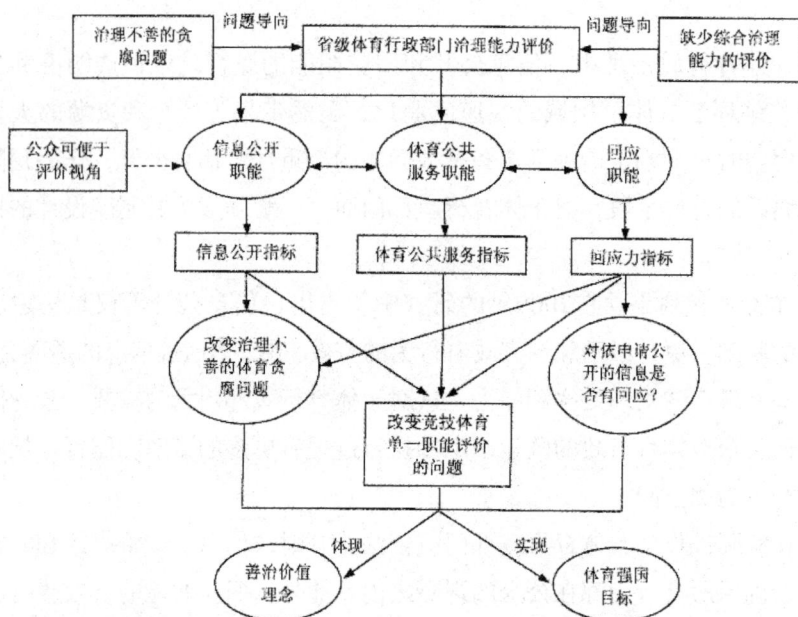

图2-1　我国省级体育行政部门治理能力评价的逻辑框架

第二节　体育治理能力指标体系设计

一、指标体系设计的基本原则

在构建体育行政部门治理能力的评价指标体系时，须遵循几项基本原则，确保指标的科学性、实用性和全面性。这些原则不仅影响指标的选取和评价过程，而且决定了评价结果的有效性和操作的便利性。以下是指标体系设计的三个基本原则。

（一）系统性原则

系统性原则强调指标选择应考虑信息要素的整体性、相关性和层次性。在体育行政部门的治理能力评价中，指标体系需要全面覆盖不同的职能领域，如竞技体育、群众体育、体育产业和体育文化宣传等，而不是孤立地考虑单一领域。此外，各选定指标间应呈现有机的统一性，相互协调和互补，如信息公开与回应职能的关联、组织领导能力与体育公共服务的关系等，这样才能全面体现体育行政部门的整体治理水平。

（二）"二八"原则

根据"二八"原则，也即侧重性原则，指20%的关键因素通常能产生80%的效果。在体育行政部门治理能力的评价中，应重点关注那些最能反映治理核心问题的关键指标。[1]例如，将信息公开的重要性置于评价体系的核心位置，特别是财政信息的透明度。此原则有助于聚焦最影响结果的因素，从而在资源和注意力有限的情况下，优化管理和评价的效率。

（三）可操作性原则

可操作性是确保评价指标实用和有效的关键。指标需要可量化，且在实际操作中具备可行性。由于政府部门相对较高的保密性，许多理论上有价值的指标可能难以获取必要的数据进行量化评估。因此，设计指标时，必须考虑实际可获得的数据资源，尽量依赖于互联网公开信息等可靠来源。例如，在体育行政部门的治理能力评价中，利用公开可访问的财政信息、政府公报和公众反馈等数据，这不仅确保了指标的科学性和规范性，而且增强了评价的公正性和透明度。

---

① 施雪华，方盛举. 中国省级政府公共治理效能评价指标体系设计[J]. 政治学研究，2010（2）：56-66.

遵循这些原则设计的指标体系，将更有助于构建一个科学、全面并且实用的治理能力评价框架，从而有效提升体育行政部门的治理质量和透明度。

二、考察方式、一级指标筛选及研究局限

（一）互联网公开信息的主要方式

随着中国政府推动国民经济和社会发展信息化的战略实施，电子政务的建设已经取得了显著的进展。特别是自2008年实施《政府信息公开条例》以来，互联网已经成为政府信息公开的重要平台，这不仅增强了政府的透明度，也促进了公众的参与和监督。我们可以通过以下多种方式获取政府在互联网上公开的信息。

（1）政府门户网站和专题网站。政府门户网站是政府信息公开的主要途径之一，通过这些平台，政府部门可以发布各类行政指导、政策解读、行政审批结果等信息。除此之外，一些专题网站也被设立用于专门发布某一方面的信息，如财政预算、环保数据等，这些都大大增加了信息的可访问性和针对性。

（2）社交媒体和移动应用。随着社交媒体和移动互联网的发展，越来越多的政府机构开始通过微博、微信公众号等社交媒体渠道发布信息。这些平台的互动性和实时性使得政府信息公开更加灵活和即时。

（3）数据开放平台。为了提高数据的透明度和利用效率，政府还建立了多个数据开放平台，如国家数据共享交换平台，公众可以在这些平台上获取到政府数据资源的开放接口，利用这些数据进行研究或其他相关活动。

（4）依申请公开制度。虽然互联网公开是主流，但依申请公开制度依然是一个重要的补充方式。公民、法人或其他组织可以根据自己的需要，向政府部门提出信息公开的申请，这一方式保障了公众知情权的实际行使。

政府信息的互联网公开不仅提高了政府工作的透明度，也促进了公众参与和政府信任的建立。通过多种渠道和方式的综合使用，政府信息公开工作能更有效地满足社会公众的需求，进一步推动政府职能的转变和服务创新。

（二）评价指标的筛选

在当今社会，公共部门的效能和透明度日益受到关注，特别是在体育行政领域，如何科学合理地设置评价指标，对提升行政效率和公众满意度具有重要意义。本节将详细介绍在制定我国省级体育行政部门治理能力评估指标时的筛选过程和逻辑。

1.指标筛选的初步考虑

首先，评价指标的设置需要紧密结合体育行政的核心职能与责任。在评价体育行政部门时，重点考虑的是其在群众体育、竞技体育、体育产业推进及文化宣传等方面的表现。此外，部门的信息公开、财政透明度和响应公众需求的能力同样重要，这些都是评价其依法行政与民主治理水平的关键。

体育行政部门作为政府与公众之间的桥梁，承载着推广体育活动、提高国民健康水平、促进体育产业发展等多重任务。因此，其效能和透明度直接关系到体育政策的实施效果和公众的广泛参与。

2.关键职能的排除与纳入

在深入研究和实地调查的基础上，本研究决定排除"青少年体育发展"和"体育外事交流"这两项职能。原因在于这些领域虽然重要，但在当前评价体系构建阶段可能因数据获取困难或影响因素复杂而难以有效评估。例如，青少年体育发展涉及学校、家庭、社会等多方面因素，而体育外事交流则可能受到国际政治环境的影响，使得评价结果难以量化。

相反，职能如"承办上级部门工作""指导检查市区县工作"及"体育总会及社团管理"则被纳入考察范围，并归入相应的二级指标中，如将"体育总会及社团管理"纳入群众体育职能考察，以确保评估的全面性和实用性。这些职能直接关联到体育行政部门的日常运作和对下级体育单位的管理效能，是评估其工作成效的关键因素。

3.综合考虑信息公开与回应力

鉴于公众对透明度的高需求，特别增设"部门信息公开""财政信息公开"和"信息公开制度建设"三个维度，以评估体育行政部门在信息公开职责方面的履行情况。公众能够通过这些渠道了解部门的政策动向、财务分配和决策过程，从而监督并参与到体育行政管理中。

此外，"回应力"指标的设定，侧重于通过官方公开信息渠道的回应速度和质量，旨在反映体育行政部门对社会需求的敏感度和处理问题的能力。在社会媒体和信息高速发展的今天，公众期望政府部门能迅速而有效地响应其诉求，这一指标的设置有助于推动部门提高服务质量和效率。

4.实施动态评估与持续优化

在指标设置后，还需考虑评估的持续性和动态调整机制。由于体育政策和社会环境的不断变化，评价指标也应根据实际情况进行适时的调整和优化，以保持评估的时效性和准确性。这不仅需要定期的数据收集和分析，还需对评估过程中发现的问题进行适当的反馈和修正。

5.指标应用的预期效果

正确筛选和应用评价指标，有助于明确政府部门在体育行政方面的职能定位，优化政策制定，增强部门间的协作，提升公众满意度及社会信任。通过这些综合性评估，体育行政部门能够更有效地识别和弥补工作中的不足，推动体育事业的全面发展。

综上考虑，本书将"部门信息公开""财政信息公开""信息公开制度建设""组织领导""群众体育""竞技体育""体育产业""体育文化宣传""回应力"作为考察我国省级体育行政部门治理能力的二级指标，前三个维度着重考察信息公开职责履行，重点体现了体育行政部门的依法行政能力和信息公开水平，"组织领导""群众体育""竞技体育""体育产业""体育文化宣传"作为核心职能着重考察体育行政部门政策供给和制度能力，"回应职能"着重考察回应速度和是否有回应来体现民主治理和公众参与水平。

（三）考察的特定视角及研究局限

在评估体育行政部门的治理能力时，依据互联网公开信息的可获得性作为评价的核心标准是一个切实可行的方法。这种方法不仅依赖于信息的全面性、准确性、连续性、可靠性、完整性、便利性和规范性等原则，而且直接关系到评估结果的客观性和有效性。然而，选择这种特定视角来进行评价同时也带来了一系列研究局限性。

本研究选择的视角是在中国部分省级体育行政部门中，以互联网上公开的信息为主要评估工具。这种方法的选取基于几个原因：首先，互联网信息的可获得性可以为评估提供一种相对简便、快速的手段。其次，公开信息的质量和量化程度可以作为政府透明度和回应公众需求能力的一个重要指标。最后，这种方法符合当前信息化社会的趋势，公众越来越依赖网络资源来获取政府相关信息。

尽管基于公开信息的评估方法具有其便利性和实用性，但也存在以下不可忽视的局限性。

（1）信息覆盖的局限性。虽然网络信息公开是现代政府透明度的重要体现，但并非所有重要信息都能通过网络平台获得。有些关键信息可能因为种种原因未能上网，如内部管理信息、具体操作流程等，这可能导致评估结果的片面性。

（2）信息真实性和准确性的问题。公开信息的真实性和准确性常常难以得到保证。信息可能会因为宣传需要或其他原因被修改或美化，这对评估结果的客观性构成挑战。

（3）信息更新的及时性。信息的更新速度和频率直接影响评估的时效性。如果信息更新不及时，将无法准确反映部门的当前状况和最近的变化。

（4）地域差异与政策执行的不均。中国各省的信息公开标准和实施程度不一，这可能导致评估结果在地域间出现较大差异，从而影响评估的公平性和广泛性。

（5）对敏感信息的访问限制。部分涉及财政、人事等敏感领域的信息可能因为各种原因被限制公开，这对全面评估治理能力构成障碍。

基于互联网信息的可获得性对体育行政部门的治理能力进行评估是一个具有现实意义的方法，它在操作上具有可行性和有效性。然而，研究者应当意识到这种方法的局限性，并在解读评估结果时采取谨慎态度。未来的研究可探索更多维度的信息和评估方法，以达到更全面、更深入的评价效果。

第三节　体育治理效果评价指标体系设置

一、德尔菲法的使用情况

德尔菲法作为一种结构化的通信技术，主要用于通过一系列的调查轮次，聚集专家对某一特定问题的意见，以达到对复杂问题进行预测或决策的目的。在体育行政领域，尤其是在评价体育行政部门的治理能力方面，德尔菲法被广泛用于精炼和确定评价指标体系，其目的在于确保选取的评价指标能够科学、客观地反映被评估对象的特性和性能。

在评价体育行政部门治理能力的过程中，德尔菲法的应用可以分为几个关键步骤。

（1）专家的选择。首先，选择具有相关领域知识和经验的专家组成德尔菲小组。这些专家可能来自不同的背景，如体育管理、公共政策、行政法等，以确保评价视角的多样性和全面性。

（2）第一轮调查。通过问卷或其他形式收集专家对于评价指标的初步看法。此轮调查通常不提供其他专家的观点，以避免影响个别专家的独立思考。

反馈汇总：根据第一轮调查的结果，对专家意见进行汇总并分析，找出共识较高和意见分歧的指标。

（3）第二轮调查。将汇总后的信息反馈给专家，让他们在更完整的信息基础上重新评估之前的观点。此轮调查旨在缩小意见差异，增强指标的合理性和科学性。

（4）最终确定。经过数轮调查后，根据专家的共识确定最终的评价指标体系。

德尔菲法具有诸多优势。首先，它能够根据评价需要灵活调整，适用于各种复杂和动态的评价环境。其次，该方法通过多轮专家意见的交流和修改，有助于筛选出最具代表性和科学性的评价指标。最后，该方法涵盖广泛专家意见的指标体系，更容易被相关利益相关者接受。

使用德尔菲法同样面临一些风险，例如，德尔菲法需要多轮调查和反馈，耗时较长，对协调和管理的要求较高，专家选择的主观性可能会影响评价结果的客观性和公正性等。

在构建体育行政部门治理能力评价指标体系的过程中，德尔菲法的使用是提高评价体系科学性和实用性的关键工具。通过专家的深入讨论和多轮意见反馈，不仅增强了指标选择的科学依据，也使得评价过程更加透明和包容。尽管面临时间成本和专家选择的挑战，德尔菲法仍然是政策评估和决策领域中一个极具价值的方法。

二、评价指标体系设置及依据

（一）指标体系的确立

中国体育行政部门治理能力评价指标体系分为三个层级，每个层级下设有若干个子系统。整个体系主要由以下四个板块构成：一级指标、二级指标、三级指标，以及评分依据与说明。

一级指标包含三大部分，即信息公开职能、体育公共服务职能和回应职能。二级指标共分为九部分，即财政信息公开（160分）、群众体育（120分）、体育回应力（100分）、组织领导（90分）、竞技体育（80分）、体育产业（80分）、部门信息公开（50分）、信息公开制度建设（50分）和体育文化宣传（50分）。

三级指标支系众多，其中在二级指标"部门信息公开"之下包括：门职能公开；处室职能公开；直属事业单位职能公开；主要领导简历及分工公开；干部任免及人事招聘信息等。

在信息公开制度建设的框架下，可以分为以下几个关键部分，以确保行政透明度和公众的知情权得到充分保障：

（1）信息公开年度报告。此项涉及编制和公开关于信息公开工作的年度总结报告，包括公开内容的范围、公开的频率及其效果评估等。

（2）信息公开平台建设。发展和维护一个集中的电子平台，使公众能够轻松访问政府信息。这包括网站的用户友好性、搜索功能的有效性以及信息更新的时效性。

（3）依申请公开渠道是否便利。设置明确、易于操作的程序，使公众能够依法申请未公开的政府信息。

（4）是否有信息公开的规章制度。制定详细的规章制度，明确信息公开的范围、责任、程序和监督机制，确保信息公开的规范性和可持续性。

（5）是否成立信息公开领导小组。建立专门的领导小组，负责信息公开的整体策略和监督，确保各项政策得到有效实施。

在财政信息公开领域，应详尽公开以下内容，以增加政府财政透明度：

（1）预决算公开的基本情况。包括公开的预算和决算的总体情况，以及相关的政策背景和解释。

（2）预决算公开的基本规范。确保预决算信息按照国家规定的标准和格式公开。

（3）部门所属单位预算。详细公开各下属单位的预算信息。

（4）部门收入分类。按照经济分类明细公开部门的各项收入。

（5）部门支出功能分类项级科目。公开部门按功能分类的支出，如教育、卫生等。

（6）部门支出经济分类类级科目。详细说明支出的经济性质，如工资、商品服务购买等。

（7）部门资产信息一级分类信息。详细列出部门资产的主要分类。

（8）部门资产信息三级分类信息。提供更细分的部门资产分类信息。

（9）部门资产信息补充分类信息。进一步补充和完善资产信息分类。

（10）人员编制总数及各类人员数。公开部门总的编制人数及各类人员的具体数量。

（11）实有人员总数及各类人员数。公开实际在岗人员总数和分类。

（12）按经费来源的各类人员数。根据经费来源分类人员，如正常经费、项目经费等。

（13）部门机构设置一级到三级分类信息。按级别细化公开部门的组织结构。

（14）"三公"经费公开。公开因公出国（境）、公务用车购置及运行、公务接待等费用的具体情况。

（15）集中采购信息公开。公开部门的集中采购活动详情，包括采购物品或服务的类型、数量、金额等。

（16）人大或审计预算监督整改情况公开。公开预算执行和审计后的整改情况，以反映部门对审计发现问题的响应和整改效果。

在组织领导的框架下，体育行政部门应当确保以下关键方面的公开透明，以提升治理能力和公众信任：

（1）权责清单公开。公开部门的职责与权力的详细列表，明确每项工作的责任主体和完成标准，便于公众了解部门职能和监督权力运行。

（2）体育局长会议。定期公开体育局长会议的召开情况、主要讨论议题和决策结果，增加决策过程的透明度。

（3）市县级体育工作评估。公开各市县体育工作的评估结果，包括工作成效、存在问题及改进措施，用以衡量和提升地方体育行政效率。

（4）部门年度工作思路和总结。每年公开部门的工作计划和年终总结，反映部门一年的工作重点、成果及未来方向。

（5）体育发展"十四五"规划。公开体育部门根据国家发展规划制定的具体行动计划，明确未来五年的发展目标、关键任务和实施策略。

（6）直属事业单位管理办法。明确规定管理直属事业单位的政策和程序，包括人事、财务和业务操作等方面的管理细则。

（7）体育行政处罚管理规定。详细列出体育行政违规行为的处罚标准和程序，确保行政处罚的公正性和法律的严肃性。

（8）换届选举工作规定。公开体育行政部门内部换届选举的流程和规则，确保选举的公正性和透明度。

（9）巡视组通报情况。定期公开巡视组的检查结果，包括被检查单位的主要问题、改进措施及执行情况，强化内部监督和透明度。

"群众体育"之下包括：购买公共服务的管理办法；体育彩票公益金用于群众体育比例；体育场地设施建设；全民健身评估；体育社团治理改革；群众体育服务体系建设；年度全民健身发展公告；国民体质监测数据公报；健身休闲活动规划；省级足球中长期发展规划。

竞技体育之下包括：主办（承办）赛事效益报告；竞技体育"十四五"规划；运动员管理办法；体育赛事管理办法；后备人才培养管理办法；年度体育竞赛计划；体育场馆经营及使用情况；体校改革与发展。

体育产业之下包括：体育产业引导资金；体育基金会；体育产业基地评选；体育彩票公益金年度公报；体育市场监管。

体育文化宣传之下包括：体育智库建设；体育地方志；体育年鉴；体育文物或文化遗产；地方运动员风采。

回应力之下包括：是否有回应；回应速度。

在上述体系中，各层级指标的评分依据及标准繁多且复杂，后续将展开专门且详尽的阐述与研究，此处不再逐一论述。

（二）指标选取的依据及评价标准

在构建有效的评估模型时，选择恰当的评估指标是确保研究可靠性和有效性的关键。本节聚焦于体育行政管理领域，探讨了三个一级指标的选取依据及其重要性：信息公开职能、体育公共服务职能和回应职能。这些指标旨在全面评估体育行政部门的治理能力，确保评估活动既科学又具有实际应用价值。

信息公开职能的指标选取，首先依据《中华人民共和国政府信息公开条例》和新修订的《中华人民共和国预算法》（2014年）。这些法律文件为信息公开提供了法律基础和规范指引，强调了信息透明度和公众获取信息的权利。此外，根据国务院办公厅发布的相关信息公开规定，确保了指标选取的政策依据与当前行政要求相一致。再者，参考了国家治理透明度报告（2016）和Arnout Meijer（2015）的研究，这些文献提供了评估政府透明度和信息公开实践的学术视角和实证数据，增强了指标的理论支撑。最后，结合笔者的试调查情况，这一步骤帮助调整和细化指标，以反映实际情况和具体需求。

体育公共服务职能的指标设计则紧密依托于相关领域的研究成果及国家体育发展的"十三五"规划。这样的参考确保了指标的科学性和前瞻性，使之能够有效地评估体育部门在提供公共服务方面的表现和成效。结合笔者进行的实地调查，这一环节的加入进一步确保了所选指标的实际应用性和地域适应性，使得评估工具更贴近实际操作场景。

对于一级指标"体育公共服务职能"，其设计与选取主要参考了相关领域的研究成果以及国家体育发展"十三五"规划。同时，也结合了笔者的实际试调查情况，以确保指标的针对性和实用性。

最后，一级指标"回应职能"的选取则主要参考了上海财经大学公共政策研究中心的方法论以及《政府信息公开条例》中依申请公开的相关规定。这种方法的选择旨在评估体育行政部门对外部需求和咨询的响应速度及质量，从而评价其在互动与沟通方面的能力。通过这种评估，可以识别并推动体育行政部门在提高公众参与和满足公众需求方面的努力。

具体的评价标准和依据如下：

在公共管理中，评价体系的建立是确保政策执行透明、高效并符合法规要求的关键。通过分析具体的政府部门—体育行政部门，我们可以明确各级指标的评价标准和依据，以此确保公众能够准确理解政府的运作和决策过程。下面将详述这些标准和依据。

1.部门信息公开

依法行政能力和透明度：序号1～4的三级指标反映行政机关机构设置、职能、办事程序等，根据《政府信息公开条例》第九条进行评估。通过体育行政部门官网检索的方法来获取信息，确保信息的易访问性和及时更新。

2.信息公开制度建设

系统建设与执行情况：序号6～10的三级指标依据《政府信息公开条例》的多条规定，评估部门如何通过网站、政府公报等方式主动公开信息。这些信息包括年度政府信息工作报告、公开指南等关键信息。

3.财政信息公开

预决算及财政透明度：根据新《预算法》[①]和《信息公开条例》[②]的规定，评估政府预决算的公开情况。信息获取主要通过互联网，评估信息的可获得性和规范性，但不涉及其准确性和可靠性。

---

① 2014年新《预算法》第十四条规定：经本级人民代表大会或本级人民代表大会常务委员会批准的预算、预算调整、决算、预算执行情况的报告及报表，应当在批准后二十日内由本级政府财政部门向社会公开，并对本级政府财政转移支付安排、执行情况以及举借债务的情况等重要事项做出说明。

②《信息公开条例》第十条规定：县级以上各级人民政府及其部门应该重点公开财政预算、决算报告……政府集中采购项目的目录、标准及实施状况应重点公开。

4.组织领导

领导效率与透明度：评估包括权责清单公开、领导能力、部门内部工作计划及总结。这些指标通过互联网公开渠道获取，反映组织的透明度和领导的执行力。

5.群众体育

社会合作与支持：通过体育彩票资金的法律合规使用情况及对社会组织的支持和发展，评估部门与社会组织的合作治理能力。依据体育行政部门及相关政策文件来获取和评估信息。

6.竞技体育

赛事管理与资金透明度：评估体育赛事资金使用情况及财政专项资金的透明度，以及竞技体育赛事年度计划的执行情况。这些信息的透明度直接关系到公众对赛事管理的信任。

7.体育产业

政策执行与市场监管：重点评估体育产业政策工具的供应情况及体育市场的监管效能。这些评估标准通过监测政策的实际执行和市场反应来设定。

8.体育文化宣传

文化推广与保护：评估体育科学与教育、体育非物质文化遗产的发掘整理工作，以及地方体育发展历程的记录与展示。这些指标反映了体育文化的传播和保护效率。

9.回应力

回应速度与效力：根据《信息公开条例》第二十四条，评估机构对公众查询和反馈的响应速度和处理效力。这是衡量政府透明度和效率的重要指标。

三、指标权重

在现代治理体系中，评估机构的透明度和效率是评价其执行能力的重要指标。本研究探讨了在财政透明度和体育行政管理方面，如何通过设定合理的指标权重来确保评价的公正性和科学性。通过上海财经大学公共政策研究中心的研究示例，我们可以看到信息的可获得性作为核心评价标准的重要性。[1]

指标权重的设定是整个评价体系构建的关键。权重反映了各项指标在整体评价体系中的重要性。在体育行政管理的例子中，一级指标被划分为信息公开职能、体育公共服务职能和回应职能。每个职能下又细分为更具体的二级指标，分别赋予不同的满分和权重，具体见表2-1。

表2-1　指标得分与权重

序号	一级指标权重	二级指标	权重
1	信息公开职能（总分260分，权重32%）	部门信息公开	满分50分，权重6%
2		信息公开制度建设	满分50分，权重6%
3		财政信息公开	满分160分，权重20%
4	体育公共服务职能（总分420分，权重55%）	组织领导	满分90分，权重12%
5		群众体育	满分120分，权重15%
6		竞技体育	满分80分，权重11%
7		体育产业	满分80分，权重11%
8		体育文化宣传	满分50分，权重6%
9	回应职能（总分100分，权重13%）	体育回应力	满分100分，权重13%
总分780分，权重100%			

信息公开职能：总分为260分，权重占比32%。这一职能关注机构在信息公开方面的表现，如部门信息的公开度、信息公开制度的建设以及财政信息的公开情况。这些细分项说明了透明度在公共治理中的重要性。

体育公共服务职能：总分420分，权重达到55%。这一部分更多关注体育部门在服务公众方面的职能如组织领导、群众体育、竞技体育、体育产业和体育文化宣传等。显然，这部分在评价体系中占有较高的比重，说明提高

---

[1] 上海财经大学公共政策研究中心针对财政透明度的研究也是沿用此办法，其评分办法都是公布于众，并获得了学界认可。

体育公共服务质量被视为体育行政管理中的优先事项。

回应职能：总分100分，权重13%。这一部分评价体育部门对公众需求的回应速度和质量。尽管权重较低，但这反映了机构对公众反馈的重视程度和快速反应的能力。

在确定这些权重时，需要考虑到不同指标对整体目标的贡献程度。例如，体育公共服务职能的高权重表明，对于体育行政部门而言，提供高质量的体育服务是其核心任务之一。相对而言，虽然回应职能的权重较低，这并不意味着其不重要，而是因为其包含的指标较少，评价标准较为简单。

在构建有效的评价体系时，权重的设定必须反映出各个指标在实现总体目标中的实际重要性。正确的权重分配不仅可以确保评价的全面性和科学性，还可以帮助被评价机构明确各自的重点工作领域和改进方向。此外，权重的设定还需透明公开，确保评价过程的公正性，这也是上海财经大学公共政策研究中心的做法之一。通过公开和科学的权重设定，可以使评价标准更加合理，更能真实反映机构的功能执行情况，从而推动公共部门的改革和提升。

第三章 贵州体育治理实践考察与特征归纳

第一节 体育治理结构

一、体育治理主体

从治理理论的角度来看，当今世界的公司治理模式种类繁多，且存在着多维度的差异。比如，在英国和美国，大约百分之七十的管理人员都相信公司的权益是第一位的，而在法国、德国和日本，大部分的管理人员则相信公司的存在是为了服务于各种利益相关者。

这里我们以贵州职业体育为例，来探究体育治理主体的本真性。对职业体育治理而言，其适用的理论更倾向于利益相关者理论，主要的原因有两个：第一，职业体育联赛至少需要两支俱乐部才可能创造生产价值的特性，决定了即使是俱乐部人力资本和物质资本的投资者——股东，也不可能完全拥有职业联赛的剩余权，而消费者偏好竞争实力均衡的比赛，使得竞赛组织在联赛的治理中扮演着举足轻重的角色，这就使得股东至上的理论的应用凸显片面性和局限性。在职业体育领域，无论是投资者、组织者还是消费者，他们都具备专业知识，有权对自己所接触的产品和服务质量发表意见，甚至对联赛的整体水平进行评论。因此，职业体育的管理实质上构成了一个错综复杂的"利益网络"。在这个网络中，不同的所有权实体之间维系着平等、独立的关系。这意味着，合同中的每一个产权主体都应当享有平等的机会，参与到职业体育的所有权分配中来。换言之，职业体育的管理效率首先应当建立在所有利益相关者平等地位的基础之上，而不仅仅局限于股东群体。通常情况下，能够影响职业体育治理目标实现的群体和机构主要包括职业体育联盟、单项运动协会、俱乐部、政府和媒体等。

（一）职业体育联盟

在职业体育的生产过程中存在两个生产过程，俱乐部层面和竞赛组织层面。随着俱乐部公司治理趋势的发展，俱乐部层面的治理结构与一般企业或公司的治理并未存在太多差异，职业体育独特的治理特征则主要体现在竞赛组织生产层面。综观世界各个职业联赛，职业体育联盟作为竞赛组织的占绝大多数。职业运动联盟所代表的是俱乐部的权利，类似于管理公司，而各个俱乐部的主管联赛经理则类似于经理人，约束机构通过一种先于时间的方式对联盟的生存状况加以制约（约束机制包括：球队人数、比赛场地数量、时间、场馆座位数、生产功能以及对这方面的专业技能、如何制定比赛规则等），而每个俱乐部均追求收益的最大化和成本的最低化，以实现自身利益的最大化。为了实现这一目标，联盟内部的协作显得尤为重要，且这种协作应当全面而深入，以确保每个俱乐部能够最大化其利润。琼斯（Jones）于1969年也强调了这一点。

贵州省森航是中国贵州省首支职业篮球队，于2013年加入NBL资格赛之后，经过评估，升入NBLA组。这支队伍将于五月中旬进行一次主场赛事。贵州森航的晋级意味着贵州省第一家职业篮球俱乐部有了自己的比赛场地，他们在CBA的梦想上又前进了一大步。而贵州省职业篮球也在我国的职业篮球版图中占有了一席之地。

2013年8月，贵州森航在NBL预选赛上夺得了第四名，随后被评估进入甲级联赛A组。按照中国篮协的规则，A组的比赛将实行主客场制。所以，在多年缺乏全国高水平篮球比赛经验以后，贵州目前正在开展的全国职业篮球运动。对球迷们而言，在家观赏高质量的网球赛事是一种莫大的快乐。

贵州省森航篮球俱乐部创建于2012年4月，由贵州省森航公司总经理何文德先生投资成立。公司总部设在中国贵州省桐梓县。而这支队伍也被叫作"贵州森航"，培训工作主要在中国遵义市汇川球场开展。俱乐部队员的平均年龄为20周岁，人均身高为1.99米左右。在组建之初，这支队伍就确立了进军中国国内顶尖篮球联赛CBA的目标。而进军NBLA队也意味着贵州森航的梦想已经不远了，因为在他之前就已经有过的一些榜样。2013年夏天，四川金强队获得了NBL冠军，在CBA大扩军之后，与时间上间隔15年的四川职业篮球队重新回到了国家水平。2013/2014赛季，他们以14胜20负的战绩位列正常赛第12位，并变成了CBA史上"最佳升班马"。

NBL加盟，是我国除CBA以外的另一种新型职业网球加盟。它是由中华人民共和国全国男子篮球甲B联赛与中国国家男子篮球联赛结合而成。中国国家男性（NBL），是国家男子篮球比赛的英文名字，前身为国家男子篮球比赛（CBL），从2005年开始改称为NBL。

（二）单项体育协会

单项运动总会，通常是指在一个国家内，由参与运动的单位或个人自发组建的唯一非营利性社会团体。其主要目标是统一组织、管理和指导该运动的全面发展，以推动该项运动的普及和水平提升。

在职业体育发展初期，单项运动协会扮演着重要的角色，但随着职业体育专业化程度的提升，管理职业联赛的权力逐渐从单项运动协会中剥离出来，由新成立的独立结构——职业体育联盟全权代理。

由此可见，单项运动协会作为一国管理该项运动项目的组织机构，逐渐将其职业联赛的管理让渡给职业体育联盟，而将协会的工作主要置于国家队建设、各类比赛的裁判员安排以及法律事务、后备力量培养等工作，职业体育联盟成为专门处理职业联赛的组织机构，负责职业联赛的竞赛组织、俱乐部许可证通发以及市场营销等方面的事项。通常情况下，当涉及国家队、国家青年队比赛时，联盟与单项运动协会一起协商赛事的安排；单项运动协会往往只是从规则层面实施对联赛的间接管理和监控，而将联赛的运营与管理付诸职业体育联盟，职业体育联盟拥有联赛管理的绝对权威。

由于生活环境的提升，现代人越来越重视健康，各种各样的体育协会也应运而生。中华全国体育总会创建于1952年6月。根据《中华全国体育总会章程》，同年，中华全国体育总会在贵州分部（以下简称贵州体育分会）在贵州省成立，是中华全国体育总会集团成员单位。随着改革开放和社会主义市场经济蓬勃发展，由于党和国家足够的关注以及全国广大人民群众对体育工作的广泛关注，为了增强体育健康意识，并为做好中国体育贵州省分会的管理工作，于1989年5月在贵州省分会召开的第四次中华全国体育总会理事会会议，把贵州省运动俱乐部改称为贵州省体育运动总会，其目的是：遵循我国宪法、法律、规章和政策，是中国共产党组织运动员、教练员和体育工作人员，以及联络全国广大人民运动爱好者的重要桥梁和纽带，致力发展体育事业，普及群众体育，增强贵州省民众的身体素质，不断提升人民运动水平，加强国际、国内体育交流与合作。

2021年12月11日，在贵州省省委、省政府对省职工体育工作的高度关注，以及对贵州省工人体育事业发展和贵州省体育运动总会设立的积极响应下，贵州省工人拳术总会的成立典礼在我国拳术之乡清镇召开。陈貔任贵州省工人拳术社团总统会员。贵州省工人西安电子科技大学拳术社团的建立，无疑为众多拳术爱好者、武术同仁以及其他省级武术协会交流中国武术精神提供了一个很好的平台。陈貔认为，协会将以拳术健康、拳术康复、国际武术节、竞技拳术等为中心继续努力，结合服务社会广大职工和弘扬中华文化，积极探寻打造高质量、独具特色的中国西部区域单项运动协会的发展方向，努力开拓中国武术事业的独特发展新境界。

"贵州省黔南州体育总会摩托车运动协会"简称"黔南摩协"，是黔南州体育局体育总会下辖的正式注册单项运动协会，协会驻地在都匀市开发区老山可乐三铃车行，正式成立于2011年3月28日，前身为"都匀市桥城摩托车旅游运动协会"。

贵州省轮滑运动协会成立于2018年6月14日，注册地位于贵阳市南明区新华路212号，法定代表人为王碧。经营范围包括组织全省轮滑活动，开展轮滑指导、培训、咨询活动，促进了轮滑运动的发展。

贵州省各体育单项协会开始逐步发展起来，截止到2019年6月，贵州各类体育运动协会达到41家（包括一家基金会），这有力地助推了贵州省群众体育和竞技体育的发展。体育协会承担了政府与群众之间的桥梁和纽带作用。

贵州体育协会的构成主要有两种：一种具有广泛的群众基础；另一种具有专业的竞技基础。

有很强大众基础的运动社团，一般是群众喜闻乐见的运动，当然也有参加人员比较多的运动社团，比如桥牌、乒乓球、足球、篮球、羽毛球、网球、排球等协会，群众基础广泛且牢固。

这些体育运动项目相对而言，组织难度不大，场地要求不高，专业竞技能力不强，男女老少皆宜，在推广和组织上可以说是一呼百应。

据了解，省篮球协会在2019年就举办了多场比赛，仅小年龄段的篮球赛就有近3000支球队在25个赛区进行比赛，尽管如此，因受到比赛规则限制，仍有大量篮球爱好者未能参加，可见这项运动受群众喜爱的程度。

另一种协会类型是竞技基础好的，例如体操、拳击、射击、赛艇、皮划艇等协会，但这些运动项目都有较高的竞技技能要求，群众基础比较薄弱。

以拳击运动为例，虽然在近年来发展较迅速，但是拳击在开展比赛时，赛场必须有围栏，要求裁判对每一个拳击运动员作出的每一个动作都有精准判断，最大可能地保护运动员不受到二次伤害。如果裁判不专业，极有可能会给观众带来无谓的损失，这些竞技体育项目中的专业性和特殊性，只能是在群众爱好者中为专业队挑选、输送人才。

两类协会各有特点，相互促进。

有序发展公共体育。目前，越来越多的人在小型社区广场和城市公共广场参加健身活动，这就出现了两个问题。首先，现代人的健康意识增强了，这是一种很好的情况，说明当温饱工程完全实现以后，现代人对健康幸福生活质量的要求愈来愈高；二是当前公众运动健康机构发展和人民群众日益增长的运动健康要求间的冲突以及服务的不均衡、不完善。

要解决这一矛盾，就要解决群众健身"去哪里"的问题。首先，各级政府应该增加公共体育设施的建设。二是发挥协会（健身场所）和社区的作用，正确引导群众开展健身活动，不影响周围环境，不干扰群众。

2020年，为贵州省体育局争取国家奖励经费五千二百亿元，用于保障五十四个主要体育场馆的免费、降低收费开放，并建设集体育场馆预约、活动预约、健康引导、体质检测、体育技能、运动健康、体育文化消费于一身的全民健康服务大数字系统，为百姓健康带来全面的数字化服务。

（三）政府

现有的研究文献中充满大量关于体育与政府关系的研究。政府部门参加运动的意义随运动的各个领域而不同，但政府部门参加运动的原因一般可包括如下七类：①维护社会公共秩序；②保护和改善民众的卫生与身体功能；③增加某个区域或民众在其更广阔的国家视角上的认知度；④增加民众的认同感、归属感和凝聚性；⑤积极倡导与社区或社会普遍认可的价值观和取向相一致的理念；⑥提升公众对政治领导人及其代表的政治结构的信任和支持；推动当地社会整体经济的繁荣与进步。[①]

在诸多因素中，追求认可与声望构成了地方政府参与职业体育的基本动因。例如，在北美，如果一个城市没有一支或多支主要的职业运动队，就不能宣称自己是"世界级"城市。尤其是中小城市，很可能就是由于有一个世界大联赛球队而形成了一流城市的比赛环境[②]。除了提高居民的自尊，拥有一支专业团队还能给城市带来更好的形象，从而吸引原本不想在这里发展的企业。在欧洲，地方政府也支持俱乐部宣传和表达某种形式的身份，当比赛进行时，球队通常成为社区关注与参与的焦点。运动队不仅强化了居民的社区认同感，还将赛事打造成城镇或地区的重要社交场合，为个体提供了一个保持群体归属感的契机。

因此，公共决策学派认为政客同样是理性的人，他们参与政治过程是为了实现自身利益的最大化。他们渴望获得、保持并进一步提升自己的政治声誉，因此他们会选择那些他们认为能够确保自己当选或晋升至更高职位的人

---

① 杰·科克利.体育社会学——议题与争议（第6版）[M].管兵，刘德琴，刘忡翔，等，译.北京：清华大学出版社，2003.

② 近克尔·利兹·被得·冯·阿尔门.体育经济学[M].杨玉明·蒋建平，王琳予，译.北京：清华大学出版社，2003.

作为支持者和盟友。为了做到这一点，他要对选民的利益作出反应，由于选民的分散决定了许多各种特殊利益是昂贵的，因此，政治家通常会对组织程度较高的集团利益作出回应，这种集团对统治者的影响力更大①。因此，对于职业体育俱乐部这样的组织，以及职业体育俱乐部背后的投资集团，往往容易进入政治家的视野范围。再加上职业体育的准公共品的性质，决定了地方政府对供给的需求，以及职业体育对当地城市发展的带动以及社会形象的提高所带来的积极外部作用，更进一步肯定当地政府的政策行为。

相对于有限的球队数量而言，城市要留住或拥有一支职业球队，就必须支付更高的价格，政府通常通过提供资金支持修建或翻新体育场馆，以及实施优惠政策，如税收优惠和土地政策，来促进职业体育投资主体的发展。

2022年7月8日，经过深入交流与充分协商，国家体育总局与贵州省人民政府共同签署了《关于加快推进贵州山地户外特色体育高质量发展合作协议》（以下简称《协议》）。《协议》明确指出，双方将围绕"体育发展第十四五规划"以及贵州经济社会高质量发展的需求，建立长期稳定的合作关系，以支持贵州聚焦"四个现代化"的发展目标。同时，双方将充分发挥贵州山地资源的独特优势，加强协作与融合，共同推动贵州山地优质特色户外运动的发展，以及国家体育旅游示范区的建设。双方致力于将贵州打造成为国内外一流的山地旅游和体育旅游目的地，通过户外运动的发展，进一步促进贵州体育事业和体育产业的健康快速发展，为贵州建设体育强国新征程提供有力支持。

合作双方建立部省联席会议机制，国家体育总局办公厅、贵州省体育局作为部省合作联络机构，分别牵头负责国家体育总局、贵州省的协调工作，适时组织召开专题会议，根据《协议》目标和内容，结合国家体育发展战略和贵州实际，研究推进重点合作事项及相关工作。

经双方共同商定，已明确各自的支持重点与责任分工。国家体育总局将在政策扶持、项目安排、先行先试、业务支持等方面对贵州给予重点支持；

---

① 近克尔·利兹·被得·冯·阿尔门.体育经济学[M].杨玉明·蒋建平，王琳予，译.北京：清华大学出版社，2003.

而贵州省人民政府将积极发挥政府的引导作用，强化组织领导、指导督促以及沟通协调，并加大在体育领域政策制定、项目立项等方面的保障力度。此次双方的合作期限暂定为五年。

（四）媒体

媒体，包括报纸、杂志、书籍、电影、广播、电视和视频节目以及互联网，渗透到人类文化的每一个方面。媒体和运动的传递有着无法割裂的紧密联系。记者的传统任务是详尽报道比赛流程与结果。在职业运动领域，媒体往往采用买断转播权的形式和专业运动机构开展广泛的业务合作，在职业体育的治理中逐渐发挥着越来越重要的作用。媒体作为最主要的获取信息途径，与专业体育机构的利益相关者共享信息，为了让媒体更有效地传播赛事，职业体育组织时常会拉拢记者、评论员和摄影师，媒体人士经常能够得到俱乐部豪华包间和前排的座位，能特别接近比赛场地和参赛者的衣物间，特别容易得到统计数字和参赛者的信息，甚至在运动员的工资单上，还能发现媒体人士的名字，即便不在那个运动员工资单上，媒体人士往往可以得到职业体育俱乐部提供的差旅补贴、比赛的交通工具、饮食和其他的实惠[①]。作为产品分销渠道，媒体实现了体育赛事生产和消费的可分性和产品的可储存性，人们不仅可以到现场去观看职业体育赛事，而且能够通过媒体实况转播在世界的任何一个角落观看赛事，更可以在任何时候观看比赛的录播。职业体育组织需要媒体的宣传与报道以提升和拓宽声誉和知名度。媒体通过客事以销售其广告时间的互利互惠关系，使得职业体育组织与媒体之间产生共生关系。

2020年10月25日是重阳节，由贵州省体育运动局、贵州省广播和中央电视台联合举办的"重阳九月九日、登高健步走"的全国体彩杯登山赛事，在贵州全国九个市（州）的九大景点同步开展，其中，主会场位于中国铁路国际生态城市，贵州省体育运动局党组织主任、部长吴涛致辞，宣布赛事

---

① 杰·科克利.体育社会学——议题与争议（第6版）[M].管兵，刘穗琴，刘仲照，等，译，北京：清华大学出版社，2003.

启动。

此次活动，是在贵州省体育局和贵州广播电视台开展战略协作下，在"建设贵州行动"的基础上，首次利用地方优势资源，原计划在贵州省全市九州、九大景点同时举办，近万人参加大型的室外攀爬步伐活动，也是体育宣传方面的一次新探索。在九月初九这一天，攀登高峰，精力充沛地散步。这一活动同时也是对中国传统文化习俗的继承与弘扬，也是贵州人民对全民健身和生命健康的关注的生动体现。《动感贵州》在宣传贵州体育事业发展、展示贵州体育成果、普及全民健身知识、助力体育彩票销售和助推贵州体育旅游示范区建设等方面，都起到了很好的宣传作用。

为了执行好本次活动，贵州广播电视台倾尽全力，成本预算超过150万元，利用全台人力和物力资源，从策划、宣传、组织报名和执行等多个方面保障了活动的顺利举行。全省9个市州、9个景区共计投入了超过1000人。其中，贵州广播电视台出动200余人，涵盖全台记者、编辑、主持人、品牌、转播、直播、新媒体、外宣、综合保障、安保等十多个岗位；在物力方面，贵州广播电视台投入了大型4K高清转播车、卫星传送车、移动通信车等行业最顶尖的设备，在主会场设置了6个机位，同时实时连线其他8个市州活动现场，本次直播在CCTV移动网络、新华社直播云、中国网、百度、今日头条、劳动新闻、微图go等16个平台进行。总观看人数超过144万。晚上，《贵州新闻联播》《人民关注》和各市立、国营电视台播出电视新闻。另外，贵州省广播电视台还聘请了人民网、新华社、中新社、贵州省报纸、新浪网、多彩贵州网、贵州省画报、贵阳日刊、贵阳晚报、今日头条等20多家省内外主流媒体进行现场采访，推送活动新闻。

2020年，贵州省成功举办徒步赛，开创了贵州体育与传媒融合发展的新模式。反映出各地群众参加户外运动和锻炼身体的热情，对促进贵州省体育旅游经济开发、推进贵州省体育旅游示范区创建，有着重要积极意义。"加强体育，增强体质"是发展体育精神的最主要保证，也是一个长期的过程。在拥有广泛群众体育基础的前提下，体育与媒体的进一步合作，必将为贵州体育事业带来新的活力！

2022年6月13日，贵州省贫困地区第十一期全运会群众项目的足球决赛在六盘水进行。贵州省体育局、六盘水市委宣传部联合部分中央媒体和省市主流媒体对比赛进行了全程直播，得到了全国观众的关注和好评。超过120万人见证了这场精彩的"云端"比赛。

贵州省运会作为贵州省最高级别、规模最大的综合性运动会，是一场展现运动员奋发图强、全民健身风采、中华体育文化精神的体育盛宴。本届运动会的新亮点："云"看精彩，专业运动员"在线"解说，释放群众性项目的缤纷魅力。

近年来，贵州省体育局通过构筑全媒介宣传体系，不断创新宣传方式，采取直播、VR、短视频、H5、长图海报等新媒体形式，推动全民健身事业发展，大力弘扬体育精神，促进体育文化建设健康发展，取得了显著成效。

全省运动会的排球比赛，通过新华网、多彩贵州网、贵州日报、贵州省电视台等主要新闻媒体网络，进行了现场直播。

随着职业体育的发展，媒体与职业组织的共生关系逐渐进入到职业体育的生产中，主要体现在两个方面：一是职业体育组织通过创建自己的网站或电视台，将媒体融入职业体育的生产中垂直整合，如NBA总裁斯特恩上台后，创建了NBA有线电视和NBA网站；第二，很多媒体企业不仅通过购买转播权来固定和吸引特定群体，利用自己商业时间的销售来实现成倍量的变化，很多媒体企业还直接协助赛事或购买专业体育俱乐部，以提升官方和企业的形象和美誉度。

二、体育治理客体

与任何系统一样，职业体育同样存在由施控系统、受控系统组合而成的控制系统，如前所述，由于我们将职业体育治理结构的讨论置于竞赛组织层面，故与职业体育联盟、单项运动协会这些职业体育治理主体相对应的客体，就是职业体育俱乐部和职业体育运动员。

（一）职业体育俱乐部

对于一般企业而言，如果不考虑反垄断法律，无论其追求的是利润最大化还是成长最大化，垄断状态通常被视为最理想的状态。然而，当我们将目光投向职业球队时，情况却截然不同。对于一支追求最大利润的职业球队来说，它的竞争对手越强大，比赛结果的不确定性就越强，就越能吸引更多的观众和赞助商，进而增加了获利的可能性。而倘若一支球队运用它所有的财富积累所有的球星，在职业体育行业中处于垄断的地位，那么这支球队的结局只有一个：没有比赛，没有门票，没有收入，这就会形成一个悖论，也就是说，假如一支球队强大到没有竞争对手时，垄断的结果反而是不获利的，这显示了职业体育产品生产的独特性，从职业体育的产品函数角度看，没有哪支俱乐部能够独自生产可销售的产出（比赛），每个俱乐部必须与另外一俱乐部组成联合才能生产出能获得收入的产出，而且这种联合必须至少拥有两支俱乐部。这就决定了职业体育的生产必须是基于团体生产的基础上来，并具备了如下三方面的特点：①团体生产中需要同时有两个成员；②团体成员必须是相互依赖的，且一个团体成员的决定和活动必须会受到其他团体成员的注意；③在一个集团中，合作的成果大大超过各个成员独立产出的总和。

贵州省比较有名的体育社团有贵州省恒丰足球俱乐部，它是一个设在中华人民共和国贵州省贵阳市的职业足球俱乐部。它现在加入了国家足协甲组比赛。俱乐部的所在地位于贵阳奥林匹克体育中心。贵州足球俱乐部有限公司于2012年5月30日在贵州省工商行政管理局注册成立。法人代表戴秀丽，其业务范围包括组织足球比赛、体育用品发展、体育设施的管理和运营。

在中甲联赛第一阶段的前9轮赛制中，该队取得了2胜3平4负的成绩。2020年11月8日，2020赛季中甲联赛的帷幕终于落下，贵州恒丰3∶0大胜北京人和，中甲联赛第七名的最终排名告吹。

2021年1月7日，贵州恒丰发布公告，委任原贵州恒丰足球俱乐部党总支书记、原常务副董事长欧一强为贵州恒丰足球俱乐部董事长。5月6日，2021年中甲联赛湖北赛区第三轮比赛继续进行，武汉三镇以0∶1负贵州队。前半段联赛刚开场，贵州队就在前场断球快速攻势，由马灿杰射入一球。前三连胜，暂列第一名。贵州黔之行足球俱乐部目前正在组建一支发展势头良好的一线职业足球队。

随着学校的发展，职业体育俱乐部的组织方式也在日益专业化。初期，职业体育俱乐部的创立者多为个人、家庭或合伙企业，他们的投资动机源于个人对职业体育的热爱，关注的核心为社会效益。如对于职业体育俱乐部投资的流动提高了个人或企业的社会意识和社会地位，由于职业体育规模的不断扩大，尤其是电视媒体，职业体育得到了西方社会的普遍认可，直到20世纪80年代以后，职业体育俱乐部已经基本摆脱了对门票收入的依赖，其他收入来源也在不断扩大。尤其是职业俱乐部的特许经营，在电视收入中所占的比例越来越高，而职业体育又具有巨大的经济效应，吸引了众多媒体机构和大型商业集团，这些庞大的集团还直接收购了保乐力加，随着保乐力加的全部参与，现代职业体育俱乐部的管理架构因此经历了深远变革，传统的职业体育俱乐部逐步向公司制过渡，其中欧洲职业体育俱乐部表现得尤为明显。

当然，由于联赛管理体制的不同，即使从赛事组织层面考察职业体育的治理结构，职业体育俱乐部在职业体育治理中的作用也有所不同。例如，在北美的职业体育联盟中，职业体育俱乐部更类似于职业体育的管理对象，与职业体育联盟耦合的环控体系，实现了联盟治理的目的。在欧洲的职业体育联盟中，职业体育俱乐部更类似于治理主体，职业体育联盟在资源配置上主要由职业体育俱乐部组成；但随着职业体育全球化的发展趋势，职业体育俱乐部逐渐将联赛的经营管理权置于联赛级别。例如，越来越多的欧洲职业足球俱乐部将电视转播权转让给职业体育联盟，统一出售。

（二）职业体育运动员

对职业体育产业而言，联赛的质量以及职业体育俱乐部的收益在很大程度上依赖于其拥有的优秀运动员的数量和质量。在职业体育发展时期，职业运动员在各支球队之间游走，有些在赛季之间毁约另谋高就，随着职业体育联盟的成立，运动员出售其服务能力的权力逐渐转移到职业体育俱乐部或职业体育联盟手中，职业体育组织拥有完全的买方垄断力量，这种现象在北美职业体育联盟中的制度安排尤为典型，特别是体现在保留条款上。[①]

Roetenberg（1956）首先推翻了保留条款有助于实现竞争均衡的观点，主张球员分配可以通过市场自我调节机制来实现，对于Roetenberg的论断，许多学者则从机会成本和交易费用等角度分析和论证保留条款存在的合理性。

威廉姆森指出，人们有一种天生的机会主义倾向，即不完全或扭曲的信息披露，以及"蓄意误导、扭曲、隐藏、混淆信息的企图"。换句话说，在缺乏有效监督和惩罚措施的环境中，期待并信赖交易对手将始终恪守约定是不切实际的。信息不对称与交易成本的存在，使得我们难以确切判断并限制对方可能采取的机会主义行为。这种预期反而可能助长交易对手采取更多的机会主义行为。对于职业运动员而言，他们运动技能的形成需要经历漫长且充满挑战的过程，因此，一个人通常难以在多个运动项目中达到高水平，这限制了他们的职业选择，通常只能选择一个职业运动作为发展方向。由于信息的不对称和较高的搜索成本，很难对职业运动员进行合理的价值评估。阿尔钦和德姆塞茨指出，当运动员未来的劳动服务价值归运动员自己所有时，则又是另外一种情况。对于运动队所有者为何要拥有运动员的未来服务，Alchin和德姆塞茨认为它是垄断的存在好处和监督成本。因此，面对不完全合同和机会性合同风险，双方首选的方法是提供合同保障措施，加强限制性条件。

戴利（1992）依据相关理论提出，当运动员加入职业联赛后，其技能实现完全转换，成为全球范围内的完全自由球员。此时，原签约团队可能付出高昂代价，原因在于无需考虑培训成本，从而使得原团队球员的专有权可能受限，其原投资回报低于市场工资。

[①] 1879年9月29日的纽约布法罗的一个秘密会议中，美国国家棒球联盟业主们达成一个协议，那就是从1880赛季开始，允许每个球队拥有5名运动员的保留权利，规定任何俱乐部不得和其他球队保球员签订合约，同时也对试图离开联盟的保留球员设置门槛，规定联盟内俱乐部不得与联盟外雇佣该保留球员的俱乐部举行任何形式的比赛，包括表演赛，这就使得运动员不可能轻易离开签约俱乐部。1889年，这个保留运动员的权利扩展到了整个球队，每一份球员合约后都附有这样一个条款。

　　根据戴利（1992年）的研究，当运动员加入职业联赛并发展自己的技能后，他们可能成为全球范围内的完全自由球员。这意味着他们可以自由地与任何球队签约，而不再受到原始合同的约束。对于原签约团队来说，这种情况可能会导致一些经济上的损失。主要原因是，原团队在运动员的早期职业生涯中已经投入了大量的培训和发展成本。然而，当这些运动员成为自由球员后，其他球队可以雇佣他们而无需支付这些早期的培训费用。这样一来，原团队就可能无法从他们的初期投资中获得相应的回报，因为运动员的市场价值和工资可能远远超出了原团队的控制范围。这不仅限制了原团队对这些运动员的专有权利，还可能导致他们的投资回报低于期望。

　　这不但没有降低其他俱乐部最优秀的水平，相反促使了联盟内财富价值的最佳转化，而且在职业运动员的专业化水平较高时，也使得机会主义的实际情况显得越来越复杂，即资本的专门性越高，对资本使用的可选择性就越小，而资本专门性实质上是一种"套住效应"。

　　降低运动员流动性的主要原因在于运动员与俱乐部之间在剩余索取权的控制方面存在不平等。俱乐部作为人力资本（包括运动员和教练员的购买）和物质资本（例如体育场馆的提供）的出资方，自然掌握了大部分联赛的剩余控制权和索取权。同时，运动员的交易规则通常由联赛的组织者设定，而这些组织者多由球队所有者构成，他们的动机复杂并多样，追求成本最小化和收益最大化是他们的共同目标，这种在其他产业中难以见到的勾结和共谋行为，却在追求竞技实力均衡的名义下得以实现。

　　此外，虽然促进竞技实力均衡是联赛组织者宣称的目标之一，但这并不是他们的唯一目标。在这样的机制下，为了限制运动员的自由流动并减少资本方对劳动力剩余价值的剥夺，确保运动员能够参与到联赛规则的制定过程中变得至关重要。这不仅能帮助保障运动员的利益，还能促进公平竞赛和行业的健康发展。

　　然而，要实现这一目标，前提是球员工会必须具备足够的实力和影响力。强大的球员工会可以为运动员提供更有力的谈判平台，使他们在与联赛组织者和俱乐部的谈判中处于更加平等的地位。通过集体谈判，运动员能够在规章制度的制定中发挥更大的作用，进而改善他们的职业环境和待遇。只有在这种情况下，运动员的流动性才能得到合理的管理和提高，确保他们的职业发展不受不公正的限制。①

三、体育治理行为

职业体育治理行为是就职业体育联赛控制权和剩余索取权分配而进行的具体制度设计，包括职业体育联赛所有权的安排和治理机制。

现代产权理论认为，企业所有权是剩余索取权与剩余控制权的统一，包括占有权、使用权、处分权和受益权。对于职业体育联赛而言，联赛的治理从表面上看是联赛内部各种资金来源和权利所形成的不同结构，本质上则是政府、协会和投资人等联赛产权主体相互依存和影响的利益分配格局。Hart（1995）认为由于剩余控制权和剩余索取权两者是高度互补的，只有当两者在同一产权主体上达成合理配置时，有效激励才能形成。②

联赛所有权的安排指在联赛治理过程中对联赛的剩余控制权和剩余索取权的配置。它是联赛治理的核心，对于联赛内部组织的构建和治理机制的确立具有决定性作用。剩余控制权与剩余索取权的配置状态，决定了联赛内部经济活动的效率。对于联赛而言，产权结构本身对治理主体的行为具有监控作用，同时产权作为一种制度选择和安排，其功能在于降低组织内部的交易成本，实现对联赛资源的有效配置。在具体的治理过程中，实行联赛的所有权与经营权相分离，通过在所有者与经营者之间对支配权、处置权和收益权的划分与界定，既要保证所有者的权益，以激发其对生产经营活动的关心，同时又要对受所有者委托、进行联赛日常生产经营管理活动的代理人的利益给予赋予和维护，充分激励其积极性，进而形成合理有效的治理行为。

职业体育联赛治理机制涵盖各类制度安排，由联赛所有者制定，旨在激励与约束联赛治理对象，确保治理目标得以实现。这些机制包括联赛收入分配制度、俱乐部准入制度、联赛升降级制度、运动员转会制度、运动员薪酬

---

① 约输·友克米兰.市场演进的故事[M].余汉，译.北京，中信出版社，2006.

② Hart O. Firms, Contracts and Financial Structure[M]. Oxford: Oxford University Press, 1995.

制度以及联赛监督制度等具体制度设计。

四、体育治理环境

治理环境是治理结构系统赖以存在的物质条件。职业体育治理环境指影响治理结构的环境因素，包括一国的社会文化、经济、政治等方面的发展与变化状况。

（一）政治环境

政治环境是指影响职业体育治理的政治力量，包括政府对于职业体育联赛的施政行为和法律法规对于职业体育治理的制约。政治制度、经济体制状况、政策和法律状况以及政治局面的是否稳定，都会不同程度地对职业体育治理活动产生影响。

（二）经济环境

经济环境是指影响职业体育治理的经济因素，宏观方面包括国民收入水平、国内生产总值、物价水平、职业体育的资本市场与劳动力市场，微观方面包括职业体育产品供给、消费需求与消费者行为偏好等，直接关系到职业体育产品的市场定位、定价与营销等。

（三）社会文化环境

社会文化环境涉及对体育专业治理产生影响的社会文化因素，涵盖人口规模与地域分布、居民教育水平与文化素质、生活方式、风俗习惯、价值观以及宗教信仰等内容。

（四）技术环境

技术环境是指影响职业体育联赛治理的科学技术因素，包括科学技术发展的最新成果、现状、趋势以及科技环境的变化。

科技进步对职业体育发展的影响是多方面的并且具有深远意义。在职业体育的历史进程中，网络信息技术的广泛应用和现代交通的便捷普及，不仅提高了职业体育商品从社会消费品到实际消费者的可及性，而且促进了职业赛事的全球化和市场的扩大。这一转变极大地促进了职业体育赛事的繁荣与发展。

更进一步地，随着高新技术如增强现实（AR）、虚拟现实（VR）、大数据分析和机器学习等在体育赛事中的应用，职业体育的表现和管理方式发生了革命性的变化。这些技术的应用不仅提升了比赛的观赏性和互动性，使赛事更具娱乐性和刺激性，而且提高了竞技水平和公平性，通过精确的数据分析提升了运动员的表现和教练的战术安排。[1]

社区人文生态是指影响职业体育治理过程的社区人文要素，主要涉及人口数量和地理分布、市民的受教育水平和社会文明程度、生产方式、社会文化风俗、价值理念，以及宗教活动等。

（五）贵州体育治理环境：从动起来到强起来，建山地特色民族体育强省

2022年8月18日，贵州省第十一届运动会（以下简称"省运会"）圆满落幕，竞技体育组4903名运动员共决出金牌560枚。数据显示，与近两届省运会相比，田径、游泳、射击等项目成绩大幅提升，各代表团之间的竞争也更加激烈。

数据表明，相较于近两届省运会，田径、游泳、射击等项目的成绩有显著提高，同时各代表团之间的竞争也愈发激烈。

---

① 胡利军，杨远波.中国职业体育发展[J].体育科学，2010，30（2）：31.

除竞技体育项目之外，省级全运会还设置了涵盖不同年龄、类型尽可能多样的各类民众喜爱的大众项目，如马拉松、轮滑、体育舞蹈等运动时尚项目，以及乒乓球、羽毛球等有着较丰富民众基础的传统项目，此外还有象棋、围棋、桥牌、智力、棋类等大众喜爱的体育运动项目，让更多的草根运动员和民间高手展示了自身的能力。

竞技体育强，群众体育活。这也意味着，经过多年努力，贵州覆盖城乡、惠及全民的公共体育健身服务水平不断提高，贵州山区民族特色体育强省建设取得新进展。

利用山地资源，在好风景中收获健康。2021年6月，"美丽乡村"篮球联赛作为贵州省独立IP赛事一上线就引起了社会的广泛关注。在这场引人入胜的竞技活动中，贵州优美的乡村景致、多元化的人文风貌，以及人们对健康美好生活的向往，均得以生动展现。

村级活动的国际化特色和群众体育的创新活动，是建立在贵州几年来落实全民健康发展规划，着力推动全民健康"六个身边"工程，着力建设更高层次全民健康服务系统的基础之上的。"十三五"期间，贵州实现了"农业体育工程"全覆盖。在农村的行政村中，普遍配备有标准的篮球馆，其中包括一座规范的篮球场以及两张室外乒乓球桌。

2022年，铜仁市马拉松项目群众赛事活动选拔赛"'我要上省运'社区运动会"在铜仁乡村振兴产业带马拉松智慧赛道顺利举行。此次赛事的马拉松赛道全程长达43公里，将铜仁市碧江区与江口县域内的山地、田野、溪流及乡村等景观巧妙地串联在一起。相较于国内其他马拉松赛事，这条赛道以其沿途的秀美风光为特色，不仅让参赛选手在竞技中感受到运动的乐趣，同时也为他们呈现了一场视觉盛宴。

近十多年来，贵州山区户外运动中心不仅培育出一批具有特色的活动，同时在山区户外运动基础设施建设方面取得了显著成果：百人生态运动公园、自行车露营场地、绿色健康步道、智慧马拉松、"15分钟"健身圈，越来越多的人在优美景观中获得了健康的身体。

据统计，截至2021年，贵州省内共成立了各类社会体育机构1457家，每年培训的社会体育指导员人数逾4000，遍布全国各地。目前，已建成45个全民健身活动中心，并配备了众多全民健身活动场所。布设的健身步道已达5628条，骑行道近8000公里，此外，还建有各类登山及室内外公共健身设施，极大丰富了民众的日常健身选择。同时，城市街道、乡镇及16437个行政村（社区）的体育与健康工程亦不断推进，运动场所的数量与规模持续扩大，使城乡体育设施分布更加均衡，为居民提供了更多便利和多样化的健身环境。

充分利用贵州丰富的山地资源，显著提升了竞技体育人才的培养效果。这一点在最近的国际竞赛中得到了充分体现。2022年7月，来自贵州榕江的19岁青年运动员龙见国，在国际攀联世界杯攀岩赛中表现出色，以5.23秒的卓越成绩夺得金牌，举世瞩目的"中国速度"再次闪耀世界舞台。

自攀岩项目成为奥运正式比赛项目以来，国家攀岩集训队多次前往贵州进行选材与集训工作。贵州因其独特的自然环境、气候条件以及地理优势，一直备受国家体育总局青睐，成为备战顶级赛事的理想之地。

甘春龙，贵州省体育科学研究所所长，指出贵州省的地形主要由山地、丘陵与盆地组成，这样的多样地貌配合其宜人的气候和优越的自然环境，为体育训练提供了极为优秀的条件。贵州的环境支持全年户外训练，而且其内部的多样海拔高度，从高原到亚高原再到低海拔地区，为运动员提供了能够快速进行高低海拔交替训练的独特优势，这在很大程度上有助于提升运动员的体能和适应能力。

贵州省凭借其得天独厚的自然环境和资源优势，已成功构建了一系列国家生态多梯度高原运动训练示范基地，涵盖了拳击、皮划艇、高原运动、体操、田径等多个领域。这些基地以公园式的优美环境吸引着国内外众多体育精英前来集训，为国家队的备战提供了强有力的支持。在2021年东京奥运会上，中国皮划艇队所取得的辉煌成绩，正是基于在老王山生态型多梯度运动训练基地进行的长时间、高强度的冬季训练。

在中国第十四届全运会中，米九江代表贵州轮式赛道自行车俱乐部参加山地车赛事，并荣获第一名，创造了历史性的成就。这一卓越表现不仅凸显了个人才华，也体现了贵州省在体育领域持续创新的成果。贵州省体育局自2018年起与贵州轮轨自行车俱乐部建立合作关系，共同推动了灵活的团队组建机制和多元化人才培养模式的发展。这种创新的合作模式为运动员提供了成长和竞技的优越环境，助力他们在国内外赛场上取得佳绩。

贵州省体育局竞技体育司司长曾亚林说，"通过'走出去、引进来，省队市办、社办省管、校社联办、同奖共享，互助共赢'等方式，贵州已经形成了多支运动队伍，包括攀岩训练队、省山地自行车队、足球队、霹雳舞队等。"

依托丰富的山地资源，中国正积极打造国家级体育旅游示范区。2022年7月10日，"跑贵州"国际高山跑步系列赛（安龙站）在贵州省黔西南州安龙国际高山户外运动示范主题公园成功举办。该公园荣获国家体育总局颁发的"国家级高山户外运动示范性主题公园"称号，成为全国首个获此殊荣的公园。公园内汇聚了极限体育运动、户外娱乐、休闲度假、餐饮会议等多种功能，提供近30项山地户外运动项目，如自然攀岩、徒步、登山等，为游客提供了丰富多样的体育旅游体验。

近年来，贵州省凭借其得天独厚的自然条件和丰富的山地资源，成功举办了国际贵州山地旅游户外运动大会、"跑"贵州山地跑系列、"七彩贵州"自行车联赛以及"飞腾"贵州低水平体育等一系列重大体育赛事。这些活动不仅极大地提升了当地旅游业的知名度和吸引力，吸引了无数国内外体育旅游专家学者和户外运动爱好者的目光，更为当地经济社会发展注入了新的活力。通过举办这些赛事，贵州省不仅展示了其独特的自然风貌和体育精神，还带动了周边景区的繁荣，促进了当地体育产业的快速发展，成为推动当地经济社会发展的重要力量。

在2017年9月，贵州省获得了国家体育总局的批准，正式建设中国国际体育旅游示范区。这一决策为贵州省在体育与旅游领域的深度融合提供了重要的政策支持，标志着贵州省在打造成为全球知名的山地旅游目的地方面迈出了关键一步。

在国家体育运动旅游发展示范区建设工作的深入推进下，贵州省对体育运动旅游基地、项目以及精品航线等进行了重新规划与布局，这一举措催生了一系列新兴业态和产品，为既有消费市场注入了新的活力。据贵州省体育与旅游开发管理中心负责人匡正志介绍，贵州在保持传统项目优势的同时，成功推出了蹦极、攀岩、野营等新颖的旅游体验，为游客提供了更多元化的选择。

贵州省在推动山区少数民族体育运动的发展上，展现出了前瞻性的规划与布局。基于其丰富的资源禀赋、独特的少数民族文化、山地民俗文化、高跷文化以及山区户外运动等特点，贵州省因地制宜地构建了一套完善的山区少数民族运动发展体系。这一体系不仅充分利用了贵州的自然与人文资源，还促进了当地体育产业的多元化发展。

依托百余条优质体育旅游线路、500多个运动休闲基地、50余个国家级运动示范基地、32个国内自驾体育营地以及72个国际体育旅行精选项目，贵州省为游客提供了从"好看"到"好玩"的全方位体验。这些平台和基地不仅丰富了体育旅游的内容，也为山区少数民族体育运动的发展提供了广阔的空间。通过这一系列的布局与建设，贵州省正向着打造具有国际影响力的体育旅游目的地的目标迈进。

第二节 体育治理的政策法规及制度设计

一、体育治理政策法规

（一）《体育法》的修订

2022年6月24日，十三届全国人大常委会第三十五次会议修改并批准了《中华人民共和国体育法》，并将自2023年1月1日起实施。这是中国新时代体育事业蓬勃发展的重要法律基础。修改后的体育法的主要内容如下：

新修订的《体育运动法》在原有基础上进行了大幅度扩充，内容更为丰富全面，涉及全民体育锻炼、青少年与学生运动、竞赛运动、反兴奋剂、运动组织等多个方面，共计12章122条。

新法特别强调全民健身的重要性，将原《社区运动》一章更名为《全民健身》，明确提出构建全民健康服务体系，并增设了全民健身工作协同管理机制，以确保公民能够广泛参与体育健身活动。同时，新法增设了社会体育指导员制度，以发挥其在全民健身活动中的引领作用，并对全民健身设施的建设和管理提出了具体要求，解决了群众"去哪里健身"的难题。

在青少年与学校体育方面，新法将原《学校体育》一章更名为《青少年与学校体育》，并提升了其在法律中的战略地位。新法要求高校设立全面的体育运动项目，确保学生每天至少有1小时的体育活动时间，旨在加强青少年健身意识，促进其身心健康。此外，新法还规定体育主管部门需从多方面为学生提供体育支持和指导，以预防和减少学生健康问题。

新修订的《体育法》在竞技体育领域，尤其是在体育比赛管理、运动员权益保障、职业体育规范化与推广等方面进行了全面的修订和完善。该法着重强调运动员权益的全方位保障，通过实施综合措施，确保运动员在科学文明的锻炼环境中成长，并特别关注其心理健康。法律明确保护运动员接受文化教育的权益，并为其注册活动提供法律支持，同时给予全国优秀运动队成员在就业和升学方面的优惠政策。对于退役运动员，法律也积极提供职业技能培训和社会保障，以帮助他们顺利就业或创业。在选拔全国和地区代表队参与国际、国内重要体育赛事的运动员和队伍时，法律明确要求遵循公开、公平、择优的原则。

与此同时，我国体育产业正处于蓬勃发展的黄金时期，为调整经济结构、促进就业、培育新的经济增长点以及满足人民群众的多元化体育需求提供了强大动力。新《体育法》明确了国家支持体育产业发展的坚定立场，并提出了一系列具体措施，包括完善产业管理体系、规范市场秩序、引导市场供求平衡、拓宽投融资渠道以及鼓励体育消费等。此外，法律还特别增设了《体育产业》一章，详细规划了国家体育产业的发展方向、工作协调机制，并明确了体育产业发展的指导范围。

在支持国家体育用品生产、体育服务以及专业体育发展方面，新法也作出了明确规定，同时鼓励具有区域特色和民族特色的体育产业发展，建立健全区域体育产业协调互动机制，并鼓励社会资本投入，培养专业人才，完善统计体系，以推动我国体育产业向更高层次、更广领域发展。

职业体育在我国体育事业中占有重要地位，体现在其竞技性和商业价值的双重特性上。随着体育市场化和社会化的推进，职业体育不仅仅是运动员技术比拼的舞台，更是体育产业发展的重要引擎。国家通过修订体育运动法，在"竞技体育"与"体育产业"两大章节中对职业体育进行了系统规范，明确提出鼓励职业体育的市场化和职业化，为职业运动员和教练员的职业发展创造条件。此外，法律还要求职业体育俱乐部优化治理结构，强化市场主体作用，从制度层面保障职业体育健康、有序发展。

在维护体育公平性与健康性方面，国家对反兴奋剂工作给予高度重视，这在新修订的体育法规中得到了体现。设立"反兴奋剂"章节，不仅是对国内外兴奋剂问题的全面应对，更是建立起一套完善的反兴奋剂管理体系。相关政府部门将与国内外机构合作，从法规、监督和国际合作等多方面确保体育竞赛的纯洁性和公平性。

同时，新法强调培育和弘扬中华民族体育运动精神，将"为国争光、无私奉献、科学求实、守法、团结、拼搏"等核心价值观融入体育实践中。通过确立"公平竞争"和"健康文明"的运动原则，新法旨在激发运动员履行职责的同时，加强精神文明建设。这些法规的实施，不仅将提升我国体育竞技水平，也将在更大范围内推广体育的社会与文化价值。

体育组织在推动体育事业的发展中起着关键作用。随着体育管理体系的改革和政府职能的转变，体育组织的法律地位和职责权力已逐步明确。根据新修订的《体育法》，体育社会团体的概念已更新为"体育组织"，并规定这些组织应依法依章程开展活动。此外，全国性的单项体育协会被明确为依法注册的体育社会组织，具体职责包括制定技术规范、竞赛规则等，以规范体育赛事。体育行政部门与这些协会之间的关系也被界定，确保协会在体育行政部门的指导和监管下运作，强调了行业自律和内部治理的重要性。这一系列的法律规定为体育组织的健康发展提供了坚实的法治保障。

关于体育仲裁，新修订的《体育法》中新增设了"体育仲裁"一节，旨在建立独立的体育仲裁机制，确保体育争议能得到及时、公平的处理。法律明确了全国体育运动仲裁委员会的组建原则，并规定了体育仲裁的基本原则、范围、程序等，确立了特别的仲裁程序。这一制度的建立，旨在提高体育领域的法律意识，为解决体育纠纷开辟新的途径，保障当事人的合法权益，同时也防止了国内纠纷的国际化问题。

在监督管理方面，为应对体育市场的快速发展与伴随而来的各种挑战，新修订的《体育法》特别增设了"监督管理"专章。此章节详细规定了体育行政部门及与公安、市场监管、应急管理等部门的协同职责，以及体育赛事组织者的安全保障职责。法律还引入了熔断机制，允许在突发事件发生时及时中止体育赛事活动，确保公共安全。此外，对高危险性体育活动的管理也被进一步规范，确保这些活动的安全和规范进行。

关于对外体育交往方面。党的十八大以来，体育对外交往日趋活跃，体育对外工作不断深化，体育成为搭建民心相通的重要桥梁。新修改的《体育法》将在总则中将"维护国家主权和尊严"修改为"维护国家主权、安全、发展利益和荣誉"，并增加"弘扬奥林匹克精神，支持参与国际体育运动"，同时在附则中增加一条规定，"任何国家、地区或者组织在国际体育运动中损害中华人民共和国主权、安全、发展利益和尊严的，中华人民共和国可以根据实际情况采取相应措施"。强调国家积极发展与国内外体育运动交流，积极传播奥林匹克精神，共同捍卫国家主权、安全、发展权益与荣誉，促进世界形成人类命运共同体。

（二）《"十四五"体育发展规划》体育法治内容解读

"十四五"计划是中国完全实现小康后的首个五年计划，开创体育强国新征程，具有象征意义。"依法治体"成为体育领域的一种依法治国方略，是推进体育强国发展的必由之路。在《体育发展"十四五"计划》（以下简称《计划》）中，体育运动法制计划从立法、审判、实施、宣传的角度，对中国体育强国发展的法制工作进行了整体规划。

1.健全体育立法制度，充分发挥立法的导向和促进功能

改革开放以来，通过持续奋斗，我国在体育运动方面已初步形成了以《体育运动法》为核心，以各种行政管理规定、政府部门规章制度、地区性规则和各种法律规范性文本为基础的运动法治标准体系，形成依法管理体育运动的基本保障。但是，与体育事业变革发展的进度相比，运动法律规范体系落后的主要问题更加明显，已经无法适应体育运动变革的要求。例如，规定较为陈旧，亟待修订；针对性、实用价值、操作意义不强；在仔细剖析和研究体育运动实际中存在的主要问题和主要因素后，《方案》中强调的重点就是归纳和整合有关运动方面出现的法治体制主要问题和进一步明确运动与法制关系的根本要求。《体育法》的制定是我国体育运动法制系统的基础，

以配套法规和地方性法规、规章、规范性文件的制定、修改、废止、发布为支撑。运动法规规范制度，必须及时反映体育运动发展的新思想内容，运动发展的普遍状况，解决问题的基本思路，或与教学和其他教育领域的共识，并在未来与法律规定的具体内容进行固化，以有效地引领体育事业的发展，更好地为运动国家建设服务。

2.在法制化道路上推动体育制度与治理水平现代化

在运动应用领域具体实施法制大国、法制政府部门、法制经济社会一体化建设，正是要在法制轨迹上推动运动规范和执政力量的现代化发展，确保人民群众权益得到保护。《方案》从几个方面体现，一是加强法治政府建设，不断推动"放管服"改革，把体育行政管理工作纳入法治化轨迹，真正把运动部门工作的重点从"管理"转向"管理"和"服务"；其次，进一步强化运动执法职责，切实做好法制内容的统一贯彻；第三，政府行政事务应当公开，以保证法律社会秩序的安定，并保护社区成员的合法利益。第四，根据运动执法经验欠缺、体制机制不顺畅等问题，专门规划与建设运动执法团队建设计划，在实践中不断创新与发展，以克服当前存在的问题。

3.积极推动体育法制宣传教育，培训体育与法治人员

要结合全民教育，打造一批尊法、懂法、遵纪守法，能运用法律观念和法制手段处理具体问题的法制体育团队。这是法治建设的现实基础。另外，全民体育法制能力和法律水平的提高，还会为法律建设的人才储备和实施监督发挥一定的影响，制定了专门的行动计划，宣传体育法规，并采取各种措施和方法。

4.定分止争、畅通救济渠道

随着中国全面深化改革和全面依法治国的全面深入，再加上中国体育运动市场的迅速发展，各市场主体内部权益关系的交叉与复杂，以及个人权益意识的提高，逐渐形成了与体育运动有关的各类问题与争议。《规划》将争议的确定与救济途径视为法制化的重要组成部分，把各类运动争议处理制度引入法治化轨道。建立健全包括行政管理手段、司法技术手段以及运动协会内部解决在内的多元化运动争议处理制度，使运动争议处理和司法服务制度有机融合，逐步建立健全并实现国内救济程序和外部争议处理制度的合理衔接。

（三）贵州省"十四五"体育发展规划

"十四五"时期是贵州省体育运动事业高质量发展的关键阶段，也是打造我国山地民族地区体育运动大省的关键时期。为整体推动"十四五"时期贵州省体育发展工作，力争开辟贵州体育发展新局面，按照共产党中央、国务院政府办公室、省委、市政府的决定战略部署，结合"十四五"时期全省的体育发展状况与目标，研究编制了本计划，确定目标任务，明确引导经济发展目标。

1.一般要求

（1）指导思想

协调实施国家"五位一体"总体格局和"四大整体"规划格局，强化"四项整体"意识，坚定"四项整体"信心，做好"两个整体"维护，遵循稳中求进总方针，坚定以人民群众为核心的工作精神。立足新经济发展时期，落实新发展观，融合新经济发展模式，由高质量的经济发展总揽全局，深化改革创新，按照围绕"四大新"的要求，把握"四个现代化"的总体要求，进一步促进大众体育产业、竞技运动、青年体育运动、体育运动产品、体育运动科技等的统筹发展，聚焦在山区的体育运动大省打造，不断打造富有活力、健康、快乐的新贵州，实现全国人民大众对美好生活的共同追求。继承了新时期民族团结一致、锐意革新、艰苦奋斗、奋发向上的贵州精神，积极开拓贵州省体育产业的崭新格局，为构建生活富裕、环境优美、多彩开放的贵州省新未来而努力奋斗，为贵州社会主义体育强国建设工程作出新贡献。

（2）发展战略

"十四五"期间，贵州省体育运动将根据中央国务院办公厅有关加快体育强国创建工作部署的决定，紧紧围绕"十四五"期间贵州省经济社会开发的总体规划，继续以人民大众的体育发展理念为重点，通过山区民族体育强省的高质量快速开发进程，实行"体育运动与体育运动生产'一体化两翼'，大众体育运动、竞赛运动、青年体育运动和体育运动社会文化开发'四轮驱动'"开发战略，促进我省体育运动工作高质量快速开发，积极构建更高层次的全民健康服务体制，提高体育运动管理制度和经济社会管理能力的现代化发展能力。继续为贵州社会主义现代化建设新征程，奉献体育能量。

（3）发展的原则

坚持党的全面领导。坚持中国共产党的全面领导，是体育事业发展最基本的保障。要进一步坚持体育工作新思路，构筑体育工作新格局，开拓体育工作新局面。要将思路和举措作为党和国家体育运动发展战略部署，为体育运动的蓬勃发展提供更为有力的政策保证。

坚持以人为本。积极地促进人民体育运动和康复融合的发展，维护人民群众体育利益，充分调动人民参加运动的兴趣、创造性，进一步增强国民体质，实现体育事业和运动质量的身心健康发展更好地惠及于全体人民，进一步实现人民对日益增长的运动要求多元化。

贯彻新的思想。创新、协调、绿色、开放、共享的工作思想贯穿了贵州省体育工作的全过程，从贵州省实际出发，顺应现代体育运动的发展规律，积极推进改革体育发展模式，以促进贵州省体育运动的蓬勃发展。

坚持全面深化改革。以促进政府管理体制和社会治理能力的现代化发展为总体目标，坚持问题导向，围绕重点和关键，积极推进融合，坚持法规、管理和体制改革。

坚持系统理念。服从国家高质量的建设要求，从打造中国山区文化与体育运动大省的全局完整、战略要求入手，推进全省、地（州）、县（市、区）的体育事业统筹发展，推进文化运动领域的创新开发，推进"体育+"产品整合开发，推进地方体育事业与运动文化的繁荣。

（4）发展目标

①短期目标

"十四五"期间全省体育工作的目标。到2025年，山区文化体育大省建设取得明显进展，体育治理功能和水平更加符合社会和适应群众需要，体育运动在新的起点上取得新的跨越，进一步促进贵州经济的发展。

全民健身事业发展获得了新突破。竞技运动综合能力再上新台阶；青少年体育运动的蓬勃发展步入了崭新阶段；山地民族运动已形成新格局；体育产业发展已获得新进展。我国体育文明建设获得了新成果。

②长期目标

到2035年，贵州省将基本形成为山地民族的体育强省。群众体育将"更亲民、更方便、更大众化",竞技体育综合实力将"更好、更快、更高、更强",体育产业将"更大、更活跃、更好"。全民体育锻炼,已经成为人类社会崇尚健康文明生活方式、追求幸福生活的一个重要社会风潮。目前定期进行体育运动的人口已达全国45%以上,每万人平均拥有的足球场数超过0.9个。人民群众的运动要求获得了很大的满足,全国92%以上的城乡居民都达到了国家体质标准。并建立了2~3个世界级的体育锻炼基地。民族竞技运动结构进一步优化,夏、冬体育统筹发展,对国家民族荣誉的贡献更加稳步增加。体教结合更加全面有效,学生运动茁壮成长。山区户外运动格局更加科学合理,设施更加齐全,活动更加完善,民族文化运动获得了融合的创新性优势。体育产业的建设成效日益明显,产业体制较为健全,产业发展明显增长,已形成我省重要的支柱产业。作为省内领先、全球著名的体育观光项目,体育运动已成为贵州省经济发展的主要项目之一。运动文明不断发展,中华体育精神得到充分传播。中西部上游省份体育运动融合能力排名前列,运动制度与技能初步达到现代化。

2.重点任务

（1）以提升观众获得感为引导,促进群众体育的高质量发展

建立全民健身服务制度;调整优化全国全民健身机构网络;推动国家全民健身装备工程建设;促进军民公共体育设施共享;大力发展群众性体育活动;促进特殊群体的体育活动;推动全民健身智能化发展。群众体育发展工程见表3-1。

表3-1　群众体育发展工程

序号	名称	内容	指标
1	人均体育场地面积	到2025年,人均体育场地面积达到2平方米以上	2平方米
2	每千人拥有社会体育指导员	每千人拥有社会体育指导员不少于2名	2名
3	省全民健身中心	推进省全民健身中心建设	1个
4	省老年体育活动中心	推进省老年体育活动中心建设	1个
5	市（州）级"一场两馆"公共体育设施	推动地方建设市（州）级"一场两馆"公共体育设施	9个

序号	名称	内容	指标
6	市（州）全民健身中心	支持九个市（州）新建或扩建能够开展体育运动的健身中心、老年体育活动中心。支持有条件的乡镇建设小型全民健身中心（馆）	一批
7	县级公共体育设施	支持地方完善县级公共体育场（有标准田径跑道和足球场）建设	一批
8	农体工程	支持有条件的农村组织建设农体工程	一批
9	社会足球场	支持社会足球场建设	一批
10	体育公园	提档升级生态体育公园（配套健身步道、户外运动营地、健身广场等公共体育设施）	一批
11	社区文体广场	支持符合条件的社区文体广场建设多功能体育设施	一批
12	户外运动休闲设施	支持完善户外运动公共配套设施（公共服务设施、户外运动营地、城市绿道、登山步道、交通驿站、健身步道等）建设	一批

（2）以创新教育方式为导向，促进竞技体育运动的蓬勃发展

创新竞技体育体制机制；健全备战组织管理体系；构建科学合理训练体系；完善现代化的竞赛体系；建立项目协调发展机制；创新后备人才培养模式；加快体育行业作风建设。竞技体育发展工程见表3-2。

表3-2　竞技体育发展工程

序号	名称	内容	指标
1	体育训练基地	推进清镇体育训练基地、红枫湖水上运动训练基地、老王山生态型多梯度运动训练基地、六盘水野玉海高原运动训练基地、威宁高原田径训练基地、下司皮划艇激流回旋训练基地、六盘水玉舍雪场滑雪运动训练基地提质升级	7个
2	竞技体育赛事	鼓励社会力量举办俱乐部杯、大奖赛、公开赛等形式多样的赛事	一批
3	发展项目	推动各市（州）开展4～5个竞技体育项目建设	4～5个
4	后备人才基地	支持市（州）建设好体育运动学校，重点打造一批省级优秀后备人才基地	一批

（3）以深化体教融合为引领，推动青少年体育高质量发展

全面深化体教融合；完善青少年体育公共服务体系；广泛开展青少年体育赛事活动。青少年体育发展工程见表3-3。

表3-3　青少年体育发展工程

序号	名称	内容	指标
1	青少年体育赛事活动	加大青少年体育赛事组织，推进青少年体育赛事活动与学校赛事活动有机融合，大力开展青少年体育赛事活动	一批
2	有序开放学校体育场地设施	积极推动学校体育场地设施在节假日有序向青少年开放	一批
3	青少年运动项目	重点开展青少年球类、冰雪、武术、体操、花样跳绳、户外体育和民族传统体育等运动项目	一批
4	体育传统特色学校	建设一批体育传统特色学校	一批
5	运动项目进校园	开展球类运动进校园行动	一批

（4）以激活自然资源禀赋为导向，促进山区民族体育的蓬勃发展

完善山区群众文化体育空间布局；提高户外运动开展能力；促进民族民间民俗运动加快发展。山地民族特色体育发展工程见表3-4。

表3-4　山地民族特色体育发展工程

序号	名称	内容	指标
1	户外运动项目	发展路跑越野、山地骑行、极限运动、洞穴探险、汽车露营、漂流溯溪等户外运动项目	一批
2	传统体育项目	扶持推广各类民族民间民俗传统运动项目	一批
3	民族体育基地	推进建设一批民族民间民俗体育基地	一批
4	传统体育进校园	积极推动民族传统体育进校园	一批

（5）以"体育+"各领域结合为导向，促进体育产业的蓬勃发展

构筑现代体育产业发展体系；焕发市场经济生命力；拓展体育运动消费

水平；推动现代体育产业开放发展；推动现代体育产业发展基地建设；发展壮大数字代体育产业。体育产业发展工程见表3-5。

表3-5　体育产业发展工程

序号	名称	内容	指标
1	体育及相关产业总规模	到2025年，力争"十四五"末，体育及相关产业总规模达到600亿以上，增加值达到270亿	600亿
2	国家级体育消费城市建设	推进贵阳市、遵义市建设国家体育消费试点城市，发挥体育消费示范引领作用	2个
3	国家级体育类示范项目	打造一批富有特色的山地户外体育旅游休闲示范项目，申报"国家体育产业基地""国家体育产业示范单位"和"国家体育产业示范项目"	一批
4	市场主体	扶持一批成长性好、竞争力强的体育龙头企业	一批
5	省级体育类示范项目	命名一批"省级体育产业示范基地""省级体育产业示范单位"和"省级体育产业示范项目"	一批

（6）以宣传社会主义体育精神为导向，促进贵州体育文化产业的高质量发展

大力宣传中华体育精神；弘扬我国先进体育精神；加强体育文化交流合作；构建全媒体传播矩阵。体育文化发展工程见表3-6。

表3-6　体育文化发展工程

序号	名称	内容	指标
1	体育文化宣传平台	建好一批报、台、网、端等多形式体育宣传平台	一批
2	体育出版物	鼓励编撰以贵州体育为题材的出版物	一批
3	体育文艺作品创作	鼓励创作以山地民族特色体育强省建设为题材的影视、文学、美术、摄影、动漫文艺作品	一批
4	体育文化品牌构建	支持开展以体育为主题的品牌建设、推选展示活动	一批

（7）以山地户外运动为导向，推进国家体育旅行示范区创建

构建体旅多元发展格局；构筑体旅特色发展平台；培育打造自主IP赛

事。体育旅游示范区创建工程见表3-7。

表3-7　体育旅游示范区创建工程

序号	名称	内容	指标
1	全国体育旅游示范区	到2025年，基本完成"全国体育旅游示范区"创建	1个
2	户外运动大会	办好国际山地旅游暨户外运动大会	1项
3	城镇体育旅游示范基地	支持和培育30个城镇体育旅游示范基地	30个
4	景区体育旅游示范基地	支持和培育30个景区体育旅游示范基地	30个
5	体育特色小镇	支持和培育10个省级体育特色小镇	10个
6	体育旅游黄金线路	推出10条特色体育旅游黄金线路	10条
7	体育品牌赛事	重点打造10项具有影响力的体育品牌赛事	10项
8	体育旅游企业	培育10家具有全国知名度和影响力的体育旅游企业	10家
9	体育旅游示范县	创建一批体育旅游示范县	一批

3.保障措施

（1）加强组织领导

强化党委对体育事业的全面指导，搞好体育发展"十四五"计划，为运动的开展创造基础保障。确立建设执行责任人，划分目标任务和重点项目开展实施，提出进度表、路线图、任务册。做好国家"十四五"经济发展计划和本年度任务的合理衔接，做好与省、地（州）发展计划的合理衔接与统筹落实，认真安排规划目标任务和政策措施落到实处。

（2）继续深化改革

推进监督管理与公共服务改革，继续加速功能转换，

积极推动体育改革等项目，加速推进执法监督、服务监督、产业自律、社会支持相结合的整体机制建立。着力推动政府向市场购买，健全公共服务购买项目、要求、方式和流程，建立健全政府公共服务购买绩效评价制度。健全分工合理的机构，保障各项改革举措稳妥推进。

（3）深化依法治国

抓好《贵州省体育条例》的制定工作，出台地方性法律和规范性文件。

建立健全贵州省在体育领域的诚信管理体系，进一步发挥诚信管理体系在事中事后的有效监管功能，把重大体育违法行为列入贵州省公众信用信息平台，加大对违法行为的处罚力度。大力推动行政综合执法的"三体系"，增强了省、市（州）、县（市、区）三级政府体育主管部门履职和行使权力的透明化，主动配套和完美结合行政执法工作推进机制，持续提升了体育综合执法的水平。做好体育政策调研，建立健全体育信息统计体系、规范标准和管理机制。完善体育宣传教育，推动体育事业的健康有序发展。

（4）加强监督评估

体育运动计划的执行是考核各级体育主管部门和社会体育运动机构的主要任务，完善计划与执行的动态监控与考核体系，加强对计划落实状况的监控考察，完善实施目标、有针对性的政策措施，调整计划对象、目标与政策措施。做好与体育发展和改革、公安部门、教育、科学技术、工信、民政、财务、信息和社会保险、资源、房屋城乡建设、文化、环境卫生、市场监管等有关单位的协调工作，积极推进国家"十四五"计划的落实，并保证规划的要求和任务及时实现。

（5）推动社会参与

发挥市场力量在资源配置中的至关重要功能，推进体育领域人力资源秩序放开，激励和吸引经济社会重要力量积极投入体育运动建设。发挥体育市场和体育社会组织供给服务的功能，推动体育社会组织实质性发展。通过引导社会体育运动机构积极参与比赛举办、技术训练、健康引导等市场化运营，进一步发挥社会体育机构的积极功能。

（6）加强政策保障

完善资源配置，健全公共财政体育投资管理机制，促进财政投入有效利用，加大对重点行业和薄弱环节的扶持，促进体育税收优惠政策落到实处，将全民健身装备发展列入各级经济发展计划和各级发展空间规划、发展统筹和运行调整制度，实施好促进体育事业发展的计划、决策和部署。

（7）良好的智力支持

构建贵州省体育运动蓬勃发展的高层智库，通过建设经济社会政治决策与咨询服务机关、高校和科研单位等专门介入体育运动蓬勃发展的智库、矩阵，有效整合体育领域有关资源，推动理论创新、贵州体育运动政策研发、产业教育与培训等，推动成果转化运用，为促进中国山区少数民族体育强省建设提供了有力的智力保障。

（8）夯实人才基础

编制贵州省贫困地区体育人才开发的中长期计划，开展发展高水平人才专项规划。围绕国家重点项目和省重点区域选送专业人才到国外培养留学，坚持与国外的高水平学校合作培训体育运动人才。运用好贵州国际人才博览会的平台，与大专院校协同进行体育智力引进，进一步加强对各类人才的培训与吸纳。建设户外运动、休闲健康、体育卫生等技能的培训认证系统；实施退伍人员户外运动训练认证工作，充分发挥退伍军人的军事技术、身体素质、纪律严明等方面的资源优势，利用专业培训，帮助退伍军人进一步拓展职业途径，充实户外运动引导员、警卫长、引路人队伍。

发挥市场经济在资源配置中的至关重要功能，推动体育产业人力资源的放开，积极吸引社会资源投入体育运动发展。发挥体育市场与运动社会组织在社会服务中的重要功能，促进运动社会组织实体化成长。积极引导运动社会组织在比赛举办、知识教育、健康发展等领域积极参与市场经济，充分发挥运动社会组织的积极功能。

二、体育治理的制度设计

（一）体育领域的法律框架与自治演变

1.体育自主权

自古以来，"自治"一词在多个文化和地理环境中表述了独立行使权力、承担责任并采取行动的能力。在体育领域，这种自治不仅是运动组织内部的一种治理方式，更是一种文化和社会发展的反映。随着现代体育的崛起和全球化的加速，体育自主权逐渐成为了国际体育组织维护自身利益、促进公平竞争并保持独立性的核心原则。

国际体育组织在其成立之初，就强调了通过非营利性和自愿性的服务来参与体育的决策过程。这种独立性不仅限于财务和运营，还扩展到了制定规则和文化标准的自由。例如，许多国际体育组织，如国际奥委会，都拥有比联合国还多的成员国，这不仅显示了其广泛的国际影响力，也突出了其在全球体育治理中的独立地位。

体育自主权包括四个主要方面：规则自主权、文化自主权、运营自主权和财务自主权。这些自主权的实施确保了体育组织能在全球政治和经济的影响下保持一定的自主与中立性，有效地促进了体育的公正与进步。体育组织借此能制定适合其发展的策略，无须过多受到外部政治和商业压力的干扰。

尽管国际体育组织在运营中保持着高度的自主性，但这并不意味着其完全脱离外部影响。事实上，国际政治和经济环境常常对体育赛事和规则制定产生影响。然而，通过强调自治原则，国际体育组织如国际奥委会成功地维护了其在全球体育治理中的主导地位，并以此推动了体育的全球发展，强化了体育在促进和平与发展中的作用。

体育自主权不仅是体育组织内部治理的重要准则，也是其在全球舞台上维护独立性、公正性和专业性的关键。通过这种方式，体育不仅成为了一种全球共享的文化现象，也是促进国际理解与合作的重要平台。

2.国家对体育的干预

国家对体育领域的干预通常是基于体育赛事在促进国家团结和民族融合方面的重大象征意义。例如，奥运会不仅是世界上最知名的国际体育盛会，也是各国展示国力和国家形象的重要平台。虽然奥运会的申办通常标榜为城市的活动，实际上其背后深深牵涉到国家层面的重大议题。

当奥林匹克运动落户某个主权国家时，这不仅是体育的盛事，也是一次全方位的国家行动。这包括了基础设施建设、国家安全、赛事安保、交通运输、海关服务等诸多方面的高度协调和配合。此外，奥运会还经常被作为一个展示国家文化和价值观的窗口，这在国际交流中是极为罕见的。

历史上，在20世纪的亚非拉民族独立运动中，参加奥运会已成为显示一个国家独立地位的重要标志，这一地位的象征意义甚至有时超过了"加入联合国"。奥运会的开幕式和闭幕式提供了一个通过和平和积极的国际舞台，让各国有机会向世界展示其存在感。

以台湾地区的职业棒球联赛为例，其经济效益未能完全覆盖运营成本，体育组织的存续和发展往往不得不依赖于政治支持。无论是中华职棒大联盟还是台湾大联盟，其下属的所有俱乐部都与台湾地区的政党有着密切的联系，显示了体育领域与政治间的深度互动。

总体来看，国家对体育的干预反映了体育赛事作为国家战略的一部分，其在国家认同、国际形象构建及政治影响力扩展中扮演的重要角色。这种干预虽有其正当性，但同时也引发了关于体育独立性和政治利用的持续讨论。

3.法律框架下运作

在体育领域内，自主性并非仅仅是关于自我管理的问题，更深层次地涉及在特定领域享有一定程度的特权，这些特权可能是授权得来，也可能是自然赋予的。国际体育管理机构在其专业领域内展现了相当大的自由裁量权。这些机构不仅负责制定体育规则、解决争端、制裁违规行为，还涉及经营管理和外部公共关系的处理。此外，它们还负责对体育赛事所得收益进行再分配，以资助体育项目的发展。

体育治理正在努力通过法治化途径摆脱政治的束缚。目前存在三种主要的法治化理念（图3-1）：首先，泛软法主义（状态A）提倡非国家司法中心主义，认为在灵活的制度安排下，国际惯例、组织宪章、协会自律规范和专业治理标准能够确保国际体育组织的良性运作。其次，法律家长主义（状态C）强调司法的全面介入，主张通过政府间国际条约、国家法律或惯例法来全面规范体育治理，从而确保体育领域的法治化。[1][2]最后，LexSportiva理念试图在前两者之间找到平衡（状态B），通过法治监管下的有效自治来保护体育的完整性，同时避免因过度授权导致的贪腐和其他治理问题。

在中国的法治环境中，这种平衡状态，即通过合理的法治手段实现体育领域的自治，对于解决"硬法碎片化"和"软法集束化"的问题显示出了其重要性和广阔的发展前景。这种方法论不仅有助于维护体育的公正性和独立性，还能够在保护运动员和相关利益方权益的同时，推动体育产业的健康

---

① 茅铭晨. 介入与止步——司法权在体育纠纷中的边界[J]. 北京体育大学学报，2014（01）：24-31+87.

② 赵毅. 自治的黄昏?——从我国法院裁判考察司法介入体育的边界[J]. 体育与科学，2015（05）：39-46.

发展。

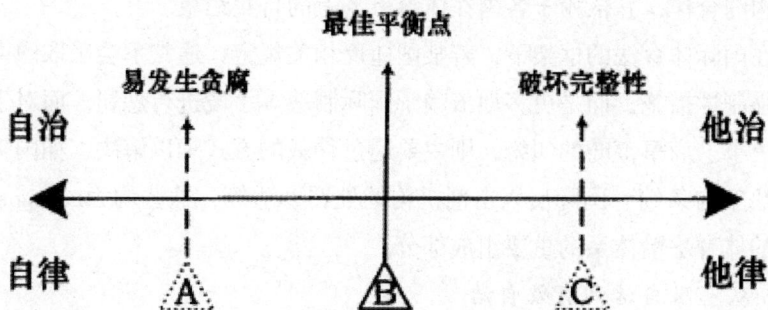

图3-1 体育自治法制化的三种状态

4.Lexsportiva："体育专门法"

在解决国际体育争端的问题上，传统上仲裁和司法途径占据主导地位。仲裁通常用于处理体育领域的一般性纠纷，而司法途径则涉及将争议提交至国际法院，依据各国法律作出具有法律效力的裁决。[①]然而，Lexsportiva这一"体育专门法"的理念，却试图在仲裁与司法之外，探索体育法治的"第三种状态"。

Lexsportiva在法律多元主义的背景下应运而生，它强调体育事务的特殊性，并致力于全球体育的制度化。这一理念反对在体育领域滥用自由裁量权及不负责任的行为，同时也警惕大国主义以国内法凌驾于国际体育条约或惯例之上的现象。但Lexsportiva亦认识到，体育公共产品的生产和消费过程具有其复杂性和特殊性，因此，它主张赋予国际体育组织负责人、职业代理人、体育官员等充分的自由裁量权，以确保体育公共产品的有效运行。

Lexsportiva主张通过仲裁来规范体育管理各方的行为，这不仅能超越国家成文法或案例法的限制，更能助力于构建一种全新的国际体育法或全球体育法。这种法律理念，其根源可以追溯到英国法理学家、功利主义哲学家杰

①周忠海. 国际法[M]. 北京：中国政法大学出版社，2008：525.

里米·边沁提出的"国际法"概念，即国家间应共同遵循的、关于体育的法律。作为一种特殊的、具有约束力的规则，国际体育法源于现代国家体育治理机构的合作，并依赖于各国在体育事务上的自我约束。

在国际体育法的框架下，若某国违反相关规定，通常不会采取国内司法中的强制性措施，而是更多地依赖于国际制裁等手段进行惩罚。而对于其他体育民事、商事范畴的纠纷，则主要通过仲裁的方式加以解决，如国际体育仲裁法案与条约、国际反兴奋剂机构的处罚办法等，这些均为Lexsportiva所倡导的体育法治体系的重要组成部分。

5.从有限自治到有效自治

在现代体育治理的语境中，"法治"被视为核心理念，其目标并非否定体育的自治性，而是希望建立一种真正的自治。我们认识到体育行业的自治能带来完整性和独特的优势，但同时也必须警惕由于过度集权而引发的问题。这要求体育组织不仅要自我完善，还需要通过制度创新和合理的法律援助来避免潜在的权力滥用。

在新型公共管理的浪潮下，公共组织普遍试图规避冲突，这部分源于复杂的认知环境和对诉讼的普遍担忧。国际体育组织通过增强自我合法性、采纳横向合法化策略以及进行必要的制度改革，致力于避免这些冲突。例如，它们可能会引入法律顾问或律师加入决策层，制定良治规范，公开其改革计划，并设立真正的监督和审计机构，以重塑组织的自治权威。

此外，通过创建符合LexSportiva原则的规范性"公约"和研究话语，体育法学者能够为体育自治提供坚实的理论和实践基础。这样的努力可以确保体育规则的解释优先权和体育纠纷的处理权归属于体育组织，而非外部政治力量的干预。这种从有限自治向有效自治的转变，不仅强化了体育组织的独立性和专业性，同时也能获得社会和公众的更广泛支持。

通过这些措施，体育组织可以在确保自主权的同时，避免那些可能因权力无节制而产生的负面影响，实现其在全球体育舞台上的长远发展和公正治理。

（二）体育组织决策层竞争性精英民主

1.体育民主

体育民主是一种在体育组织与治理结构中逐步体现的现象，尽管它的形成与实施面临着特殊的挑战。从理论上看，民主代表了一种权威的政治合法性标准，它是许多国家、地区和组织所追求的核心价值。体育组织，在一定程度上，也试图融入这种民主理念，旨在通过代议制、多数决、远程投票和协商等多元化方式，来增强其治理结构的合法性和可持续性。

传统上，国际体育组织如国际奥委会（IOC）多采用层级制管理模式，强调精英治理和官僚控制。这种模式在历史上有其独特的优势，如提高决策效率和维护组织稳定。然而，这也带来了权力集中和民主参与度低的问题，体育组织内部的民主化进程因此变得复杂而缓慢。

现代社会对民主理念的推崇促使体育组织逐步改革。例如，许多非营利性体育组织在选举主席或决定赛事主办城市等关键事宜时，采取了公开投票的方式。这种改变表明，体育组织正在向更开放、更透明的治理方式迈进，尽管这种转变并非一帆风顺。

体育民主的实施面临的一个主要挑战是，体育组织内部通常存在着根深蒂固的层级制和官僚制特征，这限制了真正民主理念的全面贯彻。尽管在表面上看似实现了政治平等，但实际上，决策过程往往仍然是由少数体育精英控制。此外，政治干预在体育领域仍然显著，不同国家的政府有时会试图影响或操纵国家级体育组织甚至国际体育组织的高层人事安排。

在某些情况下，如2012年国际奥委会以违反奥林匹克宪章等为由对印度奥委会进行干预就明显显示了对国家干预的抵制。这种行动虽然是为了维护体育的独立性和自治原则，但也暴露了在全球体育治理中，民主实践与理念之间存在的复杂矛盾。

在全球体育治理、国家体育治理以及体育非营利组织的公司化治理的探讨中，我们采取社会契约论的视角，将法律、政治等制度视为一种契约关系。这一视角基于让-雅克·卢梭的社会契约理论，构建了国家政府、人民与国际体育组织之间的社会契约链（图3-2）。在此链条中，体育运动被视为全球民众的基本权利，国家承担保护民众运动权益的责任；体育组织则代表民众承担部分体育公共服务，国家将体育规则与治理等权力让渡给国际体育组织。公民通过同意国家政府的成立，实际上也默示了对于国家体育权力向国际体育组织让渡的认可。这种权力的让渡与集中，使得各国在体育事务中执行代议民主，共同维护和发展全球体育事业。

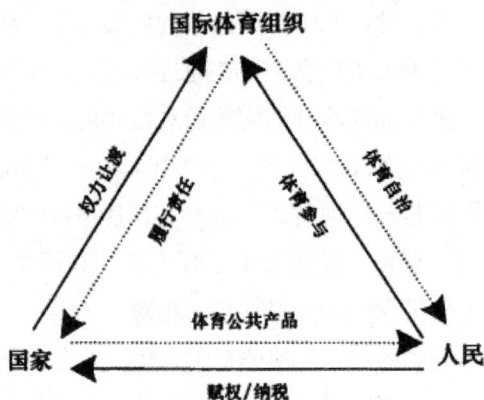

图3-2　体育权力与责任之社会契约链

在契约执行的现实中，虽然国家已经赋予了国际体育组织相应的权力，但在其履行责任方面，却面临着难以有效问责的困境。普通民众虽然通过缴纳税收赋予了国家权力，但对于国家体育公共产品与服务的具体供应状况却难以进行准确的评估。即使他们有机会参与国际体育组织举办的大型体育赛事等活动，但在表达自身对于体育治理机制的看法和声音时，往往显得力不从心，难以被有效听取和采纳。这种问责机制的缺失，无疑为体育治理的透明度和公正性带来了一定的挑战。

2.体育选举

选举作为现代社会中一种普遍的政治现象，不仅在国家政治领域发挥着至关重要的作用，也同样在体育组织中扮演着核心的角色。体育选举通过规范的程序和明确的标准，为体育组织选拔领导者和决策者，确保各利益相关者在体育发展中拥有代表性和话语权。

根据胡盛仪（2014年）的研究，体育组织的选举主要目的是确定关键的决策层成员，如主席、副主席、秘书长及各委员会主席等。这一过程不仅提供了一个平台，让体育参与者直接影响组织的发展决策，而且也间接地影响了体育权力的分配。在国际或国家层面的体育组织中，选举保证了权力博弈的透明性和公开性，确保了体育组织的民主性和正当性。

选举方式多样，如多数决定制或比例代表制，而选区的规模也根据体育组织的定位而异，可能是全球、大洲、国家或地区级别。选举标准包括最低支持度和举荐认可制等，这些标准和程序确保选举的公正性和效率。

体育选举的首要功能是遴选优秀的体育领导者，这些领导者通过展示其资源、才能和对组织未来的愿景来竞争关键职位。例如，中国乒乓球运动员邓亚萍的成功入选国际奥委会，就是在体育领导者选拔中的一个典范。其次，体育选举构建决策架构，通过下级组织或利益相关者的推荐，组建委员会、理事会或董事会，并平衡利益诉求，使各方在决策前能够达成一致。

海伍德（2012年）指出，体育选举还有助于推动民主教育和促进长期稳定发展。选举过程提供了关于领导者、政策和组织绩效的丰富信息，促进了公众参与和问责机制的建立。此外，选举通过鼓励参与，激发了正向激励，同时也巩固了体育官员的精英地位，减少了对组织结构不满和改革的呼声。

总的来说，体育选举不仅是体育组织决策和治理的基石，也是体现体育精英民主精神的重要途径。通过确保选举的公正性和竞争性，体育组织能够维护利益相关者的权益，推动体育事业的健康和持续发展。

3.体育治理民主化

体育领域的民主化，本质上是一场涉及公平与平等的深刻社会变革。尽管体育作为一种全球语言，具有连接不同文化、宗教和种族的强大力量，但在其管理和组织层面，却长期存在着种种偏见与不平等。近年来，对于体育治理民主化的呼声愈发高涨，这涉及种族、性别、年龄、宗教和其他个性化的偏见，特别是那些因历史长河中形成的根深蒂固的歧视。

在推动体育民主化的过程中，性别平等无疑是其中的一个重点（周青山，2015）。从20世纪初自由主义女性主义的崛起，到女性在体育领域取得的一系列里程碑式的进展，我们见证了体育界如何逐步打破性别界限。尽管在1980年奥运会中女性参与率仅为21.5%，而到了2012年伦敦奥运会，这一数字已达到了44%。这不仅显示了女性地位的提升，也反映了体育领域对于平等理念的逐渐认同与实践。

　　然而，尽管性别平等已经取得显著进步，但争取更广泛权益的斗争远未结束。例如，费娜丽起诉澳大利亚拳击协会的案例表明，即使面对法律的支持，体育组织中的性别规定仍可能存在限制性条款，妨碍女性参与。

　　在追求性别平等的同时，我们也应警惕"过度保护"所可能带来的"逆向歧视"。在格尼奥诉德雷克大学案中，男性学生对于奖学金分配的不公提出挑战，最终获得了法院的支持。这一案例提醒我们，在推动性别平等的过程中，必须保持敏感和审慎，以确保不在解决一个问题的同时制造另一个问题。

　　体育治理的民主化不仅仅是关于制度和规则的改变，更是对于社会价值观念的一种更新。在这个过程中，我们不仅需要关注体育本身的公正性和平等性，更应关注它如何能反映和促进一个更加开放、包容的社会环境。通过持续的努力和批判性思考，体育可以成为推动社会进步的一个强有力的领域。

（三）体育组织的公司化管理

1.体育组织的透明度

　　体育组织的透明化是确保运动公正性和诚信的关键因素，涉及外部透明化、内部透明度和信息透明化三个主要层面。外部透明化主要是指体育组织与非政府组织、低级别体育组织以及其他利益相关者之间的开放互动。内部透明度则侧重于在组织内部那些不宜公开但对利益相关者极为重要的信息的传递与交流。此外，信息透明化强调的是信息公开的广度、深度以及提供信息时的态度。

　　在体育界，不法分子往往利用暗箱操作来掩盖真相并逃避惩罚。然而，随着媒体监督的增强、信息技术的发展及公众对知情权和监督权的日益重视，这些违法违规行为越来越难以隐藏。即使企图秘密行动，信息的泄露也可能引起公众的猜疑和追问。一旦被揭示出确凿证据，相关体育治理机构通常会成立独立调查组进行彻底的调查，并将案件移交法院或仲裁机构公开处理。

　　历史事件如盐湖城奥委会投票丑闻和国际足联丑闻表明，许多体育官员最初低估了被曝光的风险。这些事件清楚地展示了，一旦组织陷入"不透明度漩涡",其操作的难度、影响范围和问题持续的时间都将大幅增加。最终,这些行为不仅会导致肇事者受到惩罚,还严重损害了国际体育组织的声誉和信誉。

2.问责制

问责制是确保机构运行透明、正直无误的基础。在体育组织中,问责制的实施尤为关键,因为这涉及广大公众的利益与体育精神的维护。本研究旨在探讨在体育领域中问责制的多个方面及其实施策略。

首先,问责制在体育领域的实施需要从内部和外部两个层面进行。内部层面上,体育组织应明确每个岗位的责任与权利,根据民事责任的理论,可以分为主体责任与客体责任。主体责任侧重于个体的信念、职业价值观及人格特征,反映个人素质和职业道德。而客体责任则基于受托-代理理论,强调作为"代理人"的责任者对上级、下属、机构和公民等"委托人"的责任。体育组织必须确保这些理论在内部管理中得到充分体现和严格执行。

外部层面上,媒体监督在体育组织的问责制中扮演着不可替代的角色。媒体作为"第四权力",通过连续深入的报道揭示体育界的不良现象和违纪事件,促进了体育组织的自我整顿和善治改革。体育组织应与媒体保持良好互动,利用传播媒体的影响力和平台,获取公众支持,及时公开信息,防止误解和假消息的传播。

为进一步加强内部监督,体育组织应建立吹哨人制度,提供匿名信箱和投诉热线等举报机制,保护举报者的安全与权益。这不仅有助于揭露内部问题,还能预防潜在的不当行为。美国的《吹哨人保护法案》提供了一种有效的法律框架,保护举报者免受报复,是一个值得借鉴的例子。

此外,反腐倡廉的内部机制对于体育组织至关重要。组织内应设立专职的反腐倡廉委员会,负责制定和执行反腐政策,开展法律与道德培训,并与外部机构如透明国际合作,增强政策的公信力和有效性。所有决策层、管理层的成员都应参与到这些培训中,确保每个人都能按照高标准行事,从而维护体育组织的清廉形象。

总之,问责制不仅是体育组织运行的必要条件,也是其公信力和效能的保障。通过内部明确职责与外部有效监督的结合,体育组织可以更好地服务于公众,维护体育竞赛的公正与体育精神的纯洁。

　　3.体育组织的利益相关者管理

　　在体育治理领域，组织必须在复杂的利益相关者网络中谨慎操作。这一网络不仅包括运动员和他们的家庭，还涵盖教练、学校、赞助商、政府、资助者及媒体等多方面。为了有效管理这些利益相关者并优化组织的运作，体育组织需要采用综合的管理策略和明确的社会责任。

　　运动员及项目参与者是体育组织实现目标的核心。这些组织的首要任务是吸引并保留新成员，同时维护一个高度敬业和积极向上的环境。Mendelow的模型指出，利益相关者可按照其对组织影响力和利益的大小进行分类，从而有效识别出关键利益相关者。组织需确保信息畅通并满足不同利益相关者的需求，尤其是那些影响力大的群体。

　　随着体育活动的普及，体育组织的社会影响力日益扩大，其社会责任也愈发重要。根据Carroll的定义，体育组织需超越简单的利润最大化，确保运营稳健和财务健康。在近30年的时间里，许多体育组织已经开始实施企业社会责任倡议，涵盖慈善事业、社区参与和青少年教育等方面。

　　体育活动与自然环境的关系密不可分。杨锡春的研究强调了体育组织在维护公平性和生态性方面的重要性。例如，户外体育活动如射击，其训练场所常设在自然环境中，未处理的铅弹废弃物对环境造成的长期污染问题是不容忽视的。此外，一些体育赛事在草地养护中使用的有毒农药，虽然某些国家如加拿大已经有了严格的法律限制，但在特定环境下仍有使用豁免。

　　为了更有效地管理利益相关者并履行社会责任，体育组织需要根据利益相关者的权力和利益定位，制定相应的合约和参与策略。包括关键利益相关者在董事会或委员会中的代表性提升，以及确保多元化社会责任的持续执行与成效评估。

　　总之，体育组织在管理其复杂的利益相关者网络中必须展现高度的透明度和责任感。通过这样的管理策略，组织不仅能够更好地服务于其成员和社会，还能够对环境保护作出贡献，推动体育事业的持续健康发展。

　　4.公司化治理

　　在全球化的背景下，体育组织的治理模式逐渐引起了广泛关注。随着知识经济的兴起和全球文化商品的流通，体育组织不仅仅是竞技场上的竞争者，更是在全球价值链中扮演关键角色的法人实体。因此，将公司治理的理念引入体育组织，即所谓的"公司化治理"，不仅是一种创新的管理手段，也是体育组织适应现代社会变革的必然选择。

北京师范大学的高明华教授曾指出，公司治理实际上应被更广义地理解为"法人治理"。这一观点突破了传统上仅将公司治理视为商业公司管理的局限，扩展到了包括体育组织在内的各类非公司法人实体。在这个框架下，政府机构、事业单位、社会组织等都可以通过法人治理的视角来优化管理结构和提高效能。

体育组织的公司化治理不仅仅是一个理论概念，而是一种实践策略。通过借鉴公司治理中的核心原则，如责任、问责、透明和效率，体育组织可以更好地应对全球化带来的挑战。例如，多数国际体育组织的治理结构已开始模仿商业公司的治理模式，包括设立独立的董事会、实行严格的财务报告制度以及强调利益相关者的参与。

此外，体育组织采纳公司化治理还有助于解决长期以来的监管和问责难题。在全球价值链理念下，体育非营利组织被视为法人实体的一部分，需要通过有效的法人治理来确保全球体育赛事的权力关系和附加价值分配得到妥善处理。

国际上的体育治理实践提供了公司化治理应用的有益案例。例如，英国通过网络化和扁平化的管理方式，有效地推动了体育领域的整体型治理。这不仅提高了治理效率，也增强了组织对变化的适应能力。然而，这种模式也带来了对政府支持的过度依赖，说明公司化治理在实施过程中需要更多地考虑独立性和自主性。

在法国，体育组织面临政策和制度环境的复杂性。简化政府政策和重塑国家体育行政部门的建议，实际上也反映出对公司化治理理念的需求——即追求更高效、更灵活的管理体系。

体育组织的公司化治理不仅是对传统法人治理的一种扩展，也是适应现代社会需求的一种必要调整。通过实施公司化治理，体育组织能够更有效地管理内部结构，对外更好地应对全球化挑战，同时提升治理的透明度和责任性。未来，体育组织的治理模式应更加注重从全球视角整合资源，优化管理，并在此过程中坚持民主、法治和公平原则，以实现其长期的可持续发展。

三、体育治理伦理重塑

体育组织的成功与否不仅取决于其竞技成绩，更与其治理结构的伦理基础息息相关。在全球化的背景下，体育治理面临着多元化和复杂化的挑战，伦理重塑成为确保体育组织健康发展的重要任务。本文将探讨体育治理中的伦理重塑，侧重于个人特质的发挥、伦理规划机制的构建与执行。

在体育治理的伦理重塑过程中，个人特质发挥着不可或缺的作用。具备政治家的洞察力和引领能力、企业家的创新和冒险精神、慈善家的社会责任感以及运动家的竞争和团队精神，这些多维度的特质为体育组织内的领导者和决策者提供了丰富的道德资源和行动动力。这些特质不仅能帮助体育组织应对内部外部的多种挑战，还能推动组织文化的正向发展，增强组织的内部凝聚力和向心力。

伦理规划是体育治理伦理重塑的核心内容，其目标是通过明确的道德伦理标准和框架来指导和改进组织行为。伦理规划过程通常包括以下几个关键步骤。

（1）构建伦理框架。首先，体育组织需要建立一套完整的道德伦理标准与框架。这包括制定清晰的行为准则、伦理守则及配套政策，为所有组织成员提供行为指南。这些标准应当反映组织领导者和委员的核心价值观和行为准则。

（2）设立伦理委员会。体育组织应设立专门的伦理委员会或伦理管理委员会，负责伦理标准的制定、执行和监督。这些委员会应定期对组织内部的伦理实践进行审查，并处理违反伦理的行为。

（3）持续的沟通与培训。为了维护组织的伦理标准和促进其不断发展，定期的沟通与培训至关重要。通过组织沙龙、工作坊和培训会议，不断提升组织成员的伦理意识和专业能力，同时激发其对组织的忠诚和认同感。

通过这些步骤，体育组织不仅能够在竞技和管理上达到更高水平，还能在道德和伦理上树立行业标杆，从而在全球体育舞台上赢得尊重和信任。

体育治理伦理的重塑是一个持续的过程，它要求每一位组织成员的参与和承诺。通过强化个人特质的正面影响和实施有效的伦理规划机制，体育组织能够建立一个更为健康、透明和有竞争力的运营环境。这不仅是对体育精神的一种尊重，也是对社会公众责任的一种履行。

第三节 体育治理模式

体育管理方式由经济社会制度、政治体制、社会生态、人文习俗等各种因素叠加在一起。和传统的治理方式比较，体育领域的治理方式在治理基础、治理原则、治理手段、治理方式等领域都有着更多的创新特点和自身的发展逻辑。党的十八届四中全会修改表决通过《对于全面深入推行依法治国几个问题的决策》明确了推进社会主义民主法制中国的建设，因此体育法治治理方式也频频被专家们所探讨。目前，体育行业法律问题探索的关键在于体育产业政府职权与自主能力的有效运作，利用运动行业的善治，用政治或法律的方式固化运动行业权利拥有者的各种行为，防止滥用权力。根据几年来我国体育反腐的进程，我们已经形成一套比较完善的治理监督体制和执行制度。但腐败仍然存在。其实，对于运动的规范化管理主要还是存在于政府与体制的目标层面，运动不仅是国家立法与政府权力，而更多的是社会运行调动和选择相匹配的结果，即对运动权力的专业化管理，而仅仅从体制层面上的制约与规制，是无法完全达到政府对体育竞技场上贿赂等社会问题现象的有效遏制、控制或减少的。于是，以法律理念建立体育产业治理模型，从而形成较为完备的权力制约与权利保障机制，便成为了理论意义上的重点研究方向。该文规避了前人的研究路线，在传统社会权力学说的基础上，以法律的视角阐释法治社会管理模式的理论逻辑，并试图推进社会体育领域的管理研究。

一、基于社会权力的法治型体育治理模式

（一）法治型体育治理模式的概念

一般而言，运动管理更着眼于行为管理、机构治理、系统管理等方面，其管理方式会随着管理形态的变革而改变。在中国的法律语境下，运动法治化已成为实现运动管理功能和治理主体现代化的关键方向，能够有效控制运

动行为中的腐败活动，是现代运动管理中最有效的具备了环境保障和内部动力的机制，从某种意义上有助于改善当前运动组织、行为架构与秩序问题，彰显了全球化社会和管理思想与方法的巨大变化。在全新的社会力量体系和制度背景下，法治运动管理方式是指以科学的运动法规制度为依据，用社会力量基础的社会资源和约束体育公益力量，稳定体育运动经营秩序，维护公众体育运动权益，防止和惩处运动腐败的一种方式。按照运动法制管理方式的行为不同，可以分成行政运动法制管理方式和公众介入的运动法制管理方式。本文对后一领域的研究进行了展望。

（二）法治型体育治理模式的特征

在中国的运动管理方式中，运动管理方式具有集中性和即时性的特征。短时间内对体育职权使用现象开展专项整改。但这种方式大多是根据上级领导的指示和号令，阶段性动作不具备持续性，无法产生长期的震慑效果。组织的体育管理方式具备正常秩序和组织化程度的优势，管理领域和目标具有针对性，在运动组织结构上时效性突出，但也无法持久稳定地治理运动腐败的整个领域[①]。

相较于前两种体育管理模式，制度的运动管理已初步构建较为完善的体系，能够稳定且全面地约束运动权力，抵制运动腐败。然而，在原则抵触、范围宽广及要素矛盾等方面仍存在显著问题。尽管三类体育管理模式背后的权力动因伴随着历史变迁展现出进步意义，但仍未摆脱公权力之间冲突的困境。与之相比较，法制型的体育管理独具特色，全社会权利成为控制体育运动公权力的主导力量，兼具社会性、系统性、结构性和稳定性等特点。而法制运动管理的主要动力源是整个社会权利，是由整个社会组织成员以及整个社会组织体系中的各种能力对体育运动公权力的监管与惩治，同时具有社会意义上的权利控制；但法律型体育管理作为一个模型也有其内在的结构性要求，通常包括了主题基本要素、理念基本要素、机制基本要素、社会组织基

---

① 陈卫东. 腐败控制论[M]. 北京：中国方正出版社，2000：203—225.

本要素等，与常规模型的简单性虽存在很大差异，但整体性更强；此模型的各种基本要素在运作机制上，既彼此独立而又彼此支撑，共同构成了法治管理的回应链条，架构也更加稳健而有效。法律的体育管理方式在法理上是社会权利和体育权的对立统一，构成了具象的有序化管理框架，推动着新型法制运动秩序的建立。

（三）关于法治体育管理方式的法制架构

1.体育良善管理，是法治型运动管理的基本价值导向

在体育治理的不断发展和变革中，法治化管理已成为其核心价值导向。这种管理模式不仅反映了治理的规范性和系统性，而且突出了法治的至高无上地位，确保了体育行业内的正义和效率。

体育治理的历史演变显示，从简单的组织管理到复杂的制度化治理，每一阶段都体现了对治理效率和权力规范的不断追求。特别是在法治体育管理模式中，通过制定严格的法律规范，加强对体育行政权力的制度约束，实现了体育管理的正规化和秩序化。这种模式强调了社会各力量的积极参与，采用民主协商的方式进行体育活动的管理，有效地维护了体育领域的稳定和体育活动的有序进行。

进一步而言，体育善治的实现依赖于法治精神的深入人心。在这种治理体系下，体育法规，特别是体育领域的软法规范，成为确保体育管理公正性和权威性的关键。这些规范不仅限制任何个人或组织超越法律的特权，还防止了权力的滥用和寻租现象。

体育社会组织在这一框架下发挥着重要作用，他们通过专业知识和权威共同治理体育活动，从而防止非理性因素侵入专业领域，保障体育活动的纯洁性和专业性。此外，这些组织还参与到体育行政权力的监督中，确保体育赛事和活动的正义和公正。

法治型运动管理的实施，不仅仅是对权力的制约，更是对公平竞技精神的一种保障。通过确立明确的体育程序和规则，体育活动中的每一个判决和决策都在公平的基础上进行，确保了体育竞技的真正公正。

最后，体育良善管理的实现促进了社会权力的均衡分配，防止了体育正

义因不当手段而受到干扰。在多重价值的共同作用下，体育治理逐渐实现了从单一价值追求向多元价值综合的转变，真正达到了法治化治理的高标准。

总之，法治型运动管理作为体育良善管理的基本价值导向，确保了体育活动的合理性、公正性与有效性，为体育行业的持续健康发展提供了坚实的基础和保障。

2.体育社团组织成为新的体育运动管理方式的主体形式

我国的体育运动管理职权集中于公共的体育运动主管部门的管理审判权之上，出现以公权力限制公权力的情况。不论体育形态、机构类型或者制度形态，体育管理的主体或主导力量始终是体育权威机构或独立自然人。全球运动制度与西方发达国家在多元化权利的基础上成长并完善的法律，对于后发型式运动法治先进国家有着特殊的参考价值。由于我国体育第三领域的蓬勃发展，我国体育法制的社会威力也越来越巨大，逐步形成了我国体育法制管理的主要力量。体育社会组织是将运动在社会领域中的个人能力与其团体的集体能力有机地结合起来的。体育社会权力立足于平等、自主的理性与体育精神，从而降低了运动领域的政治权力、层级关系和裙带关系，有效遏制了通过非理想化手段侵占社会公众运动权益的现象。在体育社会机构举办专项比赛或公益活动时，通过信息公开途径，保障参赛者的实质性权益和程序性权益，确保各个环节遵循正当程序，杜绝行为偏离。针对运动社会组织机构框架中的权力差异，各运动联盟的委员将在交流磋商活动中共同监管并防止非正常的活动。在专门管理的制度体系内，体育专门管理的社会团体和社团成员有自己的、专门的体育管理能力，在国家管理的制度架构下进行专门管理，尤其是在自治领域的管理过程中，提高自治管理团体的能力与效率①。总之，在国家专业管理体系内，体育管理的社会团体及其成员展现了其独特的管理能力，尤其是在地方自治层面，致力于提升行为效能。如果体育领域的社会组织系统成熟并积极执行反腐败措施，将有助于培育广泛的法治信仰、自由民主意志和公平治理精神，为建设有序的体育管理公共社会积累宝贵的社会资本。

---

① 张弓，张智辉. 权力制约与反腐倡廉[M]. 北京：中国方正出版社，2008：120-136.

3.体育软法律制度是法治的运动管理方式的有效规范。

中国的体育管理方式要么没有基本法规体系的支持，要么就完全依赖公共管理的基本法规体系来管理。而由于中国体育在商业活动上不同于世界其他国家，不但有公共管理权力部门的存在，而且还是更大的体育自治部门，但它们也不能触及和扩大管理范围，使得中国越来越多的公共体育腐败管理模式在总体上溃败，如中国前些年的黑哨事件，各界就开始产生了激烈抨击。现代项目管理和公开性的冲突，导致反腐似乎没有法治保障。体育的权力通过在体育公开方面实现公平、有序的公开管理，建立不同于国法的体育软法。它除确立通常意义上的运动行为和职业规范之外，还建立对公共运动权利的监督。这些监督救济的软性规范与硬性法律是相辅相成的，它们共同确保运动权利的实施过程受到来自内部成员、外部成员、参与者及利益相关者的全面监督。运动领域的软性法规通过引入协商、契约原则和非强制性措施，将各类利益相关者纳入反贪腐的主要力量，构建了一个软性法律框架。该软性法规涵盖了运动实践、体育运动公共政策、竞技规范及运动职业规范等多个方面。由于其严谨性和成员的高度认可，已成为运动自治领域反贪腐的主要规范依据。体育软性法律规范制度的建立，将为体育反腐的先进性、公开性和规范化建设提供坚实的支撑体系，并作为强制治理背后激发群众自愿参与治理的有效制度来源。①

4.贵州特色体育小镇——体育治理模式实践

立足贵州省山区现实，"小而美、小而精、小而富、小而特"，走"蒸小笼、串珍珠"的开发道路，贵州省政府积极推进国家示范性小城镇的建设战略，一是激发小城镇建设的改革创造新活力，把改革作为贵州省小城镇发展的根本动力。贵州省建设了100个示范性小城镇，并推动了小镇建立的运行管理机制改革。二是进一步完善政策建设，出台了《关于加快推进一百个示范性小城镇改革发展的十个意见》等二十九条规范了小镇经营的配套措施，并出台了一百九十五条明确县级经营管理的工作职权。三是强

---

① E·博登海默. 法理学——法律哲学与法律方法[M]. 邓正来，译. 北京：中国政法大学出版社，2004：232—236.

化人才培养吸引，开展千人干部助力工作，采取"学、助、导"的途径提升小城镇领导班子的工作水平，与大专院校、职业学院等协同，有序发展示范性小城镇的紧缺人才培养资源。四是整合要素优势，促进小城镇环村功能整合，合理调整行政区划与空间布局。土地、资本和外来援助等资源应集中在小城镇。

第二，政府在城乡统筹发展方面发挥了主导作用，推动了城市与乡村的协同开发。遵循"以镇领村、以村促镇"的发展策略，构建了小城镇引领美丽乡村建设的乡镇联动发展模式。通过推动小城镇"8+X"工程和美丽乡村"6+X"工程，实现了城乡发展的统筹规划与协调推进。

第三，坚定践行绿色发展理念，构建生态型小城镇。充分利用丰富的生态资源和深厚的少数民族文化底蕴，全力以赴打造富有风景、民俗及地方特色的美景乡镇。遵循"以人为本、尊重自然环境"的原则，推动实现"一镇一特色、一镇一主业"的发展目标。

第四，坚持民生第一，建设小康小城镇。

贵州龙门武侠镇。其地处中国贵州省黔南布依族苗族自治州隆里县，地处2000余亩莲花沼泽地主题公园的核心。隆里县将与莲花沼泽地主题公园形成旅游区"目的地+出发地"体系，以莲花沼泽地主题公园休闲项目与产品建设为核心，整合周围的旅游资源，以发展生态农业、休闲商业、文化风情、旅游体验、养生于一体的生态全球旅游核心区。隆利区政府计划投入10亿元建设莲花湿地公园中心和龙门镇地标中心。

贵安许昌新区实验学校棕榈西布罗姆维奇足球城。地处贵州新区。棕榈体育足球管理中心是根据篮球小镇的主体设计与规划建设，项目包含了篮球、足球会议中心、篮球、足坛博物馆、特色街区篮球嘉年华、篮球嘉年华公园、篮球奥特罗、专业足球场等基础设施，囊括了各类足球业态，适应了各个年龄段和各种性别人群的需要，并建立了足球产业集群的发展生态系统，形成了对接都市经济与足球产业发展的创新开发模式，为民众提供了全面的休闲游乐、体育运动、文化观光、会务管理中心、亲子活动等公共服务。它由棕榈股份公司经营。

都匀国际足球城。位于贵州省都匀。计划兴建的都匀市国际足球小镇，总建筑面积3000余亩，共投入资金约六点六亿，主要分为国际体育生态园、文化主题区、生活区等，其中，国际足球小镇面积760余亩，国际足球文化休闲园区面积238余亩，体育场面积约313亩，狂欢区209亩，将建设足球展示体验馆、足球培训中心等，集运动、休闲、娱乐于一体。总投资6.6亿元，由南奥体育运营。

海龙屯文体创意小镇。位于贵州省遵义市。海龙屯文体创意小镇规划打造为文化体育创意旅游小镇，传承海龙屯的军屯文化、建筑文化，在入口区域的文化形态、建筑形态、商业状态、环境生态等方面形成"四态融合"。在此基础上，整合时尚旅游消费、休闲度假、文化创意、体育竞赛、健身服务等多元化产业，搭建黔北文化创意与体育服务业实践的交易与展示平台。投资104.23万元，实施海龙屯环境美化、场地平整、种植土壤回填工程。投资410.48万元改造现代砖混建筑和屯上旅游步道。投资757.74万元，完成海龙屯石矿区安全技术防御系统建设。

体育小城镇发展的重点是因地制宜，按照自己资源优势、市场需求进行发展定位。贵州在建立特色体育小城镇的过程中，充分考虑了山区因素，发挥了旅游产品的重要功能。在文化产业方面，要建立龙门传统武侠文化中心和龙门独鼻武侠小镇。利用自然环境，建设全生态足球特色小城镇。对城镇的建设，政府需要有更多的优惠政策扶持。为更好推进贵州省的特色小镇建设，贵州省颁布了《关于加快推进百座示范性小城镇改革发展的十个意见》，并制定了贵州省特色小镇建设引导意见。

二、网络化体育治理模式

（一）网络化治理的时代内涵

网络治理模型为多元市场主体积极参与公共管理奠定了结构性基石。在这种网络结构中，地方政府能够把市场、社会、公众和其他主要力量结合起来，实现善治。英国专家詹姆士N·罗西瑙（James N. Rosenau）是国际上管理技术的开创者之一，他为网络化管理给出了更加具体的概念：有共同组织参与的活动。活动的参与者既不必须是政府部门，也不必须全部通过国家强制规定而完成。①从俞可平开始研究治理概念开始，与张康之、朱建言等人先后就互联网治理的含义和定位、领域内的研究基础、实践诉求等问题展开了探讨。②陈振明认为，治理可以是对社会合作方式的治理，也可能是网络治理，是强调在共同行动中的协同合作。③有专家指出，互联网治理可粗略分成四大层面，即相互依赖、可治理力、社会合作和治理理性，④呈现出活动主体丰富多样、手段相互协调、方法科学有效、反应快捷快速的基本特征。⑤而通过众多专家的研究与探讨，对互联网治理的探讨焦点也大多聚焦于对部门的变革和社会地位重塑的巩固、对技术进步的影响以及治理中心与部门界限明确的灵活性等方面。

根据孙健和张智瀛的研究，以及美国学者史蒂芬·戈德史密斯的权威著作，当前互联网管理的核心议题主要集中在部门职责的变革与角色的重塑、对技术的依赖以及管理主体与部门之间边界的灵活性。⑥特别是在《公共部门互联网管理的新模式》中，戈德史密斯强调了互联网管理应具备的专业化、创新能力、灵活性及扩大社会影响力四个核心特点。这些特点不仅标志着互联网管理的专业发展，也显示了其相对于传统部门管理的独特优势，为现代治理提供了新的视角和方法（图3-3）。

① 张天勇，韩璞庚.多元协同：走向现代治理的主体建构[J].学习与探索，2014，233（12）：27-30.

② 韩兆柱，李亚鹏.网络化治理理论研究综述[J].上海行政学院学报，2016，17（4）：103-111.

③ 陈振明.公共管理学———一种不同于传统行政学的研究途径（第二版）[M].北京：中国人民大学出版社，2013：75.

④ 陈剩勇，于兰兰.网络化治理：一种新的公共治理模式[J].政治学研究，2012，103（2）：108-119.

⑤ 陈丛刊，魏文.成都网球公开赛（ATP250）的发展困境与突破路径———基于网络化治理的视角[J].成都师范学院学报，2019，35（7）：74-80.

⑥ 孙健，张智瀛.网络化治理：研究视角及进路[J].中国行政管理，2014，350（8）：72-75.

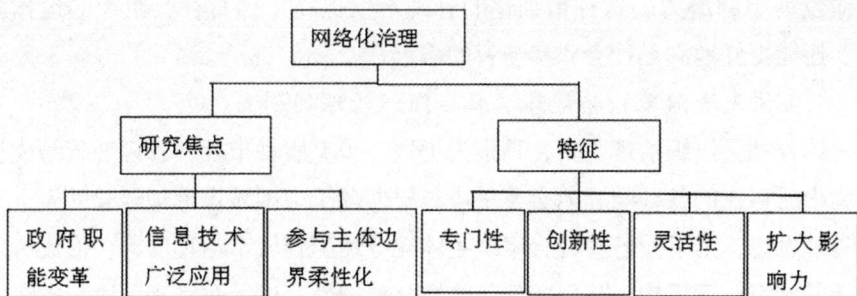

图3-3　网络化治理的研究焦点和优势示意图

（二）在互联网治理模式下体育社会机构管理的创新路径

针对当前体育社会组织管理所出现的问题，创新的管理方法将被生动地描绘出来，在体育强国建设的进程中，顺应世界体育的历史背景的迅速转变，深入探讨创新的管理模式，对于促进体育社会组织的健康成长，以及促进体育社会组织发挥更加有效的管理功能，都有着重大的现实意义。

1.注重精细化管理：凸显体育社会机构管理的针对性

精细化管理是一种通过精确掌握治理对象的底层信息，结合历史和经济数据，为各类体育社会组织匹配最合适的政策供给的管理方式。①体育社会组织的多样性要求管理者避免采用一概而论的方法，而应根据各组织的功能、规模和区域特征制定具体策略。例如，针对国家级的33个奥林匹克体育社团和40个非奥林匹克体育社团，应实施差异化管理策略。为了进一步推动改革与深化分离，我们提倡实施功能、机构、资产、财政、人事管理、党务等方面的分开策略。此外，通过政府购买服务的方式可以有效提升地方体育社会机构的服务品质和管理效能。对于基层运动俱乐部，通过完善立法和规范，增强其合法性，并提供必要的资源和支持，可以有效激发其在推动全民

① 陈丛刊.体育社会组织监管的价值诉求、多位困境与实现路径——基于社会责任国际标准视角[J].上海体育学院学报，2017，41（4）：13-18.

健康发展中的潜力。这种精细化的管理不仅提高了体育社会组织的运作效率，还能更好地满足社会和参与者的需求。

2.实施先进治理：体现体育社会组织治理的创新

体育社会组织治理革新，是指为了进一步克服城市社会管理变革与成长过程中所存在的各种问题的必要手段，根据源于中国城市治理经验的先进社会管理思想，为了使各种社会组织主体充分地配合城市治理活动，形成有效协调的城市管理机构，从而实现前瞻性与先进性，以及对管理手段与方法的革新①。体育社会组织的管理应充分展示社会进步观念与现代化气息，尤其需顺应体育社会组织角色由"被管理"向"合作者"进而至"自由人"的演变过程。②至关重要的是，企业应运用与其地位与职能相匹配的管理手段。政策层面应引导群众体育与竞技运动的发展趋势，摒弃过去单一保守的管理模式，准确把握并预测体育运动发展组织的变革，以高效、超前的姿态适应并引领公众日益多元化的运动需求。③

3.推进敏捷管理：反映体育社会机构管理的能力信息化

敏捷治理作为一种现代管理理念，最初源于软件开发行业，后来扩展到政府部门信息化管理，目的是提升政府的数字服务水平。这种管理方式强调在制定政策后能够迅速适应市场变化，并作出有效响应。在体育社会治理领域，尤其是在"体育+互联网"的背景下，敏捷治理的应用尤为重要。使用新兴的信息技术如区块链、社交媒体（微博、微信、QQ群、朋友圈）等，可以有效地收集和整理治理数据，从而提升管理效率和响应速度。

例如，广州市通过利用数据政务功能，加强数据的开放和共享，有效地提高了社会管理的水平。这不仅增强了对社会团体动态的宣传，还通过"互联网+社会团体"的方式，显著提升了管理能力，减少了传统管理方法中的

---

① 李大宇，章昌平，许鹿.精准治理：中国场景下的政府治理范式转换[J].公共管理学报，2017，14（1）：1-13.

② 余敏江."超前治理"：城市管理的范式革命——评《"花园城市"的"管"与"治"——新加坡城市管理的理念与实践》[J].理论与改革，2017，216（4）：127-135.

③ 范冬云，罗亮，王旭.改革开放40年我国体育社团角色变迁——基于社会治理视角[J].体育学刊，2019，26（6）：77-81.

效率低下和无序性。这样的敏捷治理实践，为中国体育社会机构的信息化管理提供了宝贵的经验和借鉴，展示了如何利用技术优势，实现管理方式的革新和优化。

4.深化协同管理：增强体育与社会机构管理的融合度

协同管理的本质在于通过政府与社会组织之间的协同、多主体联合行动、企业责任与权益的共同承担以及政府部门与社会组织之间的有序互动与分工，实现社会公共事务的共同治理。[1]在体育社会管理领域，应充分发挥体育运动社会组织、企业、社会等多元力量的协同管理作用，整合社会各方面管理能力，形成协调与联合关系，从而产生社会管理协同效应。政府部门应进一步推进简政放权，落实"放管结合"改革。以"输入、驱动、输出、评价、反馈、保障"六个体系为出发点[2]，强调体育运动社会组织在公众体育服务管理中的有效性，同时充分发挥市场竞争优势，强化社会企业在体育资源配置中的主体地位，助力体育运动社会组织创造更为充足的供给，汇聚社会资源，构建更加完善的社会组织体系，积极参与体育社会治理，加强自身自律机制，完善管理体系与治理架构，积极融入多元主体资源，构建整体统筹、各主体协同、多方面互动的社会管理新格局。

在新时代背景下，中国体育社会组织被赋予了全新的历史使命和社会责任。为了进一步发挥我国体育管理体制和管理力量在现代社会中的重要作用，我们必须不断完善体育社会组织管理体系，提升组织管理能力。作为推动我国体育社会组织蓬勃发展的重要力量，我们需要深入研究当前体育社会组织在管理方面所面临的难题，并将"专业化、创新性、灵活性、扩大影响力"这四大现代管理特点融入体育社会组织管理工作之中，并通过强调精细管理、推行先进管理、促进敏捷管理和加强协同管理，摸索出了一种全新的管理途径，有利于进一步提升中国体育社会组织高质量、高水平的发展实力。

① 广东借助"互联网＋社会组织"提升政务服务水平[EB/OL].（2019—02—15）[2020—02—08].
hTTP://m.sohu.com/A/295101080_806491.
② 燕继荣.协同治理：社会管理创新之道——基于国家与社会关系的理论思考[J].中国行政管理，
2013，332（2）：58-61.

三、学校体育治理模式

（一）学校体育治理的策略

要让校园运动走出困境，需要在运动管理的方面为怎样做好校园运动善治提供一点意见。

1.政府部门必须改变观念，真正完成从控制向管理的过渡，形成服务型政府部门

管理的本质乃是一种社会模式，此模式由公民与社会组织共同参与引领公共社会，旨在实现公共利益最大化。校园体育虽非事业，但与之相关的却是国家繁荣昌盛及中华民族伟大复兴的重要因素。唯有政府部门改变观念，通过综合施策，方能解决校园体育管理中存在的问题，促使校方、教师、家长及学生共同构成校园体育管理的协同力量。

中国以往的校园体育管理形态主要体现政为主体一元导向的行政领导方式，而学校、老师、学校等社会非政府组织则把部门当作被动的管理接受者。我们要改变以部门为主体的校园体育管理形态，就一定要让管理校园体育的社会主管部门积极地转换职能，而不再是评审员和选手，要切实做到政府去中心化，与校方、家庭、老师、学校等社会主体一起承担校园体育管理公共资源的合理配置，一起承担着校园体育管理正常运转的主体责任，并为校园体育管理制度的有效执行发挥监管功能。而校园体育的有效管理，也是社会民主、平等、公正原则在中国教育领域真正体现的重要基础。在新的学校体育管理体系下，行政分权的实施并不代表相关部门将完全退出校园体育的管理领域。相反，教育行政部门的角色将从直接控制学校体育资源的分配，转变为对校园体育资源分配进行监督和促进资源共享。这一变化标志着管理职能从传统的控制模式向更为灵活和服务型的管理模式转变，从而更好地服务于学校体育的发展，帮助形成一个更加高效和响应性强的服务型政府部门。这种转变不仅优化了资源配置，还增强了校园体育管理的效率和效果。

2.要坚持以学生、老师、学校需求为核心的思想，积极进行校园体育教育体制研究

缺乏强健的体魄，学生将无法成为一个全面发展的人。要在校园体育区域达到以"校园、老师、孩子需要"为核心的宗旨，需从下列四大问题入手。

第一，以提高学生体育素质和健康水平为目标，强化体育教学和课外活动的个性化与针对性，确保教育内容和形式符合学生的生理和心理需求。同时，考虑到学生需求的多样性和高标准化，高校体育资源配置必须创新，以满足这些日益增长的需求，促进学生全面发展。

第二，关注体育设施和活动条件的改善，维护学生的运动权益，是推动校园体育进步的重要因素。学校应提供充足的体育设施和活跃的运动社团，并与社区共同合作，确保每个学生都能在安全和支持的环境中进行体育活动。

第三，加强对体育教师的激励和支持，通过建立激励机制和提供专业培训，激发教师的教学热情和专业成长，从而直接影响校园体育教育的质量和效果。

第四，通过法规和政策的支持，确保校园体育的健康发展。这包括法律保障、资金投入以及教育监管体系的完善，为学生提供一个坚实的体育教育平台。通过这些措施，可以构建一个以学生、教师和学校需求为中心，更加高效和具有适应性的校园体育教育体制。

（二）学校体育体制创新的现实路径

政府既是国家体育的主要承担主体，也是体制创新的关键主体。要推动校园体育的高效管理，必须完成行政机关职责从"划桨者"向"导航者"的过渡。要推进财政体制创新的完成，需要从以下两个方面着手。

一方面，要转变过去管理力量分散的局面，做好高校体育管理创新的协同工作。制度体系是由相互连接和内嵌的部分所组成的，而这些相互独立的部分又只在一定的历史时期承担着一定的职能，所以，制度创新就必须协调系统的职能要求。校园体育发展科学管理问题，涉及多个部门和主体，它关

乎各个阶段校园体育政策的制定和实施，既需要处理好国家与地区、高校与家庭、高校与社会、学校师生关系等各层面的问题，也需要政策的体制创新，还需要逐步形成以学校、体育、财税、土地、规划等行政部门为主体，跨行业多元合作体系，合理、科学、有效的顶层制度框架，根据需要，各行政部门的各级领导都要清楚明确各自的主体责任，合理落实政策制度，建立健全问责激励机制。

另一方面，学校体育制度正面临一场重要的转型，这主要表现在对传统自上而下的体育制度框架的颠覆。长期以来，由政府主导的体制不仅深刻影响了未来体制的选择与发展，而且对现有体制也形成了新的刺激和惯性作用。为了突破这种传统行政导向的束缚，并实现一个更加多元和包容的校园体育制度，有必要推动由高校、社区、教师、学校和家长等多方共同参与的制度改革。这种改革应根据各地实际情况量身定制，以促进制度的适应性和包容性发展。

此外，为了有效更新校园体育制度，政府和相关部门需要综合筛选和优化治理结构，以满足学校、家长及教师的需求。这包括认真总结以往在校园体育管理中的成功经验和存在的问题，以及成效评估。同时，应采取开放的发展策略，比如"走出去，引进来"，通过国际交流、学习其他国家的成功经验和系统模型，实现知识的迁移和扩展，从而提升地方政府在体育供给方面的能力。这种综合且开放的改革策略，将为校园体育制度的创新和进步提供坚实的基础。

（三）拓展多元主体参与学校体育治理的渠道

现代教育不仅是一项涉及社会每位成员的公共事业，而且直接关联到每位国民的教育权利和个人利益，是实现社会公正的重要途径。因此，现代教育的发展需要社区全面参与，通过集思广益，有效地反映公众意见。为了更好地实现这一目标，我们应当采用联合、协调、建立合作伙伴关系以及社会价值的共识等多种方式，来扩大社会参与的渠道，从而促进学校体育治理的有效落实。这种广泛的社会参与有助于形成一致的行动目标，确保教育事业的健康发展。想要有越来越多的人加入校园体育的管理当中，必须形成一个主体的管理方式，主要从如下几方面展开。

第一，积极引导学生加入政府治理。中小学生是校园运动中最关键的主体，校园运动管理首先要考虑的是中小学生的身心需要，所以，校园运动管理就需要引导学生积极地参与其中。

第二，引导家长共同参与校园的体育治理。学校管理必须在搞好双方家庭体育关系的基础上，把父母双方的家庭关系都列入学校体育管理内容，并积极调动双方父母的社会参与作用，发挥双方父母在学校体育管理工作中的监护与控制功能，让双方父母都体会到在学校中为父母积极参加学校教育管理的好处，从而形成良性的家庭管理、共同发展的社会环境。

第三，邀请社会团体介入校园运动管理。和行政机构一样，体育社会机构更易于进入校园，理解老师和学校的运动要求，向他们提供有针对性、活动多样化的公共服务。

第四，在校园体育管理中，政府应积极指导和利用体育社会组织的潜力，以提高校园体育的整体质量和效率。首先，体育社会组织应超越其传统的角色，不再仅仅关注群众体育与竞技运动，而是需要重新定义其在学校体育管理中的功能。这些组织对学校体育的需求和环境有更深入的了解，能够提供更符合需求的服务和支持。因此，政府部门应当拓宽这些机构的作用域，将其视为校园体育管理的重要力量，并在平等的基础上增强与这些社会体育机构的沟通与合作。其次，政府必须改革现有体制，为体育社会组织在校园体育管理中发挥更大作用创造条件。这包括在中央和地方政府层面减少不必要的管制，通过政策鼓励这些机构的发展和自我完善。此外，政府应建立一套体系，定期评估这些机构对校园体育的贡献，并对那些表现不佳的机构采取相应的措施。最后，政府可以通过购买体育社会组织的公共服务来弥补城市学校体育设施的不足。这种模式不仅可以利用社会体育机构的资源和专业能力满足高校体育的需求，还可以提升体育活动的专业水平，使学生能够在更好的环境中发展其体育特长。这种合作还能提高政府监管的效率，更高效地利用和配置资源。

第四节 　体育治理运行机制

"运行"这一概念在社会科学领域中尤为重要，它不仅代表着事物的动态变化，还是理解和改进体育治理体系的关键。体育治理体系的运行机制，涉及制定与执行相关政策的一系列规则和程序，这些都是体育治理的核心环节。

一、体育治理体系运行机制的基本含义

首先，体育治理体系的运行机制基本上是指在体育管理系统中实施活动的方式和过程。这一机制的目的是提高体育管理的效率，并确保体育管理系统的有效运行。这不仅涉及政策的制定和实施，而且包括对这些政策的评估和调整，以应对不断变化的需求和挑战。

此外，体育治理运行机制的重要性在于其能够推动体育的高质量发展。这一目标的实现依赖于各治理主体之间的互动和协作。治理体系的每一个参与者都在其中扮演着特定的角色，通过他们的相互作用，形成一个有效的体育治理活动模式。这种模式能够确保治理活动不仅符合体育发展的总体目标，而且能够适应环境变化和参与者需求的演变。

因此，体育治理运行机制的研究对于理解和优化体育管理体系至关重要。尽管这方面的研究相对较少，但通过深入分析体育管理的具体活动机制和功能，我们可以更好地设计出促进体育高质量发展的政策和措施，最终实现体育治理使命的完成。

二、体育治理体系运行机制建设的基本内涵

（一）使命与效率并重的经营目标

在构建体育治理体系的运行机制时，我们需要同时重视使命与效率的并

行目标。使命目标关注于实现体育治理的宏观使命，这涉及体育系统整体的目标与愿景。效率目标则专注于提高体育治理的操作效率，确保体育管理活动能高效、有序地进行。有效的运行机制应在这两个层面达成平衡，通过明确任务与效率的关系，确保体育治理系统能够有效地支持和推动体育事业的发展。

（二）科学和民主的运行原则

体育治理体系的运行机制建设应坚持科学与民主的治理原则。科学治理原则要求我们遵循严格的规则和程序，确保体育活动和决策过程的合理性、有效性。与此同时，民主治理原则强调在治理过程中应充分考虑和尊重不同治理主体的意见和需求，积极鼓励社会各界参与体育治理，以实现更广泛的社会共识和参与。

（三）合作共治的运作程序

合作共治是体育治理运行机制的另一重要方面。体育治理涉及多元化的参与者，包括政府、市场、学校、社会和个人等，需要各方面的力量共同推动。合作共治不仅要求不同主体之间的相互配合与支持，还需要跨学科、跨领域的协作，以促进体育活动的全面发展和治理效果的优化。通过这样的运作程序，可以更好地实现体育治理质量的提升，推动体育事业的高质量发展。

体育治理体系运行机制的建设需要基于使命与效率的共同目标，坚持科学与民主的治理原则，并通过合作共治的程序来实现治理目标。这样的机制将有助于体育治理体系更加高效和透明，同时确保体育活动的持续健康发展。

三、完善体育治理运行机制

治理机制描述了在体育治理过程中各权力主体之间的运作方式和制度安

排，核心在于展示合作各方的权力结构和各自的地位。体育协调治理机制主要由生成机制、运行机制和保障机制构成。生成机制通过培育主体和激励措施促进治理活动的有效进行，包括关键的申诉请求和沟通协调机制以解决治理中的冲突和问题。保障机制则包括监测和问责机制，确保体育治理的稳定性和持续发展。

（一）形成协调治理机制

1.主体培养机制

主体培养机制是体育治理体系中一项核心的组成部分，其演进和构建关键依赖于理念的转变、参与的引导、主体的培育以及信任的构建这四个方面。

首先，理念的转变是推动体育治理现代化的前提。传统的管理理念需向合作治理理念转变，这不仅要在政府层面进行推广，还需深入到社会组织、学校及公民个体等各个层面。这种新的治理理念能够促进全民体育教育的改革与发展，为合作治理奠定思想基础。

其次，引导参与是实现有效治理的关键步骤。政府应当发挥其在体育治理中的引导作用，制定明确的参与章程和机制，同时鼓励和支持社会组织、学校及公民个体等多元主体积极参与体育治理。这种宏观与微观相结合的引导策略，可以确保体育治理体系的多元性和活跃性。

再次，主体的培育是强化体育治理结构的必要条件。目前，体育治理中社会组织和公民个体的参与还不够广泛，这要求我们通过政策支持和资源整合，加强对体育协会、运动服务机构等社会组织的培养，以及通过教育和宣传提高公民个体的参与意识和能力。

最后，信任的构建是确保治理效果的基石。建立和维护信任，需要从制度和文化两个层面来进行。一方面，制定和完善体育相关的法律法规，简化政府流程，提高透明度，从而建立制度信任；另一方面，应通过推进社会信用体系的建设和宣传诚信文化，提升公众对体育治理体系的整体信任。

通过这四个方面的系统推进，可以有效地构建一个响应性强、包容性广、动态平衡的体育治理主体培养机制，进而推动体育事业的全面发展。

2.动力机制

在体育治理领域，动力机制是实现有效管理与协调的基石，主要由利益驱动、政府推动和内部对象驱动三个关键部分构成。

首先，利益驱动作为多元主体参与协同治理的核心动力，发挥着至关重要的作用。政府机构、社会组织、教育机构等各方虽然在参与形式上有所不同，但共同的目标是为了实现和保障各自的核心利益。因此，在体育治理中，建立一个高效的利益协调机制是必要的，这不仅能够保障各方面的根本利益，还能通过提高治理效率，实现利益的最大化。

其次，政府推动是提升体育治理整体效能的关键。政府需要进行角色转变，推动体育管理体系和能力的现代化。这包括加速政府自身及管理机构的改革，简化审批流程，增强体育服务能力，同时加强对体育教育的监督。政府的这种推动作用还应包括激励社会组织、教育机构和公民个人的积极参与，通过赋予他们更多职能来共同推动体育治理的进步。

最后，内部对象驱动，尤其是青少年的参与和合作，对于提升治理成果具有不可替代的影响。有效的治理需要深入理解青少年参与体育活动的动机和需求，将这些需求转化为积极的参与动机，并最终引导到具体的治理行为上。教师和体育管理者应创造有利的环境条件，满足青少年的体育需求，激发他们的内在动力，促进其积极参与体育锻炼和治理过程。

通过这三个动力源的相互作用和协同，体育治理可以更加高效和有效地达成其目标，同时也促进了体育领域的整体发展和进步。这种动力机制的建立和完善，不仅能够提升体育活动的普及和质量，还能够加强社会的整体体育文化建设。

（二）提升协同治理运行机制

1.诉求表达机制

体育合作成员的信息、资源和能力的差异是主体和利益获取之间的观点立场的差异，因此，有必要平衡此种情况带来的差异，并使合作规则的申诉表达机制得到平衡，以确保管理者的地位趋于平等层面。这一机制的成功构建是为了调动和促进广泛治理实体的主体积极性，尤其是低级治理主体的积极性，以及参与治理政策的执行和监督工作。同时，我们正计划开发一个网络互动平台，采用现代互联网技术来革新传统的管理体系。这个平台将整合治理信息、提供表达治理意见的通道、促进信息交流，并具备监测与举报的功能，为参与体育合作治理的各方主体提供一个展示和交流多维价值与利益需求的平台。这将大大提高治理的效率和透明度，推动更有效的合作治理。

2.沟通与协调机制

在体育协同治理中，沟通与协调机制是确保多个治理主体之间有效合作和顺畅沟通的核心。这不仅有助于消除误解与纠纷，构建稳固的合作关系，还是实现治理目标的基石。首先，信息共享机制应以反映和传递基层体育锻炼治理中的问题以及不同利益和价值诉求为核心，通过运用现代网络技术和社交工具，确保信息的全面共享和有效利用。其次，信息交流环节对于治理主体间的互动至关重要，各方应在了解相关信息的基础上，通过各种沟通方式，如面对面会谈或远程技术交流，充分表达意见，达成共识，形成有效的决策。最后，领导协调在体育协同治理中扮演关键角色，有效的协调机制不仅应适应我国体制和需求，还应超越政府单一的行政干预，通过一个由政府、社会组织、学校和热心公民共同参与的协调委员会来进行。这种机制应基于对治理背景和矛盾的深刻理解，综合运用经济、行政、法律和道德手段，进行多方面的协调，以解决资源配置、权力配置、责任分担和利益共享等核心问题，实现治理目标的统一和高效。

（三）健全协同治理保障机制

在体育协同治理领域，建立健全的保障机制对于提高整体治理效能和维持秩序具有至关重要的作用。这包括监督和问责两大核心组成部分，它们共同确保治理体系的透明性、责任性和效率。

1.监督机制

监督机制的建立需关注三个方面：一是完善监测渠道，利用公众参与和新闻媒体的力量，通过建立网络和舆论监管机制，实现政府体育治理的民主监督；二是设立专业监督部门，确保这些部门拥有必要的职责和权力，以提高监督的有效性和权威性；三是构建绩效评估体系，基于经济、效率、效益和公平的原则，建立一个动态、数据化、具有可比性的评价指标系统，全面评估治理过程的合理性和效果，并保证评估结果的公开透明，接受公众监督。

2.问责机制

问责机制的构建是提升协同治理效能的关键。有效的问责体系应确保各参与主体明确自己的职责和权限，避免责任的上下转移或横向推诿。此外，通过采取"责任共担"的原则，加强问责力度，不仅针对关键领导，还包括地方各级政府及相关职能部门。应通过强化监督措施，确保治理活动始终沿健康、正确的轨道发展。对于在政策执行过程中表现出的怠慢、偏离、敷衍及抵制行为，必须坚决问责，并加大惩处力度，以维护治理体系的严肃性和有效性。

通过这样的健全协同治理保障机制，可以确保体育协同治理不仅在理论上是完善的，而且在实践中也能够有效地实现其目标，促进体育领域的健康发展。

第五节　体育治理保障体系

一、治理体系

治理体系作为治理的复杂体系，是要将治理从内容和形式上释意，用体系概念去解释治理。治理的内容应该包括制度安排层面、手段和技术层面、治理能力层面共三个层次"。①

在制度安排方面，主要涉及权责分配的治理架构以及治理过程中各个主体之间的相互联系。这一层级的治理基于如下基本假设：鉴于"市场失灵"与"政府失灵"的存在，传统的"市场与政府"的二元划分已无法满足

① 彭莹莹，燕继荣.从治理到国家治理：治理研究的中国化[J].治理研究，2018（2）：39–49.

公共事务管理的需求。因此，将社会组织纳入公共管理的学科范畴具有重要意义。

在技术和手段方面，治理工具指的是政府等不同行为主体在参与治理过程中所采取的战略或行动方法，以实现治理目标。治理结构为决策者提供了主要的激励和战略空间。为确保治理结构预期作用的充分发挥，有必要对治理行为本身进行审查和分析，明确治理单元，并探讨如何选择适当的工具和方法来实现治理目标。在治理工具层面，意味着政府通过监管来实现公共目标的做法已不再是最优选择，解决治理问题需要创新。在治理能力方面，公共行政为发展治理提供了能力，以改善公共部门发展、战略治理、领导力、人力资源开发以及基于目标的管理的方法和技术的应用。传统的政府管理体制在很大程度上限制了政府的效率和创新能力。因此，政府应依托市场经济平台，将企业的有效方法和现代管理机制引入政府管理，以提升治理效能。

目前的治理体系和治理系统由以下三个层次构成。首先，治理结构是体系的基础，它强调制度的重要性以及客观前提条件。其次，公共行政管理是主体，特别是政府机构，是行为规范和行动指导方面的核心。最后，行为治理则是将治理理论转化为实际治理行动和方法的必由之路。

政策工具在将治理理念付诸实践的过程中发挥着至关重要的作用，作为治理理论的核心要素，深入理解各类政策工具的特性与运用，有助于我们更有效地实现政府治理目标。政策工具，即政府实施治理的具体方式和手段，是针对特定社会问题所采取的针对性措施与方法。

按照政策工具的细化分类，可将政策工具划分为市场工具、企业管理技术和社会工具。市场工具特指政府运用市场资源，作为有效的分配途径，以实现为公众提供公共产品和服务的特定目标。

企业管理技术涉及企业对公共部门的管理理念与方法，旨在为政府政策目标的实现提供有效经验；而社会化则意味着政府在互动基础上，更加充分利用社会资源以达成政策目标。

政府治理机制不仅局限于基于治理结构的内部治理，还包括治理主体通过一系列内外机制实施协同治理。协同治理不仅突破了政治与行政、政府与市场的传统线性分离，它还突破了"政府失灵"寻求市场帮助、"市场失灵"寻求第三部门帮助，形成了一个多功能中心与组织合作并参与治理模式。治理的目标不仅是为了公众利益最大化，而且要确保政府决策的科学性，从而最大限度地发挥多元治理主体治理的利益最大化。

良好的政府治理应该确保两个方面。一方面，保证科学的决策。治理结构要保证多元治理主体的利益得到维护和满足。唯有明确多元治理主体的权责分配，方能确保政府治理的高效运作，而政府治理的有效性则是科学决策的基础。因此，科学的政府决策是政府治理的核心。政府治理的最终目的不是制衡，而是保证政府科学决策的方式和途径。另一方面，拥有良好的治理机制。政府治理不仅需要一个完整有效的治理结构，还需要结构之外的一些具体的治理机制；不仅需要通过多元治理主体建立内部控制机制，还需要一系列通过公共物品市场运行的外部治理机制。

二、体育治理体系的价值目标

在现如今社会飞速发展的大环境下，体育治理体系目标价值的构建应当立足于新时代发展，在把握社会主义核心价值体系的背景下不断优化完善体育改革实践活动，保证有效性和科学性是体育治理体系建设过程中必须重点考虑的必要特性。现实的教育目标在体育实践中有较为明显的体现，本研究的主要目的是构建体育治理体系，以体育治理体系价值目标促进体育实践活动组织的有效性。

在新时代发展的背景下，从体育管理体制现代化和体制建设的视角来看，体育管理积极控制体育发展过程，促进体育管理体系建设的精神，实现体育目标。通过制度建设的约束，我们实施了创新和可行的措施，以确保体育实践组织的良好质量。体育治理体系的构建不仅要明确体育治理体系价值目标的纳入，还要确立体育治理体系定位目标。对于实践中体育治理体系价值目标的确定，应立足于现实，在现实工作背景下考虑体育长期可持续发展的要求。

（一）体育治理体系价值目标的内涵

体育的目标是通过有效的体育和实践组织，贯彻以人为本的核心理念，促进人的全面自由发展，使国家竞争力提升。体育治理体系的价值必须充分满足人类社会对体育的需求。人类社会的发展不能脱离体育的发展。在体育治理体系价值目标的构建过程中，也要考虑到国情、时代特点和民族特色，体现时代特色是体育治理目标的追求之一，构建体育管理体系价值体系促进国家建设和发展。

社会发展进入新的历史时期，我国体育治理体系的价值目标内涵不仅包含了传统的健身和为国家争光的价值目标，还增加了为国家增加利益的新的价值目标内涵。在当前社会发展背景下，人们多样化、多层次的体育需求在体育管理体系构建时不仅积极尊重人的发展理念，而且促进国民经济转型增值，以国家发展为背景，提高体育产业的市场地位，为体育的经济价值的促进和发挥不可替代的作用。

（二）体育治理体系价值目标的定位

在当前对公共体育治理体系价值含义的阐释的基础上，确定体育管理体系的价值应基于相关原则，以确保体育的顺利有效发展。

1.把握价值目标的特点

为了确保体育治理体系系统价值的有效性，在建立体育治理系统价值目标时，我们必须首要控制关于价值目标的特征。在体育治理实践过程中，我们应该把握体育训练组织与社会体育之间平衡的本质，并通过有效的指导效力和合作来提高体育治理体系系统的标准化。同时，相互平衡各种关系，我们可以确保政府各部门能够协调合作，相互补充，并确保在发展重大体育环境的背景下有效地制定体育治理体系的价值目标。作为一个宏观发展项目，体育治理体系价值目标首先要使体育治理体系在定位和实践中与市场和社会接轨。在社会发展环境中，体育发展有着不同的主体。为了在不同主体上实现合作与协调，目标应把控不同体育治理体系系统之间的平衡，并通过政府、体育、公众和市场之间稳定的综合协调系统，确定体育治理目标的良好定位和有效性。

其次，从体育治理体系的效能来说，根据科学决策和科学活动分析外部环境，以科学理念和精神为指导，通过有效规划和选择科学方法，积极实施体育发展，以确保体育运动的科学和有效发展。

最后，为了促进体育社会环境的可持续发展，以公平有效的方式进行体育内部的完善和建设，政府部门要发挥体育制度的作用以及制约因素，通过发展环境进行体育制度的不断完善和优化，既要保证体育管理制度满足国家社会公民体育的需求，同时，通过发挥市场在社会环境中的决定性作用，使整体体育发展更加公平有效。

2.分析价值目标的确立

在新时代发展的背景下，应改进和阐释总结体育治理体系系统的价值目标的设定。体育治理体系的价值涉及建设、发展和创新等各个方面。体育整体发展环境也是体育治理体系价值目标应该关注的点和参考的方向。在当前创新的社会变革背景下，体育应积极改革体育治理体系，以及创新发展体育治理体系，如将信息化现代化等与体育治理相结合，丰富体育治理的表现形式，增加体育治理体系建设的附加值。

目前社会运行机制中使用的体育运动已经相对落后。为了确保体育发展的正常运作，提高体育建设的质量，需要改革和更新的体育运行机制。通过体育管理理念协调发展相关产业，通过整合其他体育相关产业，使整个体育系统受益，全面发展群众体育和竞技体育，创造社会体育的持续发展大环境，为体育发展创新提供良好的发展环境，推动体育事业和体育产业的进步和又好又快发展。

体育治理体系价值目标的建立应当根据具体国情出发，通过对我国体育发展现状的总结，发现我国体育发展存在以下特点：地区之间、城乡之间发展不平衡、发展不均衡，体育设施差异过大，体育理念存在很大不同，甚至有些经济发展状况不好的地方几乎没有体育理念的状况。为了确保社会发展条件下构建体育治理体系目标价值的合理性，我们应该结合实际，立足国情，分析体育治理的目标价值。鉴于目前发展不平衡不均衡在我国城乡之间的严重性，体育的价值应以发展协调的区域治理体系的形式体现，用于实现相关产业和体育产业的融合发展，促进城乡之间体育产业体育事业的发展，并为之后的改革创新发展奠定坚实基础。

在传统体育发展的背景下，体育往往作为为国争光的工具，只片面重视专业体育的发展，而忽视了群众体育组织。在这种相对有限的体育发展环境下，我国的体育发展方向也相对单一。在人民生活水平不断提高的社会建设背景下，应在秉承以人为本理念的基础上，确立体育治理体系的价值目标，主动分析社会体育建设的途径和方法，通过竞技体育与群众体育的融合，促进体育传统优势的发挥。与此同时，群众性体育的组织也被积极地用来实现体育活动组织的目标。

在传统体育发展的背景下，竞技体育是主流，为国争光是主要目标，只关注职业体育的发展，没有立足于我国国情，忽视了我国庞大的人民群众群体。这样的体育发展脱离了群众基础，发展没有呈现多元化、群众化等，这是当时的国际形势和我国经济发展状况决定的。但随着我国经济不断发展，人民群众对于体育健身的需求越来越多，要求也愈来愈高，需求也不断呈现多元化的特点。因此，应将体育治理体系的价值目标同人民群众的需求相适应，积极分析以人为本的社会体育建设方式和方法。通过竞技体育与群众体育的融合，促进传统体育优势的发挥。

体育事业不仅仅是为了让民众参与到体育运动当中，同时具有相互促进的双面作用，民众参与体育运动也可以促进体育产业经济效益的持续增长。在我国产业结构升级和竞争性建设调整中，集群性体育发展的形式对全民健身、健康中国的推进具有重要意义。同时通过将体育融入生活，刺激社会群众的体育消费。明确体育治理体系的价值目标，实现体育产业与体育治理体系协调发展，解决城乡体育协调发展问题，注重体育产业在体育发展中的核心作用。体育产业能够促进国民经济增长，带动国内产业结构调整升级，保障现代体育治理体系建设，促进现代体育治理体系治理能力发展。

三、体育治理保障体系

（一）建立体育治理效果的多元考核评价体系

在体育治理中，建立一个多元、全面的考核评价体系是提升治理效果和整体价值的关键。治理理论突出了民主与利益共享的重要性，强调评价体系的科学性对于促进公平和效率至关重要。当前，我国体育治理的评价往往侧重于过程和形式，而对于结果的定性分析还不够充分，多元评价主体的潜力未被完全挖掘，评价与利益协调机制亦需进一步优化。

根据党的十九大报告的指导原则，强调解决发展不平衡、不充分的问题，以及增强公平和平等，对于构建体育治理评价体系具有深远的意义。因此，我们的评价体系应综合考虑治理模式、内容、制度的整合与设定，以及公正性与效率性等方面，实现一个协同的、综合性的评估。这应与国家政策如《全民健身计划（2016—2020年）》和《健康中国2030规划纲要》相结合，进一步提升体育治理在各级政府的发展规划和财政预算中的地位。

此外，应采用科学的方法如因子分析和主成分分析，建立一套量化的体育治理绩效评价指标体系。同时，需要明确各体育部门的职责，加强部门间的协作和信息共享，探索新的治理与监督机制。最后，通过严格的实证分析，全面、客观地评估体育治理的水平和成效，确保治理体系不仅在理论上健全，而且在实践中有效，真正达到提升体育事业整体价值的目标。

（二）建立完善政府购买服务机制

1.建立长远的发展规划机制

建立长远的发展规划机制是确保政府与社会力量在公共服务采购中有效合作的基石。首先，通过在年初制定政府采购项目计划清单，体育社会组织及企事业单位得以提前准备相关资料，有效节省时间成本，提高整体工作效率。其次，推动政府购买社会公共服务的过程中，明确购买的具体内容、采购方式、服务价格与质量至关重要。这要求我们参照新公共管理理论的分类标准，结合地区实际，如贵州省的具体情况，确定购买内容。

在选择购买方式时，必须充分考虑竞争性和非依赖性，确保遵循体育市场的公平与公开原则。同时，为确定服务定价标准，我们需采用市场调查和服务定价方法，确保价格的合理性与稳定性，从而提升资金使用的效率。最后，为保证服务质量，迅速建立监督与评价机制是不可或缺的步骤。这包括对服务提供过程进行全面和多角度的评估与监督，确保服务达到预定的标准和效果。通过这些措施，可以建立一个更加稳固、有效的长远发展规划机制，为政府与社会力量的协作提供坚实的基础。

2.建立健全信息公开机制

在政府采购体育公共服务的整个流程中，首先需要政府提出具体的采购方案，并在公开透明的环境下公布中标结果。然而，在公开招标环节中，主要参与者多为政府内部人员，这在一定程度上确保了公平性，但也存在一定的局限性。例如，在投标过程中，可能会遇到多个实力相当的企业同时参与竞争同一项目的情况，这可能会催生一些不正当的竞争行为。因此，我们建议政府发布相关的招标公告，积极邀请更多的企业参与投标，以便接受公民的监督，确保采购过程的公正性。

此外，政府还应公示购买体育公共服务资金的使用情况，让市民有机会行使监督权，从而提高公众对体育活动的参与度。这样的做法不仅能有效防止资金被滥用或低效使用，还能提升市民对体育事业的关注度和参与度。

3.完善资金保障机制

在体育公共服务的资金使用方面，相关政府部门应遵循《政府购买服务财政资金使用管理暂行办法》的规定。具体操作上，各采购实施部门需根据自身实际情况，制定详细的资金使用计划，涵盖赛事组织、运动服务及培训等多个方面。鉴于相关服务活动的定价复杂性，政府部门应加强对体育社会组织的监管，确保公共采购资金的合理使用，并将结余资金用于体育公共服务的其他相关领域，如体育赛事和体育培训等。

4.完善政府的绩效评估机制

通常，政府绩效评估体系侧重于最终成果的评估与分析，然而此类评估方式并不全面，亦非科学。对公共机构体育公共服务成效的评估，除关注最终成果外，还应兼顾阶段性过程及终极评价。

5.建立多元化体育治理的资源共享机制

建立多元化体育治理的资源共享机制是提高治理效率和效果的关键。在多元化的体育治理框架下，涉及的多个治理主体需要通过相互协作和共同参与来推动整个体系的运作。为了实现资源共享的目标，首先必须确保各类资源和信息的全面公开。这包括让治理活动的每一个环节都保持透明，以便各方主体可以在清晰明了的基础上进行互动和合作。

此外，为了减少治理过程中可能出现的利益冲突和矛盾，应建立一个有效的交流与沟通平台。这个平台应该为各治理主体提供及时的信息交换和意见表达机会，从而确保每个参与方都能够在相互理解和尊重的基础上协同工作。通过这种方式，不仅可以增强各参与者之间的合作，还能确保整个治理过程的高效与顺畅，最终达到共享资源、共赢结果的目的。

（三）推进体育治理体系应健全体育法规

"如果在世界上建立了好的法律，世界就会被治理得很好；如果一个国家建立了良好的法律，那么这个国家就能得到很好的治理。"在全面实施依法治国的过程中，我国各个行业的立法程序和立法项目已经相当完善，这也为实现"依法治国"提供了前提条件。然而，中国的体育法自制定以来已经发展了20多年，目前，我国体育法的修订和完善明显滞后于社会体育事业快速发展的需要，特别是"1995年颁布的《体育法》全文共有56条，没有一条是专门针对体育产业的。"此外，体育法更多的是管理性质的，具有明显的计划经济时代特征，强调权力管理，治理主体结构单一，严重制约了当前体育事业的发展。众多的体育纠纷也证明了当前体育法律的薄弱。在推进体育治理能力现代化的过程中，要做到"立法先行、依法为本"。由于我国体育发展刚刚进入起步阶段，许多体育法律法规还有待完善，学校体育、群众体育、竞技体育、体育广告、体育赛事转播等方面的法律法规与发达国家相比相对薄弱。因此，进行体育法律法规的完善，必须因地制宜，同时参考国外经验，建立符合我国体育发展的新时代法律法规体系。在近期，民法典对学生因参加具有中国特色的国家级体育活动造成的事故中的赔偿进行了界定和描述，这在体育管理领域中，是进一步强化体育法律法规实质作用迈出的一大步。

（四）推进体育治理法治化，加强元治理保障体系建设

实现元治理，不仅要强化内部机制、培育外部环境，还需持续优化保障体系，这既是一项重大责任，也是确保责任落实的基石。为此，我们必须从提高体育水平、完善评价体系、强化体育体系建设以及健全体育法治等多个方面入手。

首先，制定明确的体育标准和基本指南，同时设定必要的限制。我们需要建立和完善业余体育与竞技体育的发展机制，确保两者在技术标准上趋于一致。此外，还应构建群众体育竞赛的标准体系，并优化专业体育竞赛和比赛的规则与标准。

其次，为进一步提升体育评价的有效性与覆盖面，我们需从群众体育和竞技体育两个维度构建综合性的体育工作评价体系，同时完善供给侧评价机制。这样的方法将帮助我们更全面地理解体育活动的影响和成果，确保评价更具有前瞻性和指导性。

再次，加强体育教育体系的构建是当前体育发展的关键环节。这包括完善体育产业规范、加强产业行为的监管、强化风险监测与评估，并且需要完善重大赛事和活动的监督制度。同时，我们还需规范体育信息披露，推进体育信用体系建设，优化体育产业的分类与统计体系，以支持体育产业的可持续发展。

最后，关于体育法治的构建，必须完善相关立法和监督机制，提升体育行政执法的专业化水平。我们需要明确执法边界，优化执法体制，并积极探索适应中国国情的多元化体育纠纷解决途径，如建立具有中国特色的体育仲裁制度。此外，研究实施体育否定清单制度和联合监督机制将进一步确保体育事业的健康和有序发展。

第四章　贵州体育治理能力评价

党的十八届三中全会指出，推进国家治理体系和能力现代化是实现政府管理现代化的关键。[①]学者俞可平强调，良好的治理是实现优良治理目标的核心。同时，学术界逐渐关注政府能力的评估，其中政府职能的履行被视为政府治理能力的一个重要标志。[②]夏书章在其研究中提出，行政职能不仅反映政府能力的核心，也直接影响政府职能的实现效果，这些职能具有实效性、多样性和动态性。

在体育行政领域，省级体育行政部门是推动体育治理和社会主义精神文明发展的关键。这些部门的核心职能包括群众体育、竞技体育、体育产业和体育文化。这些职能的有效实现依赖于行政过程中的决策、领导和协调等功能的有效发挥。本研究旨在从组织领导、群众体育、竞技体育、体育产业和体育文化等五个维度深入评估贵州省级体育行政部门的治理能力。需要指出的是，尽管青少年体育是省级体育行政部门的职能之一，但由于其主要责任主体为教育部门，因此本次研究未将其列为核心职能范围内。

[①] 张小劲，于晓红. 推进国家治理体系和治理能力现代化[M]. 北京：国家行政学院出版社，2014：11.

[②] 方雷. 地方政府行政能力研究[M]. 济南：山东大学出版社，2010：20.

第一节　组织能力评价

一、体育行政部门组织领导能力概况

随着1998年国务院机构改革，体育总局的地位和职能发生了显著变化，这一变革不仅影响了中央与地方体育行政部门的关系，更对体育行政的组织领导能力提出了新的要求。体育行政部门在推动体育事业发展中起着至关重要的作用，特别是省级体育行政部门，它们既是国家政策的执行者，也是地方体育事业发展的推动者。因此，对其组织领导能力的评价显得尤为重要。本文将详细介绍体育行政部门组织领导能力的评价方法。

在构建评价体系时，本研究围绕以下九个核心方面来设计评价指标。

（1）权责清单：明确部门的职责与权力，是衡量其组织领导能力的基础。

（2）全省体育局长会议：此类会议能体现省级体育行政部门在协调和引导下级部门方面的能力。

（3）市县体育工作评估：评估下级部门工作情况，反映上级部门的监督和指导能力。

（4）体育行政部门年度工作总结和思路：反映部门的工作成效和未来规划。

（5）体育发展"十四五"规划的制定：规划的制定体现了部门的前瞻性和战略规划能力。

（6）直属事业单位管理办法：管理办法的合理性能影响下属单位的效能。

（7）体育行政处罚管理规定：规定的完善程度能体现部门的法规执行力。

（8）换届选举工作规定：规范的换届选举反映了部门的内部治理水平。

（9）巡视组通报情况：巡视反馈能体现部门存在问题的及时发现和纠正能力。

为了全面收集评价所需的数据，本研究主要采用以下三种方法：利用官方网站查询作为首选信息源，直接获取最权威的公开信息；使用百度搜索引擎通过关键词搜索补充官网未能涵盖的内容，弥补信息的不足；利用媒体报道分析，对非官方但可靠的媒体报道进行分析，了解公众视角下的部门表现。

由于不同省份在信息公开的具体表述和可获得性上存在差异，本研究在信息收集时对同义不同名的信息进行了全面搜索和匹配，确保评价的全面性和准确性，例如，"全省体育局长会议"在某些省份被命名为"全省体育工作会议"，而"体育发展'十四五'规划"则可能被称作"体育改革发展'十四五'规划"或"体育事业'十四五'规划"。评价过程中，尽可能地覆盖所有相关信息，即使某些信息未在官方渠道完全公开，也通过其他渠道尽力获取。

通过上述综合评价，可以客观地分析各省级体育行政部门的组织领导能力。例如，贵州省虽处于全国中游水平，但从整体发展趋势来看，仍需在制度建设和内部治理等方面加强力度，以提升治理能力和服务效率。随着信息化的深入发展，未来体育行政部门的组织领导能力评价将更加依赖于信息公开的广度和深度，以及政府与公众互动的有效性。

体育行政部门组织领导能力的评价不仅有助于提升部门自身的工作效率，也是推动体育事业整体发展的重要手段。通过这一评价体系，可以更好地指导体育行政部门在现代治理体系中的角色定位和功能发挥。

二、体育行政部门组织领导能力的特点分析

（一）各省体育行政部门组织领导能力的客体差异

经过细致的评估，我们发现我国省级体育行政部门在组织领导力方面普遍存在一定的不足。在对9个关键信息要素进行评分的过程中，我们注意到了各要素之间显著的得分差异。特别地，"全省体育局长会议"在所有要素中得分最高，最为突出，而"换届选举工作规定"的得分则明显较低。具体来说，"全省体育局长会议"的得分竟是"换届选举工作规定"的26倍，这

一对比凸显了两者在执行和重视程度上的悬殊差距。从这些数据可以看出，组织领导力的特点可以概括为以下几点。

经过全面的评估，我们得出结论，那些具有普遍适用性和强制性约束力的规范性信息，在评价体系中的表现尤为显著。特别值得一提的是"全省体育局长会议"①，这是省级体育行政部门每年年初举行的一次关键会议。该会议的目的不仅是全面回顾上一年度的体育发展情况，而且还要凝聚共识、深入了解各地方体育发展现状，并科学规划来年的体育工作。这次会议已经成为各省体育工作的重要组成部分，其高得分凸显了它在推动体育事业发展中的关键作用。对于得分较低的省份，主要问题在于近三年内信息公开的不足。进一步分析表明，"全省体育局长会议"之所以能够常态化，一个关键因素是国家体育总局每年举办的全国体育局长会议所产生的引领和示范作用。虽然这一会议不具有法律上的强制性，但经过多年的实践，它已经形成了一种广泛认可和遵循的制度惯例，对全国体育事业的发展起到了积极的推动作用。

实施权责清单制度，是依法行政的重要体现，也是国家治理体系中行政治理的关键动力。一个完备的权责清单，一般包括但不限于以下关键要素：权力的类型、职权的具体名称、发布机关、法规依据、实施主体（包括法定和地方主体）以及责任的具体事项。权责清单的公开化，不仅反映了体育行政部门对公共权力的自律，也是对个人权利尊重的体现。这种透明度有助于在法律和规章层面清晰界定公共与私人权力的分界，有效预防权力的不当使用和界限模糊。早在2013年8月，中共中央和国务院在《关于地方政府职能转变和机构改革的意见》中就提出了明确各级政府部门行政职权、公开职权清单的具体要求。随后，党的十八届三中全会通过的《关于全面深化改革若干重大问题的决定》进一步强调了实施地方各级政府及其工作部门权力清单制度的重要性，并明确指出权力的行使必须依法进行公开。2014年，国务院办公厅发布的《政府信息公开要点》同样强调了推进行政权力运行透明度的必要性。为了深化权责清单制度的实施，2015年3月，中共中央办公厅

---

① 有的省份称之为全省体育工作会议，海南省为年度全省文化广电出版体育工作会议。

和国务院办公厅联合发布了《关于实行地方各级政府工作部门权力清单制度的指导意见》，其中设定了明确的时间节点——省级政府和市县政府需分别在2015年底和2016年底前基本完成权力清单的公布工作。同一年，国务院办公厅发布的《政府信息公开要点》将推进行政权力的公开列为信息公开工作的重点领域，要求各级地方政府和相关部门严格执行权责清单制度。在这种制度性推动下，各省体育行政部门在公开权责清单信息方面取得了明显的进展。评估结果表明，大多数省份已经成功地公开了相关信息，尽管仍有少数省份未能完全或未能公开这些信息，但整体平均得分达到了81分。特别值得一提的是，一些省份由省人民政府统一编制并公开了权责清单，且在省人民政府的官方网站上设立了专门的分类目录，这不仅反映了上级主管部门对这项工作的重视，也显示了统一推进对于提升整体成效的积极作用。

　　地方各级政府在制定本区域内的经济和社会发展五年规划方面扮演着核心角色，这与国家层面每五年更新一次的国民经济与社会发展规划形成了呼应。体育行政部门作为省级人民政府的一个重要组成部分，其编制的《体育发展"十三五"规划》[①]已经成为一种常规做法。这种做法充分体现了省级体育行政部门在体育领域战略规划和引领方面的作用。在对这一规划指标进行评估时，我们不仅关注规划的制定情况，还特别关注规划的发布时效。根据国家各部委制定规划的常规流程，规划应在五年规划周期的首年发布。如果规划在2016年之后才发布，那么意味着已经错过了规划周期的1/5时间，这无疑暴露出了效率不高的问题。评估结果显示，一些省份将体育发展"十三五"规划提升至省级人民政府层面，进行印发、实施和推进，这表明了这些省份对体育发展的高度重视。这些省份在该信息指标上的得分普遍较高。在29个省份中，除了山东和青海尚未检索到相关信息外，其余省份均已公开了相关规划。然而，也有部分省份因为规划发布时间晚于2016年而未能获得评分，这进一步凸显了时效性不足的问题。目前，中国行政改革面临的关键挑战之一是如何有效控制行政自由裁量权，确保规划的及时发布和执

---

① 各省份命名有差异，例如有称之为《体育事业发展"十三五"规划》的，也有冠以《体育改革发展"十三五"规划》之名的。

行，从而提高政府工作的透明度和效率。

　　借助法律法规及规范性文件对行政自由裁量权进行阐释和明确，是当前各级政府部门普遍采纳的措施，这有助于有效遏制权力的过度行使。[①]陈婴虹在其研究中提到，行政处罚自由裁量基准的设定适当性是关键，特别是在浙江省的行政处罚自由裁量基准中可以观察到这一点。高颖在其研究中也强调了制定裁量基准是控制行政自由裁量权的一个关键环节。[②]《中共中央关于全面推进依法治国若干重大问题的决定》中明确提出，应建立并完善行政自由裁量权基准制度，进一步细化和量化行政自由裁量权的标准，确保行政自由裁量权在合理、合法的范围内运用。体育行政部门在执行这一决定时，遵循等量罚则原则，并充分考虑了地方体育事业发展的实际状况和执法范畴，制定了具有行业特色的多级裁量权制度。根据《体育行政处罚管理条例》的相关规定，对各省份在行政处罚裁量权设置方面进行了评估。评估结果显示，各省级体育行政部门在设定行政处罚自由裁量基准后，已经取得了一定的积极成效，平均得分为60.34分，达到了基本要求。然而，深入分析表明，该指标得分可能受到现有法律法规和规范性文件中缺乏对地方政府及其工作部门制定并公开行政处罚裁量基准具体规定的影响。高颖的研究也指出，许多行政部门将此类规定视为内部规范，不对外公开。此外，由于各地区体育发展水平存在差异，体育行政处罚规定的制定需要更具针对性和灵活性，这对各省体育行政部门的治理能力提出了更高的要求。因此，与前三项具有明确法定要求的信息指标相比，该指标的得分相对较低。这表明在行政处罚裁量权的设定和公开方面，还有进一步改进和完善的空间。

　　第一，部门独立性和自主性的制度创新需求越高，相关信息指标的得分却往往越低。这表明，尽管法律法规和规范性文件的强制性要求在逐步减少，我国省级体育行政部门在制定部门规范（即内部治理）、激发下级部门的自主性和主动性方面还存在不足。这种趋势在"直属事业单位管理办

① 陈婴虹.行政处罚自由裁量基准设定的适当性——以近年浙江省行政处罚自由裁量基准为观察点[J].行政论坛，2010，17（3）：64-68.

② 高颖.行政自由裁量权细化研究[D].青岛：中国海洋大学，2012.

法""年度工作总结与工作思路""市县体育工作评估"以及"换届选举工作"等指标的评分中得到了体现，这些指标的得分普遍较低，揭示了当前治理水平有待提升。具体来说，直属事业单位管理办法的得分较低可能意味着省级体育行政部门在对直属事业单位的管理上缺乏创新和自主性，可能过于依赖上级指导或统一标准，未能充分考虑本地区实际情况和单位特点。年度工作总结与工作思路的得分较低则可能反映出省级体育行政部门在总结过去和规划未来方面缺乏深入的思考和明确的指导，未能充分体现部门的独立性和自主性。市县体育工作评估的得分较低可能表明省级体育行政部门在对下级单位的评估和指导上存在不足，未能有效激发下级单位的自主性和主动性，也未能形成有效的激励和约束机制。换届选举工作的得分较低则可能意味着省级体育行政部门在组织换届选举方面缺乏规范和透明度，未能充分体现民主和法治的原则。

在我国从计划经济向市场经济体制转轨的过程中，政事分开的确是体制改革的一个关键环节。在这一转型过程中，事业单位的治理改革相较于企业的改革来说，进展相对缓慢。面对直属事业单位逐渐脱离政府部门的趋势，确保这些单位的生存能力和提升其绩效表现成为体育行政部门面临的重要任务。为此，体育行政部门需要根据体育行业的特点，制定和实施以下措施。

（1）岗位设置管理办法：建立一套科学的岗位设置管理办法，明确岗位职责，合理配置人力资源，以提高工作效率和服务质量。

（2）绩效目标考核：设计合理的绩效考核体系，通过设定明确的绩效目标，对直属事业单位的工作成效进行定期评估，以此作为改进工作的依据。

（3）职责明确的制度性规定：制定清晰的制度性规定，确保各项职责明确，避免职责重叠或管理盲区，实现有效监督与领导。然而，据考察，我国省级体育行政部门在直属事业单位的领导方面的表现并不理想，平均得分仅为25.86分，远低于整体平均水平。调查结果还显示，在29个省份中，有21个省份在直属事业单位领导方面的评估未能得分，这包括了贵州省，其中难以获取相关信息的情况。这一现象提示我们，省级体育行政部门需要进一步加强对直属事业单位的领导和管理，提升治理能力和绩效监督水平。这不仅涉及到制度的建立和完善，还包括对现有制度执行情况的严格检查和评估。同时，也需要提高透明度，确保外部监督和内部自律机制的有效运作，从而促进直属事业单位的健康发展，提高整体的治理水平。

"年度工作总结与来年工作思路"与"全省体育局长会议"在性质上确实存在差异。"年度工作总结与来年工作思路"更多地关注省级体育行政部门的内部工作回顾与未来规划，它涉及对过去一年工作的评估以及对未来一年工作的预期和安排。这种内部管理文件的公开，有助于公众了解体育行政部门的年度任务完成情况和未来工作设想，从而增加透明度和公众参与度。另一方面，"全省体育局长会议"则更广泛地涉及全省体育事业的整体状况与未来发展，它是一个更为宏观的会议，可能包括对全省体育工作的全面总结和规划，以及对各地市体育工作的评估和指导。根据《政府信息公开条例》，虽然并未明确规定必须公开"年度工作总结与来年工作思路"，但部分省份已经展现出积极的公开意识，这表明了对透明度和公众知情权的重视。本次评估的时间范围扩展至近三年（2014—2016），要求至少有两年的相关信息才能获得满分，这增加了评估的难度，但也更全面地反映了各省级体育行政部门的治理效能。评估包含的四个关键要素是：每年需公开工作计划和工作总结，且随着考察周期的延长，获得满分的难度增加。这样的评估标准旨在鼓励省级体育行政部门持续、系统地公开信息，以体现其治理效能。然而，根据现有数据，有24个省级体育行政部门在此项评估中未能得分，整体得分率为17.21%，远低于平均水平。这反映出一些省份在体育行政信息公开方面的持续性和完整性不足，例如，有些省份可能只公开了工作计划而没有相应的年度工作总结，这影响了其在评估中的得分。

在地方体育管理领域，省级体育行政部门的作用至关重要，主要体现在对下级体育机构的考核、监督与指导。通过"市县体育工作评估"指标，可以全面评估各省级体育行政部门的领导与管理能力。这些评估指标旨在衡量各省体育行政部门如何根据本地实际和国家体育政策，制定并实施有效的管理措施。构建一个具体且可量化的评估体系，是提升地方体育行政管理水平、实现行政现代化的关键步骤。然而，数据显示，许多省级体育行政部门在此方面的表现不尽如人意，平均得分仅为13.79分，表明在下属机构的管理与领导上存在明显短板。

此外，根据党的规定和国家的政治框架，我国制定了一系列关于党内干部选举的规章制度，旨在保障党内选举的民主性和规范性。尽管制度已具备，但在实际执行中，部分省份的情况并不理想，反映出在组织内部换届选举工作中还存在诸多不足。例如，在最新的评估中，有关党内选举的信息公开性得分极低，仅有极少数省份能够按规定公开相关信息，这暴露了体育行政系统中制度执行和信息透明度的不足。

同时，省级体育行政部门下的纪律检查委员会，在监督和纠正经济纪律等方面起着关键作用。然而，根据最新的巡视反馈，仍有多个省份在财务管理和经济纪律方面存在严重问题。这些问题的存在不仅影响了体育行政系统的健康运行，也损害了公众对体育部门的信任。

为了解决这些问题，不仅需要强化内部监督机制，还需要通过增强政策制定和执行的透明度，来减少不规范操作的空间。正如学者福山所指出，政府的政策制定和执法能力是其治理能力的重要体现。[①]因此，省级体育行政部门必须持续加强这些能力，确保体育行政管理的科学性、规范性和高效性，从而提升整个体育行政系统的公信力和执行效率。

（二）我国体育行政部门组织领导能力的主体差异分析

在全国范围内，尽管省级体育行政部门的组织领导能力整体有待提升，但通过对29个省份的调查，我们发现不同省份之间存在显著的省际差异。

第一，从得分的分布来看，大部分省份的得分集中在中等水平，即30～60分，显示出一种相对均衡的状态。

在对29个省份进行"组织领导能力"指标的百分制评分基础上，这些省份被划分为三个不同的得分区间：30分以下、30～60分，以及60分以上。分析数据显示，高得分组（60分以上）中仅有5个省份，占总调查对象的17.24%，平均得分为65.28分。中等得分组（30～60分）中的省份数量最多，达到21个，占比72.41%，平均得分为45.19分。而在低得分组（30分以下）中，有3个省份，占比10.34%，平均得分为20分。这一分布显示了各省在组

---

① [美]弗朗西斯·福山. 国家建构：21世纪的国家治理与世界秩序[M]. 郭华译. 上海：学林出版社，2017：19.

织领导能力方面的不同表现水平。

通过细致分析分组数据，我们注意到各省级体育行政部门在组织领导能力上表现出明显差异。具体来说，最高得分组的平均得分是中等得分组的1.44倍，是高出最低得分组的3.26倍。尽管存在这些差异，整体上，省份的得分大多集中在30～60分，显示出一定程度的均衡。特别是，有21个省份的得分落在这个区间内，显示出一定的一致性。

针对省级体育行政部门在组织领导能力方面所展现的省际差异，可以观察到一种普遍现象：各省份在多个关键评价指标上的表现趋于一致。具体来说，对于那些得分较高的评价指标，如"全省体育局长会议""权责清单信息公开""体育发展"和"十三五规划"等，大多数省份展现出了较为显著的管理和规划能力。这表明在这些领域，省级体育行政部门已经建立了较为成熟和有效的工作机制。相反，在一些得分较低的评价指标上，例如"直属事业单位管理办法""年度总结和工作思路""市县体育工作评估"和"换届选举工作规定"等，多数省份的表现则不尽如人意。这反映出在这些方面，省级体育行政部门需要进一步加强制度建设和执行力度，提升管理和监督的效能。

这种在不同评价指标上出现的得分趋同现象，导致了不同省份在各指标上的得分难易程度趋于一致，从而影响了整体的得分分布。换言之，各省份在某些关键的管理和规划领域表现出较强的共性，而在其他一些领域则普遍面临类似的挑战和不足。这一发现提示了省级体育行政部门在未来工作中需要关注的重点领域，以及需要采取的改进措施，以促进组织领导能力的全面提升。

具体来说，在以上信息要素中，得分和未得分的省份数量均超过了15个，这进一步印证了各省份在组织能力方面存在的共性和差异。

第二，各省在不同信息要素内容和规范上存在一定差异。

在对各省体育工作评估的描述中，我们可以看到不同地区在评估标准和公开信息的方式上存在一些差异。以"全省体育局长会议"为例，如北京、福建、甘肃、上海和海南倾向于使用"全省体育工作会议"作为会议的正式名称。在具体的评估办法上，贵州省教育厅发布了《贵州省高等学校体育工作评估办法（试行）》，并在网上公开了详尽的评估指标和评分方法，体现了较高的规范性和透明度。而安徽省则以"体育强省、强市、强县"为目标，公开了相关的评价体系。北京市则制定了《北京市体育先进区评选标准及办法》，聚焦于"体育先进区"的评选。

尽管各省份在命名和规章制度上有所不同，但它们的目标、评估内容和目的是相似的，都是为了全面评估体育事业的发展和体育行政部门的工作表现。

在信息公开的规范性方面，贵州省尚未在其官方门户网站上公布相关信息，而是通过媒体发布。同时，一些已公开的信息缺乏详细性，未能充分展示体育工作的年度总结，与那些规范性更强的省份相比，显得不够全面和规范。内蒙古自治区体育局也未在其官方网站上公布相关信息，这些通常是通过媒体获得的。

在"权责清单"方面，得分较高的省份倾向于将不同类别的权责整合在一个信息清单中公开，以便于公众查询。然而，也有省份选择按类别（如行政许可、行政确认）分别公开信息。一些省份的体育局网站存在链接失效问题，影响了信息获取，导致在该指标上的得分降低。同样，在"体育行政处罚管理规定"方面，部分省份的《体育行政处罚自由裁量基准》附件无法打开，影响了信息的完整性，因此得分也受到了影响。

在信息公开的方式上，各省也有所不同。在权责清单的公开上，一些省份由省级人民政府统一负责并在信息公开栏目中公示，而其他省份则选择在部门网站上公开。在"体育发展'十四五'规划"的公开上，内蒙古自治区、福建省、吉林省等由省级人民政府印发，显示了较高的规格。贵州省在这一方面的公开工作尤为突出，显示了其在信息公开方面的努力和成就。

第二节　群众体育治理能力评价

随着我国政府职能的转变，其主要任务是向公众提供优质的公共产品和服务。在这一转型中，体育行政部门在提供群众体育[①]服务方面扮演着至关

---

① 也可称之为"社会体育""大众体育"（sportforall）。

重要的角色，尤其是因为群众体育服务不仅覆盖面广，服务对象广泛，而且是体育行政部门公共服务职能的核心。[①]

在"纯体育公共服务"和"基本体育公共服务"领域，如公共体育设施建设和国民体质监测，体育行政部门发挥着关键作用。《中华人民共和国宪法》和《中华人民共和国体育法》均强调了国家发展体育事业、推广群众性体育活动的重要性，旨在增强人民体质，并为全民健身提供了法律保障和制度安排。[②]

随着居民生活水平的提高，人们对体育活动的需求日益增长，体育的多元价值和功能得到社会广泛认可。为满足这一需求，国家层面出台了多项政策，如2014年国务院发布的《关于加快发展体育产业促进体育消费的若干意见》，将全民健身提升为国家战略。2016年的《"健康中国2030"规划纲要》进一步明确了到2030年建立健全全民健身服务体系的目标。

《中华人民共和国体育法》规定，地方政府应为公民参与社会体育活动创造条件，并支持群众性体育活动。国务院负责制定国家群众体育服务的宏观指导标准和政策，而省级政府则负责具体实施和制定地方标准。省级体育行政部门在执行国家体育政策的同时，需结合本地区实际情况，通过法规和政策措施保障群众体育的发展，依靠完善的制度体系实现区域群众体育的善治目标。国家体育总局群体司司长刘国永强调，群众体育的职能包括研究解决问题、制定政策和提供服务保障。

为评估省级体育行政部门在群众体育领域的治理能力和行政水平，选取了12个三级指标进行全面考察，这些指标包括"购买公共体育服务办法""体育彩票公益金用于群众体育比例""体育场地设施建设"等，旨在全面反映省级体育行政部门的工作成效和群众体育服务的发展状况。

---

① 周爱光.从体育公共服务的概念审视政府的地位和作用[J]. 体育科学，2012，32（5）：64-70.

② 陈华荣.实施全民健身国家战略的政策法规体系研究[J]. 体育科学，2017，37（4）：74-86.

一、各省体育行政部门群众体育基本情况概述

（一）评估方法说明

在评估群众体育发展的指标信息获取方面，互联网检索是主要手段。通过各省体育行政部门的官方网站以及利用搜索引擎进行搜索，可以收集到关于各省履行群众体育职能状况的数据。评估标准会根据信息公开的效率、获取难度以及治理能力的体现程度进行差异化处理。

具体到某些指标，例如"体育彩票公益金用于群众体育的比例"和"年度全民健身发展公告"，评估将集中于近两年的情况。[①]虽然长期考察可以更全面地反映治理能力，但基于时间和能力的限制，研究通常聚焦于近期表现。对于"年度全民健身发展公告"这一要求较高的指标，如果近三年内只有一年的数据被公开，则只能获得一半的分数。在"体育场地设施建设"方面，为了获得满分，需要展示至少三条相关信息。相似的，"体育社团治理改革"指标也需要两条以上的信息才能满分。而对于"健身休闲规划"指标，由于其考察内容较为宽泛，旨在突出各省在群众体育活动中的创新性，因此只需展示一项具有创新性的活动规划即可获得满分。

根据《政府信息公开条例》第二章"公开范围"的规定，县级以上人民政府及其部门应主动公开的信息包括国民经济和社会发展规划、相关政策及其实施情况等。本书设计的指标多属于这一法规范畴，并且遵循国务院2016年《关于全面推进政务公开工作的意见》中提出的"五公开原则"。因此，这些与法律法规和政策相关的指标信息应当被纳入主动公开的范围内。鉴于这些指标信息主要关联国家政策和法规的执行，它们通常以正式文件的形式发布。只要各省体育行政部门在相关指标上有明确的规定或实施办法，一般可以获得较高的评价。

[①] 一般而言，考察的年份越多，治理能力体现的越强，但囿于研究者自身时间和能力的局限性，仅考察近两年的状况。

（二）各省群众体育治理能力概况分析

在对各省体育行政部门的行政职能进行评估时，与"信息公开职能"维度下的二级指标相比，如"部门信息公开""信息公开制度建设"和"财政信息公开"，评估更加注重主动公开财政信息的能力。这一要求对各省的治理能力提出了更高标准，因为透明度相关的考核指标通常受到明确的法律和制度的约束，这要求依法行政的能力更加严格。

相比之下，行政职能相关的信息公开内容较为复杂且不断变化，法律规定往往无法详尽覆盖，因此对各省体育行政部门在信息公开方面的自主性和创新性提出了更高的要求。此外，政策和制度的信息公开也是体育行政部门在政策制定、执行和执法能力方面的一个重要体现，这进一步凸显了体育行政部门在其职责范围内的治理能力和行政水平。

评估结果显示，我国省级体育行政部门的治理能力需要进一步提升。在百分制的评分体系中，平均得分为46.12分，这意味着整体表现尚未达到及格线。在所有受调查的省份中，只有6个省份的得分超过了60分，占比仅为20.69%。相较于"组织领导能力"这一二级指标，群众体育的得分相对较低，这表明我国省级体育行政部门在加强群众体育职能和提升行政效能方面还有较大的提升空间，特别是在制定和执行群众体育政策、确保体育彩票公益金依法用于群众体育、提高政策发布和执行效率等方面需要进一步强化和改进。

在全国范围内评估各省份的群众体育治理能力时，江苏省在"组织领导能力"方面得分最高，其群众体育领域的得分为83.33分，显示出其在该领域的卓越治理能力。然而，也有省份的得分仅为16.67分。最高分与最低分之间的差距如此之大，这突显了各省在群众体育治理能力上的显著差距。

群众体育指标得分普遍不高的情况，可能与各省体育行政部门的工作重点和资源分配有关。长期以来，竞技体育在体育事业中占据着主导地位，对体育事业的整体进步起到了关键作用。[①]在资源配置上，多数省份倾向于将

---

① 谢亚龙.论社会主义初级阶段我国体育事业发展的竞技优先原则[J]. 体育科学，1989（1）：10-13+93-94.

更多的财政资金投入到竞技体育中，导致群众体育方面的投入相对不足。

国家体育总局副局长刘国永指出，尽管全民健身已被提升为国家战略，但传统体育发展模式尚未完全转变，大众体育的发展仍然受限于竞技体育的框架。[1]在政策设计、理论研究和方法论方面，群众体育相比竞技体育还显得相对落后。

尽管国家和地方政府在政策文件和工作报告中强调了竞技体育与群众体育的协调发展，但在资源有限的实际情况下，竞技体育的优先发展仍然影响了群众体育的资源分配。此外，从评估结果来看，尽管群众体育的评估结果好于竞技体育，但两者的得分均未达到及格线，这表明我国体育行政部门在群众体育治理方面仍有较大的提升空间。

未来，为了推动群众体育的全面发展，相关政策的制定应当更加注重资金投入的明确性和制度建设的协调性，确保两者之间的平衡，从而更好地满足全民健身的国家战略需求。

二、贵州群众体育发展现状

近年来，贵州群众体育开展得如火如荼，前景辉煌。

2020年10月28日，贵州省体育局群体处靖琦伟处长一行到铜仁市沿河自治县评估督导群众体育工作。督导组一行通过召开座谈会听取汇报、实地走访调研等形式了解铜仁市、县两级群众体育工作概况、贵州省全民健身实施计划（2016—2020年）实施效果评估、2020年项目建设等十一个方面内容，为破解铜仁市群众体育工作当前存在的困难、问题提出建议和意见，同时为铜仁市"十四五"群众体育发展指明目标和方向。

靖琦伟重点指出，铜仁市、县两级要从三个方面做好"十三五"各项收官工作，一是要提高政治地位，充分认识体育设施和农业项目建设在贫困地区扶贫搬迁点中的重要性；二是全民健身实施计划各项指标落实情况要对标

---

① 刘国永. 对新时代群众体育发展的若干思考[J]. 体育科学，2018（1）：4-8+17.

对表核实，杜绝数据造假；三是市级统一调度，市、县、乡三级联动，层层压实责任，及时排查摸底全市农体工程建设及安全运行情况，做到情况清、底数明，确保到2020年12月以前实现乡镇、行政村农体工程全覆盖。

2022年8月12日，《人民日报》头版刊登了一篇题为"持之以恒开展群众体育"的文章，重点报道了贵州省黔东南苗族侗族自治州的乡村篮球赛。该赛事在露天篮球场举行，参赛球员均为当地民众。比赛氛围热烈，精彩纷呈，吸引了上万名观众现场观赛，并在直播平台上吸引了大量网友观看。类似的乡村篮球赛事在福建泉州、山东潍坊、广西南宁等地也有举办，这些活动极大地丰富了群众的文体生活。

乡村篮球赛事的炽热氛围，充分体现了全民健身运动的蓬勃发展，成为了大众体育活力的生动体现。从全运会设立群众体育项目，到健身场馆和设施的持续完善，再到全民健身线上运动会的举办，近年来，我国全民健身国家战略的深入推进，使得群众体育活动愈发丰富多彩。越来越多的人通过运动收获健康与快乐，一条条健身步道、一个个塑胶球场、一场场体育比赛，都在提升人们的健身热情，推动着群众体育事业的进步。进一步开展全民健身运动，全面发展群众体育，不仅满足了人民群众的健身需求，更是我国从体育大国迈向体育强国的必然要求。

三、贵州省体育局2020年项目支出绩效评价

依照《省财政厅关于省直预算部门开展2020年度项目支出绩效自评的通知》（黔财绩〔2021〕3号）文件要求，我局通过下发文件、购买服务委托第三方对我局2020年的预算项目支出开展绩效评价，形成整改情况，并将绩效评价结果应用到下一年度资金安排中，具体情况总结如下：

（一）绩效工作开展情况

2021年2月1日，贵州省体育局下发了《贵州省体育局关于开展2020年度项目支出绩效自评的通知》，要求相关部门和单位做好绩效自评工作，并

按《通知》要求在系统中进行报送；体育局通过购买服务的方式，聘请第三方服务机构于2021年2月25日至2021年3月25日对我局重点预算项目进行绩效评价。

（二）绩效评价情况

2020年贵州省体育局重点预算项目绩效评价得分为90.74，绩效评价等级为优秀。2020年重点预算项目推动了我省群众体育、竞技体育和体育产业的发展。

第一，群众性体育以"发展体育，提高人民体质"为根本任务，认真贯彻实施《体育强国纲要》和全民健身国家战略。常住人口人均体育场地面积、农村体育健身工程、"十三五"全民健身道路工程顺利完成。

一是加强统筹建设全民健身设施。安排中央和省级资金5890万元，建设15个县级老年体育中心、72个乡镇、813个行政村项目，覆盖全省所有乡镇和行政村。二是积极倡导公共体育场地有序开放。争取中央专项资金5877万元，用于支持54个大型体育场馆和57个中小型体育场馆免费、低收费开放。积极推进体育健身惠民工程，发放体育健身券3000万元，指导市州、县164个体育场馆加入"百日促消费·体育在行动"，进一步激发群众参与体育锻炼的热情，引导群众养成健身消费习惯，开展城市社区"百姓健身房"示范试点工作。三是积极开展多形式的线上线下全民健身赛事活动。积极探索疫情防控常态下体育赛事新模式，充分依托贵州省全民健身公共服务平台，先后推出健身气功太极拳、三八妇女节、老年人健身系列活动、"打赢歼灭战·同步奔小康"等36类线上线下赛事活动，超过34万人参与，其中"打赢歼灭战·同步奔小康"公益徒步活动举办50天内吸引了16万余名省内外徒步爱好者共2500多万人次参与，赛事活动被4000多家媒体报道转载，阅读量达890万人次；举办线上"多彩贵州"自行车联赛10站，配合省文化和旅游厅、团省委广泛开展了"重走长征路"系列活动5站。四是优化完善全民健身组织网络。建立社体指导员服务规范程序，探索社体指导员保障奖励机制，全年共培训国家级、一级社体指导员4000余人；省总工会将首批10家单位命名为"贵州省职工群众体育健身示范基地"。第五，推动全民健身智能化发展建设。充分利用5G、云计算、人工智能等新技术，打造集场馆预约、赛事预约、健身指导、体能监测等为一体的全民健身公共服务大数据平台，为全民健身提供全方位数字化服务。六是持续推进全民健身顶层设计。根据"十三五"规划的目标任务，初步制定贵州省全民健身实施方案评估报告。提前安排调研，推进新周期全民健身实施方案编制。同时，积极开展全国体育健身示范城市、全国体育健身示范县建立工作。

第二，竞技体育将以"奥运荣耀计划"为指导，全力做好奥运会、亚运会、全运会的训练和准备工作。

一是倾力筹办第十四届全国冬季运动会和第十四届全运会的相关工作。贵州首次组队参加第14届全运会，预赛取得2银1铜，实现全运会奖牌零的突破。成立第十四届全运会筹办工作领导小组，制定工作规划，明确工作职责，召开筹办工作领导小组会议，统筹推进备战工作，2020年，我省在逐步恢复举办的全国年度比赛中获得16金15银44铜。恶补运动队体能短板，组织全省223名优秀运动员开展体能大比武，贵州8名运动员参加冬季项目国家集训队体能大比武，成绩显著，获得了总局主要领导点名表扬。二是积极推进贵州体育高等专科学校（贵州省体育运动学校）建设，完善高水平竞技体育后备人才培养体系。三是努力做好省十一运会相关筹备工作。按照"早谋划、早部署、早启动"的工作思路，出台《贵州省第十一届奥运会竞技体育小组竞赛总则（征求意见稿）》，指导各市（地）筹办竞赛。成立全省全运会筹备工作组织，确保全运会筹备工作稳步推进。四是规范推进反兴奋剂工作。召开全省反兴奋剂工作会议，组织全省反兴奋剂工作培训，强化反兴奋剂工作意识。五是开展后备人才梯队建设。通过举办22个项目的省级青年锦标赛，吸引了4430名运动员参赛，并成立了选拔团队，选拔最佳体育苗子，进一步丰富了后备人才库，确保了比赛期间疫情的安全和控制。

第三，青少年体育坚持以不断推进体教融合为目标，不断加强青少年体育后备人才培养体系建设，全面完善青少年体育组织建设。

一是继续推进体教融合，与省教育厅共同打造赛事活动品牌，本年度联合举办全省青少年冬季阳光体育大会、校园体操大赛、大学生篮球赛暨CUBA选拔赛等赛事活动；与贵州师范大学签订战略合作协议，共同培养师范体育人才，共同开展体育方向科研攻关和理论创新；与高校体育院系组建

"青少年体育实训基地工作办公室"，面向高校学生积极开展青少年体育人力资源培训，培育培养专业体育志愿者、竞赛组织人员、裁判员、教练员等。二是持续优化青少年后备人才培养体系。在省体校设立"青少年体育工作办公室"，研究制定《贵州省优秀体育后备人才基地工作方案（草案）》，并就2021—2025年周期省优秀体育后备人才基地认定工作进行充分调研，为新周期竞技体育后备人才培养打好基础。三是多方面协同构建完善青少年体育组织。根据《关于深化教学融合的意见》推动青少年卫生档案管理工作发展的精神，领导贵州专业研究指导，积极筹划省级青少年体育联合会，并成立了青少年体育俱乐部、体育协会和省级学生工作机制，推进教学融合工作。

第四，体育产业在持续推进健身产业市场化发展的同时，不断发挥体育产业的自我"造血"功能。努力在"十三五"期间超额完成体育彩票销售，圆满完成"3100个项目"的目标任务。

一是建设具有贵州特色的国家体育旅游示范区。指导推进地级体育旅游示范区建设，举办贵州省国家体育旅游示范区建设培训班，深入解读和牵头研究《贵州省国家体育旅游示范区总体规划》和《省人民政府办公厅关于贵州省建设国家体育旅游示范区的意见》。二是体育旅游深度融合发展。加强与省文化和旅游厅合作，共同推进景区体育旅游示范基地、乡镇体育旅游示范基地、体育旅游特色小镇建设，建立优质体育旅游线路，开发62条优质体育旅游线路。其中，入选国家体育总局、文化和旅游部颁发的"2020年春节黄金周体育旅游精品线路"和"2020年国庆黄金周体育旅游精品线路"有3条线路；入选国家体育总局体育文化发展中心颁发的"中国体育旅游精品项目"的项目有15个。三是大力支持地方发挥独特优势举办和建设各类赛事活动。筹集2000元资金支持主办了"缤纷贵州""绕跑贵州""全景贵州"等独立IP赛事如"飞腾贵州""中国凉都六盘"、乌蒙草原百公里测试赛、2020年中国网球锦标赛级别职业CTA1000贵阳站，以及贵阳、六盘水马拉松等，大大促进了我省体育消费的增长。四是制定《关于促进全民健身和体育消费促进体育产业高质量发展的实施意见》相关文件，撰写贵州省大旅游、大健康创新发展专项行动规划。五是指导遵义市申报并获批全国体育消费城市试点，积极开展省规模以上体育服务业企业运行情况常态化调度，推动体育消费有序恢复。六是与多彩贵州网签订战略合作协议，围绕"体育+全媒体"

模式整合社会各方资源与力量，全力推动体育事业与新媒体、互联网、大数据深度融合发展。七是截至12月31日，全省体育彩票完成销售额44.26亿元，筹集体育彩票公益金12.63亿元（中央彩票公益金6.19亿元，省级公益金6.44亿元）。

第五，充分发挥体育的独特优势服务于扶贫工作，深度融合发展体育与扶贫工作。安隆县于2019年上榜，5个村的人均可支配收入超过8000元。

坚持精准扶贫、精准脱贫的基本方略，因地制宜在贫困地区开展体育赛事、发展体育产业、开展群体性健身活动，助力脱贫攻坚和乡村振兴。2020年，共投入1428万元，支持44个易地扶贫搬迁中心体育设施建设。向安龙县独山镇拨款200万元，进一步完善公共体育服务设施，帮助解决群众反映的冲刺阶段突出问题，继续巩固脱贫攻坚成果。

第六，以创新驱动体育改革，助力体育事业持续健康发展。一是不断创新体育文化建设。加强和推进与贵州日报、贵州广播电视台等主流媒体的深度合作；协同打造专栏刊物，比如"动感贵州""天眼""贵州体育报"等。二是体育领域改革路径不断优化。制定《贵州省体育局2019年全面深化改革纲要》，助力贵州体育旅游示范区建设。三是可持续推进体育改革创新发展。开展24个体育协会脱钩改革，完成26个体育协会资产审计。此外，在深入基层调研的基础上，积极开展《贵州省"十三五"体育发展规划》评估和编制了《贵州省"十四五"体育发展规划（征求意见稿）》。

虽然取得了较好的效果，但项目实施过程中尚有不足之处，一方面在项目资金编制预算时，精细化程度不够，不便于资金执行；另一方面部分项目受新型冠状病毒疫情影响，进度相对滞后。

（三）存在的问题

1.绩效管理方面

在预算绩效管理方面，存在以下问题：一是有些项目的绩效目标比较笼统，未根据项目或单位的目标进行汇总整理，与实际工作内容相关性的描述不够准确；二是部分项目填报的绩效指标不是很合理也不太全面，没有根据项目内容仔细考量，甚至部分项目指标值设置有缺失。

2.管理制度方面

一方面是管理制度缺乏完善，细化明确需待更新；另一方面在管理制度的执行上，还存在人员意识不强、学习不够、执行上有偏差等问题。

3.项目管理方面

在项目管理方面，个别项目管理单位并没有很好地管理项目的全生命周期。从项目的立项、申报、审核、资金使用、绩效评价等环节不够严谨，加上疫情的影响，致使项目实施进度缓慢。

4.资金使用方面

在资金使用方面，个别项目资金预算精度不高，项目前期审核粗放，个别项目投入大，配套资金难以到位，导致项目实施缓慢，资金使用效率低。

（四）整改措施及情况

1.绩效管理方面

整改措施：针对预算绩效管理方面存在的问题，我局将进一步梳理专项绩效目标及指标体系，按照资金的总体规划，明确总体目标与分年度目标的关系，完善绩效目标设置。

整改情况：已完善项目绩效指标体系，在指标体系框架下指导各项目单位合理设置绩效目标。

2.政策制度方面

整改措施：针对政策制度管理方面存在的问题，进一步完善制度建设，通过制度要求项目主管部门按照制度加强管理，提高制度执行的有效性。

整改情况：重新梳理《绩效管理办法》和《实施细则》，按照绩效管理办法和实施细则，各项目单位加强绩效管理。

3.项目管理方面

整改措施：在以后项目管理方面，进一步督促项目管理部门和单位对项目全生命周期加强管理，及时对项目事前、事中、事后的绩效进行自评，便于发现问题并予以纠正。

整改情况：按照绩效管理办法和实施细则，进一步督促各环节做好绩效管理工作。

4.资金使用方面

整改措施：在以后项目资金使用方面，需要进一步加强项目申报审核，督促项目管理部对资金使用情况进行监督，提高项目资金使用效率。

整改情况：按照绩效管理办法和实施细则，进一步监督各环节资金使用情况，提高资金使用效率。

第三节　学校体育治理能力评价

随着中国教育事业的不断发展，国家和各级地方党委及政府的教育行政部门已经启动了对全国各级各类学校教育质量的全面"检查、评估与验收"流程。这一举措显著提高了我国学校教育水平和人才培养的质量。在这样的大背景下，学校体育教育也成为了评估过程中的一个关键组成部分。鉴于体育工作的特殊性质和其可量化的特点，如何具体实施评价（评分）机制成为了评价工作组领导、专家和所有相关方高度关注的问题。为了使评估过程更加科学和量化，避免传统评估方法的局限性和主观性，本研究将参考国际上广泛认可的三种综合评价方法，对学校体育工作的质量进行深入的比较研究。通过这一研究，我们期望为21世纪我国学校体育教育的持续进步和发展提供有力的参考和支持。

一、综合评价（评分）和评价（评分）原则

（一）综合评价（评分）基本概念

综合评价（评分）作为一种全面的评价方法，能够客观、真实、全面地展示被评对象的实际状况。

（二）综合评价（评分）原则

在执行综合评价（评分）的过程中，主要依据以下几个核心原则。

实效性原则：这一原则强调评价必须真实反映被评价对象的实际状况，通过精确的量化手段来揭示评价对象间的具体差异，并努力消除任何可能引起评分误差的不实因素。

激励性原则：该原则指出评价（包括成绩、水平和效率）的高低应当与被评价对象的努力程度和所承担任务的难度相适应。评价体系旨在通过奖励高分者和对低分者进行适当的惩戒，以此激发所有参与者的积极性和提升整体表现。

科学性原则：要求采用的评分方法必须有坚实的科学理论基础，以确保评价的合理性和可信度。

发展性原则：着眼于评价对象的长期发展趋势和集体价值，强调需要对评价体系进行不断的优化，并通过对评价对象进行持续的、动态的观察和研究，以提高工作质量。

适用性原则：要求评价（评分）机制在确保标准化和合理化的同时，也要考虑到操作的便捷性，确保能够适应并有效应用于各种不同的学校环境，以实现其广泛的实用性和推广性。

二、综合评价（评分）方法及其应用

（一）方法

在国内外的多个领域中，综合评价（评分）方法被广泛采用，并且存在多种形式，每种方法都有其特定的优势和局限性。在众多的评价方法中，有三种特别受到推崇和普遍应用。

模糊综合评价法：适用于处理评价标准不够明确或存在模糊性的情况，它通过模糊数学的方法对评价对象进行量化分析。

权重综合评价法：通过赋予不同的评价指标以不同的权重，然后综合这些指标的评分，以得出一个总体的评价结果。

德尔菲综合评价法（又称多项综合均分法）：采用专家调查的方式，通过多轮征询和反馈，最终形成对评价对象的共识性评价。

这三种方法各有特点，适用于不同的评价场景和需求。

（二）应用实例分析

针对某高校学校体育工作质量的评价比较，本研究采用了上述三种方法。我国学校体育事业主要涵盖教学、群体（含全民健身）、训练、竞赛、管理及科研六个方面。这些方面的运营状况和成果，对办学品质和人才培养水平产生直接影响。在此前提下，首先需构建学校体育工作质量评价表格，具体内容见表4-1。

表4-1 学校体育工作质量评价一览表

因素		评价等级与评语说明				
		90—100优（95分）	80—90良（85分）	70—80中（75分）	60—70差（65分）	50—60劣（55分）
A体育教学	（1）教学设施与环境	非常好	较好	一般	较差	很差
	（2）教学资源质量（包括师资水平、教材、教法）	教师优秀教材新颖教法先进	教师良好教材新颖教法教好	教师一般教材一般教法一般	教师较差教材较差教法较差	教师很差教材很差教法很差
	（3）教学成效与反馈	教学成效与反馈很好受到师生认可	教学成效与反馈良好	教学成效与反馈均一般	教学成效与反馈都较差	教学成效与反馈都很差
B训练竞赛	（4）竞技训练设施	训练设施齐全，符合国际标准	师生较欢迎认可	训练设施一般	训练设施较差	训练设施较差
	（5）经费支持	经费支持有保证	基本保证经费支持	经费投入有缺口	经费支持有较大缺口	经费支持基本无投入
	（6）训练成效与竞赛表现	坚持科学训练，成绩优秀	有较科学训练，成绩良好	均一般	都较差	很差

续表

因素		评价等级与评语说明				
		90—100优 （95分）	80—90良 （85分）	70—80中 （75分）	60—70差 （65分）	50—60劣 （55分）
C 体质健康	（7）学生体质关注	全校上下都重视学生体质	全校上下比较重视学生体质	对学生体质的重视程度一般	对学生体质的重视程度较差	对学生体质完全不重视
	（8）群众体育活动	开展情况很好	开展情况良好	开展情况一般	开展情况不好	开展情况很差
	（9）学生体质健康水平	学生体质健康水平逐年有很大改善提高	学生体质健康水平逐年有较好改善提高	学生体质健康水平逐年基本持平	学生体质健康水平有下滑现象	学生体质健康水平严重下滑
D 管理科研	（10）管理架构与规范	机构健全、规章落实、奖罚分明	机构较全、规章落实一般、奖罚较好	均一般	都较差	很差
	（11）管理与研究实力	管理与研究实力很强	管理与研究实力较强	管理与研究实力一般	管理与研究实力较差	管理与研究实力很差
	（12）科研成果与创新	科研成果与创新很突出	科研成果与创新较突出	科研成果与创新一般	科研成果与创新较差	科研成果与创新很差

注：评价等级与评语说明栏中，优等为（90+100）/2=95分（取90、100的中值），其余类推

1）分析

针对某一特定评价对象，当应用这三种不同的综合评价（评分）方法后，经过适当的调整和取整，得到的成绩分别为81分、82分和83分。这些分数在一定程度上表明了被评价的高校在学校体育工作质量上的表现大致相当，属于同一评价等级。具体分析如下：

模糊综合评价法得出的81分，是在模糊数学理论框架下，对不那么容易量化的评价指标进行评估的结果。该方法采用了一种保守的计算策略，即在计算过程中优先考虑较低的评分，然后再考虑较高的评分，虽然这种方法有其优点，但也可能导致一些信息（特别是中间值）的丢失。

权重综合评价法得到的82分，反映了在评价过程中对不同子项赋予不同权重的考量，其计算过程是合理的。然而，这种方法面临的挑战在于如何准确地确定每个子项的权重。

多项综合均值法（也称为德尔菲综合评价法）得出的83分，这种方法利用了所有数据点的信息，其评分反映了高分数和低分数相互抵消后趋近于平均值的趋势。虽然这种方法在处理数据时是合理的，但它并没有充分考虑不同子项之间的权重差异。基于上述每种方法的优缺点，研究者再次使用这三种评价方法对多个相关案例进行了细致的评估和计算。研究结果显示，这些案例的评分与当前案例非常接近，且三种方法得到的结果展现出了高度的一致性。这一发现进一步证实了之前分析的准确性和可信度。

在全面考虑前述各种情况的基础上，研究者再次运用这三种方法，对众多相关案例进行了深入细致的评估与计算。结果显示，这些案例的得分与本例极为接近，甚至三种方法所得结果呈现出高度的一致性。这进一步验证了前述分析的有效性和可靠性。

2）结论

（1）三种综合评价（评分）方法在严谨性和合理性方面表现出色，实施起来也相当便捷。此外，这些方法所得到的计算结果得分可以认为是在相近的水平上。

（2）经过对比分析，三种方法均具备其独特的优势和局限性，但均可为学校体育工作评价（评分）提供量化标准与调节控制的依据，包括比较、衡量、判断、分类、鉴别审核、预测和决策等方面。

（3）倡导针对性和灵活性地运用三种方法，依据需求和可行性，对各类体育实践活动进行全面评估（评分），从而实现精细化管理、持续提升质量和效益。

贵州省高等学校体育工作评估指标体系（试行）见表4-2。

表4-2　贵州省高等学校体育工作评估指标体系（试行）

一级指标 与分值	二级指标 与分值	指标内容	自评 得分	复评 得分
一、体育 工作规 划与发展 （10分）	发展规划 （3分）	全面贯彻落实党的教育方针和国家、省各项政策要求，坚持健康第一的教育理念（1分）。将体育工作纳入学校"十四五"规划（1分），有专门的长期发展规划和年度工作计划，思路清晰，目标明确，符合实际（1分）		
	机构设置 （2分）	设置独立的体育工作部门（体育学院、系、部），配备管理干部、专职教师和工作人员（1分），并赋予职能来统筹开展学校体育工作（1分）		
	领导责任 （2分）	实行学校领导分管负责制，每年至少召开两次全校体育工作会议。（1分）。各有关部门积极支持学校体育工作，制定任务书，明确时间表，落实责任人，聚力促发展（1分）		
	管理制度 （3分）	在学校体育改革发展、课程教学、社会服务、运动风险防控等方面制订切实有效的方案或文件（2分），有内部质量监控和反馈机制（1分）		
二、体育 课程设 置与实施 （24分）	课时 （6分）	贯彻实施《全国高校体育课程教学指导意见》，本科生大一大二不少于144学时（专科生不少于108学时），每周安排体育课时不少于2学时，每学时不少于45分钟（2分） 体育选修课面向其他年级学生和研究生开设，成绩计入学分（1分） 每节体育课须保证提高学生心肺功能的锻炼内容不得少于30%（1分）。课程评价体系结构合理，以素质锻炼项目作为反映学生心肺功能的考试内容。考试成绩的权重不得低于30%（1分）。原则上，每个授课班级的学生人数不得超过30人（1分）		
	课程 （6分）	打破行政班开展运动项目教学，开设不少于15门体育项目（总分4分，开设15门及以上得4分。不足15门时，少一门减0.5分，减满4分为止）。形成具有"一校一品""一校多品"特色体育项目，而且学生全员参与（1分）。充分利用民族民间体育资源，丰富体育课程内容（1分）		
	课堂教学 （6分）	教学常规落实到位（1分），教学大纲规范、特色明显，并能结合实际每2年修订一次（1分）。教师严格执行教学计划，有完善的备课制度和详细规范的课时计划。（1分）。有具体的教学督察措施、规范的成绩管理办法等（1分），根据学生的个体差异，运用多种教学方法和手段，充分调动学生的学习积极性和创造性（1分），为病残学生开设保健课（1分）		

续表

一级指标 与分值	二级指标 与分值	指标内容	自评 得分	复评 得分
二、体育课程设置与实施（24分）	体育教研和科研（6分）	邀请业内专家或教学名师开展相关专题讲座（1分）。组织体育教研活动（每学年开展6次以上得2分，少一次减1分，减满6分为止）。建立高水平的教学或科研队伍，对学生的身体健康、教学质量、课外训练、体育锻炼等进行研究，提高学校体育工作的整体水平。（设有国家级项目 1分、省部级0.5分、地厅级0.3分、校级 0.1分，内容高度吻合项目不重复计算，满分3分）		
三、课外体育活动与竞赛（28分）	课外体育活动（6分）	制定一个涵盖所有学生的课外锻炼计划，并将课外体育活动纳入学校课程（1分）学院与体育部共同组织实施全校学生的课外体育活动，设置多种实践锻炼项目（2分）。每个学院每周至少组织3次课外体育锻炼，保证学生每天有1小时的体育活动（总分3分）。每周组织3次课外活动得3分，少1次扣1分		
	体育社团或俱乐部（4分）	学校已有不少于20人的体育协会或俱乐部，并采取措施鼓励和支持定期开展体育活动（成立20个及以上得4分，少一个减0.3分，减满4分为止；每个社团或俱乐部每学期至少开展2次活动，少一次扣0.1分。减满4分为止）		
	体育竞赛（6分）	每年组织举行2次运动会或体育节（2分），4次以上全校性单项体育比赛（2分）。大力开展小型多样的班级、年级、院系和校际体育竞赛（2分）		
	运动队（8分）	组建校级学生体育运动队，开展课余训练并参加省级及以上比赛（总分3分。组建4个以上运动队并参赛得3分，少1队减1分） 获得省级以上比赛前8名（达标1项得1分，满分3分）		
	氛围营造（2分）	利用校园网、新媒体等形式，宣传、展示学生健康知识以及体育活动情况（1分） 校级领导干部带头参与学校体育活动（达标1人得0.2分，满分1分）		
	服务社会（2分）	体育教师参加省级以上体育赛事服务工作（1人次得0.1分，满分1分） 预承办省级以上体育赛事（承办一项得0.5分，满分1分）		

一级指标 与分值	二级指标 与分值	指标内容	自评 得分	复评 得分
四、学生 体质监 测与评价 （18分）	学生体质健 康测试制度 （15分）	建有专门测试室（中心），配备智能化测试仪器 （2分）。根据《国家学生身体健康标准》，所有学 生每年都要接受体测（1分）。学生体质健康测试 结果列在学生档案中（1分），编制本校学生体质 健康测试年度报告（2分），体测成绩良好及以上 的，可参加评优和奖励（2分） 大学二年级学生现场抽测合格率（>90%得4分， >85%得3分，>80%得2分，>75%得1分，<74%不 得分） 在毕业时，考试分数低于50分的学生将被视为未 完成学业。（患病或残疾学生凭医院证明向学校提 出申请并通过后，可准予毕业）（3分）		
	学生体质健 康状况分析 （3分）	测试成绩向学生反馈，总体结果在校内公布（1 分）。根据学生的身体健康状况制定干预措施。适 当采取分类教学、个别辅导等必要措施，帮助学 生进行有针对性的体育活动，有效提高体育教学 质量，增进全体学生的身体健康（2分）		
五、基础 条件建 设与保障 （20分）	经费保障 （5分）	体育工作经费已纳入学校预算，并与学校教育经 费同步增加（2分） 设立学生群体活动和运动队专项比赛，保障校内 群体活动开展及运动队训练、比赛、等方面的需 要（满分3分，根据在校生人数计算。30元/人/年 得1分，40元/人/年得2分，50元/人/年得3分）		
	师资队伍 （8分）	根据体育教学、课外体育活动、课余训练、比赛 等工作需要，结合《学生体质健康国家标准》的 实施，配备完整、实力雄厚的专职体育教师（2 分），完善体育教师职称评定、岗位聘任和继续 教育制度（1分），教师每年有一次外出培训机会 （超过50%教师外出培训得1分） 45岁以下的体育教师参与国家学生体质健康标准 测试（抽测2名，达标一人0.5分） 聘请优秀的教练员和运动员，指导学校的运动队 和体育协会（1分） 教师组织晨练、课外体育活动、课后培训、体育 比赛和《国家学生体质健康标准》考试纳入教学 工作量，保证体育教师与其他学科（专业）的工 作量计算标准一致，实行同工同酬（2分）		

一级指标与分值	二级指标与分值	指标内容	自评得分	复评得分
五、基础条件建设与保障（20分）	体育设施（7分）	根据《高等学校体育场馆设施设备目录》和教育部有关规定，根据学校体育教学、培训、比赛和体育活动的需要，规划建设体育设施设备（"211工程"建设学校根据在校生规模达到发展类配备目录标准，其他高校根据在校生规模达到发展类配备目录标准，得6分。每缺一项或有一项不达标减1分） 体育设施在课余和节假日向师生、附近居民免费或优惠开放（1分）		
六、高质量特色发展（5分）		此项为加分项，主要是围绕国家、省各项政管措施，在学校体育发展上全力以赴创新路、开新局、抢新机、出新绩，实现学校体育工作高质量特色发展的创新性做法和突出成绩		
七、评估报告（5分）		内容全面、重点突出、数据清晰、特色鲜明		
分数合计（满分110分）				

　　评价体系由五个部分组成：一级指标与分值、二级指标与分值、指标内容、自评得分、复评得分五个板块，涉及内容全面、详细、清晰。

　　适用于对普通本科学校和高职高专学校体育工作评估（不含体育类专业）。评估结果作为我省高校深化公共体育教育教学改革，全面提高办学水平和人才培养质量的重要依据。评估内容主要包括体育工作规划与开展、体育课程设置与实施、课外体育活动与竞赛、学生体质监测与评价等7个方面，基础分100分，附加10分，总分110分。各校要严格按照《贵州省高等学校体育工作评估指标体系（试行）》准备相关印证材料、撰写评估报告。实地考核按照"突出重点、简化程序"的原则进行，内容包括：查阅有关资料、考察场馆设施、抽测学生及体育教师体质健康状况、查看体育俱乐部（社团）活动开展情况等。评估考核结果分为四档：优秀≥95、良好85～94、合格75～84、不合格<74（2年内新建专科院校及民办高校不合格分数放宽至<70）。评定为优秀的学校，由省教育厅颁发"贵州省学校体育工作优秀学

校"奖匾。对于评定不合格的学校，必须及时进行整改。接受再评估，仍不合格或无改进的，给予通报批评，禁止以学校名义参加省内各项校园体育活动，暂停其下一年度体育类专业招生资格，并报请教育部撤销其高水平运动队建设学校资格。对上传或备查的材料中提供虚假信息的学校在评估中实行一票否决。考核专家由省教育厅根据工作需要选定。全体专家要严格遵守评估纪律，认真履行专家职责，按照评估工作的有关规定，认真履行职责，全面调查，独立判断，实事求是地作出客观评价。

三、第三方组织参与学校体育监督评估的维度

《教育监督条例》第二条对"教育监督"作出了清晰的定义，指出这是县级以上人民政府对下级政府执行教育相关法律法规、规章以及国家教育方针、政策的全面监督管理和指导活动。此外，这种监督和指导同样适用于本行政区域内的学校和其他教育机构的教育教学工作。

对于学校体育领域的监督与评价，这是一项依据学校体育工作的独特需求，遵循相关教育和体育法律法规及政策，采用合适的评价工具和具体指标，对学校体育活动及其效果进行深入分析和科学评价的工作。此项工作的主要目的是为上级部门提供决策支持，向被监督单位提出切实可行的改进建议，以提高学校的教育教学质量。

学校体育的监督与评估是教育行政管理职责的一部分，它体现了政府在教育领域权力的实施，具有明显的行政管理特性。在开展监督评估活动前，必须确定评价的关键指标和主要方面，以确保评价过程的规范化、科学性、可行性和综合性。在当前时代背景下，确立学校体育监督评估的核心要素对于发挥第三方监督评估机构的作用至关重要。监督与评价的要素应根据意见二和意见三进行确定。

意见二着重指出，教育和体育部门需要对体育教学、课外训练、竞赛以及学生健康监测等方面进行监督与评价。而意见三则建议将学生的体质健康状况、相关政策与措施、体育教育的支持力度和质量评估等方面纳入教育监督与评价体系。

通过分析2008年和2017年的数据，我们能够从四个基本维度来审视新时代学校体育监督与评价的指标体系（图4-1）。首先，从价值维度出发，监督与评价应以学生为中心，加强政策的执行力度，以服务于学生的全面发展。其次，在治理层面，需要政府职能的转变和多方的共同参与。第三，在保障维度，监督与评价应关注资源的优化配置和提升资源供给的效率。最后，在目标维度，应遵循体育育人、体育塑心的理念，满足学生参与体育活动的需求。

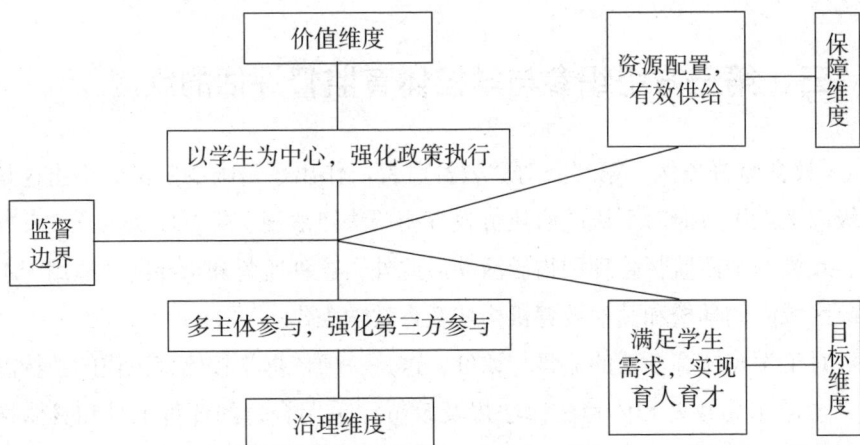

图4-1　学校体育监督评估的4个基本维度

根据2017年版的《中小学体育监督评价办法》，结合2008年的监督评价指标，以及意见二和意见三中关于学校体育的量化、评价和测试要素，我们可以构建一个全面的评价框架，该框架不仅包括与学校体育直接相关的主要要素，还涵盖了一些间接相关的因素。这个框架将作为新时代学校体育监督与评价的核心指标体系（见表4-3）。

表4-3　第三方组织参与学校体育监督评估的主要指标

监督类目	指标要求	监督标准
体育课程设置	开齐开足体育课程，上好体育课	鼓励基础教育阶段学校每天开设1节体育课学生掌握1至2项运动技能；掌握篮、排、足、田径、小球类等专项技能

监督类目	指标要求	监督标准
课余体育训练	时间保障和训练保障	保障学生每天校内、校外各1个小时体育活动时间；建立课余体育俱乐部
人才培养，赛事体系	大中小学校建设学校代表队，参加区域乃至全国联赛	建立代表队；形成一校一品或者一校多品以及统一办赛的赛事格局
场地器材、人员	配齐配强体育教师 改善场地器材建设配备	体育教师人数与学生比例适当；在大中小学校设立专（兼）职教练员岗位无条件的保底线，提质量，有条件的建设体育馆；整合社会资源，利用校社合作
学校体育改革评价 体育教师岗位评价 组织领导和经费保障	达到国家学生体质健康标准要求 教学数量转向教学质量 是否有专门拨款	建立学生体质测试成长档案；体育进中考 是否实现综合性评价 拨款来源是否多样化，是否充足

在新时代背景下，根据表4-3所展示的数据，学校体育发展的监督指标涵盖了体育课程的安排、课外体育训练、体育人才的培养、竞赛体系的建立、物质资源的保障、体育改革的评价、教师工作的评估以及组织领导和财政支持等多个方面。这些指标均配有明确的监督标准和要求，且在一定程度上可量化，便于执行和评价。

不过，第三方机构在学校体育监督中的角色存在局限，同时学校体育监督评价过程带有明显的行政管理色彩。鉴于此，在设计第三方组织的参与机制时，应将其纳入一个具有严格评价准则的指标体系中。这样做可以最大限度地减少因专业性不足或行政资源有限而可能导致的监督不足。

我国政府已初步建立了一种通过第三方组织购买学校体育监督评估的服务模式。在实际操作中，第三方体育社会组织参与学校体育评估的主要情况如下：

首先，该监督评价机制涵盖了四个关键参与者：教育行政机构、第三方组织、学校体育部门以及监督评价服务本身。教育行政机构负责设定评估标准和明确采购需求；第三方体育组织承担执行和提供服务的职责，同时进行调研和反馈；学校体育活动是监督评价的焦点，而监督评价服务则具备成效反馈和供需互动的功能。

其次，在教育监督评价的采购实践中，尽管缺乏一个统一的采购目录，

　　教育行政机构普遍采取了包括竞争性采购策略（例如公开招标、邀请招标和竞争性谈判）及非竞争性采购方式（如单一来源采购）。以安庆市为实例，该市通过公开招标程序，投资9.845万元，引入第三方服务对13所公立学校的体育教育进行评估。

　　最后，第三方体育社会组织在监督评价领域的专业能力不断增强，它们具有清晰的定位和熟练的业务执行能力。许多组织专精于特定领域，并拥有稳定的专家团队，确保了评估结果的可靠性和权威性。

第五章　贵州体育治理效果评价

第一节　群众体育治理效果评价

进入新时代，伴随着我国综合国力的日渐提升，且国家治理理念以及方式的转变，群众体育的发展成为了国家建设体育强国的必由之路。"十四五"时期，健全完善公共服务制度体系、推动公共服务发展，是落实以人民为中心的发展思想、改善人民生活品质的重大举措，而群众体育作为政府公共服务体系的重要组成部分，它的发展质量成为了评价政府效能的标准之一，是评估政府执政能力的重要指标。由于目前政府提供的公共体育服务无法充分满足人民群众的需求，重点表现在群众体育的政策执行力不强以及发展保障体系不健全。这一现实问题影响到的不仅是国家的科学发展战略，更是建设体育强国目标的短板所在。

一、贵州群众体育治理效果——以群众性户外运动赛事为例

（一）贵州群众性户外运动赛事分析

1.贵州群众性户外运动赛事的特色

独特的生态环境能够充分彰显出贵州群众性户外运动赛事的特色。贵州作为世界岩溶地貌的代表，全省总面积的92.5%是山地和丘陵，喀斯特地貌占全省总面积的61.9%，全省海拔在137m~2900m，巨大的落差形成了许多自然景观，例如，洞险、峡谷、天坑、石林、溶洞、湖泊等，非常适合开展各种户外运动，举办各类户外运动赛事。适宜的温度更是有利于人们长期参加户外运动。全省年平均气温15℃左右，森林覆盖率高达39%，空气清新，负氧离子含量高，是中国最佳的居环境和避暑胜地之一，这些丰富而独特的自然资源，为贵州开展群众性户外运动赛事提供了优越的先天条件，促进了贵州群众性户外运动赛事呈多样化发展，体现出贵州群众性户外运动赛事的特色。

拥有17个少数民族的贵州，主要分布有苗族、布依族、侗族、土家族、彝族等。由于各民族都有属于自己的民族传统和风俗习惯，共有传统节日一千多个，如姊妹节、四月八、芦笙节等，在贵州境内形成了"一山不同族、五里不同俗、十里不同风"的民族文化奇观，被称为世界上最大的原生态民族博物馆。贵州各少数民族同其他省份少数民族相比，在服饰、建筑、舞蹈等方面均具有多样性的特点。汉族和少数民族间的文化交流与融合、移民文化与中原文化的融合，随着社会的发展，形成了独具特色的贵州文化，存在多样性、差异性以及地域性等特征，多元的民族文化为群众性户外运动赛事的举办增添色彩。

丰富的自然资源、独特的民族文化促进了贵州群众性户外运动赛事多元化发展，决定了贵州群众性户外运动赛事的种类繁多。按照赛事场地类型将贵州群众性户外运动赛事分为四类，包含陆地类、水上类、空中类、综合类的群众性户外运动赛事。其中，陆地类包括骑行、露营、徒步、定向越野等群众性户外运动赛事，例如，铜仁的梵净山登山大赛和美女峰徒步活动、九

龙潭山地自行车爬坡赛、贵州红枫湖帐篷节等。水上类包括游泳、皮划艇、捉鱼、漂流等群众性户外运动赛事，例如，高过河漂流大赛、施秉万人捉鱼大赛、铜仁全民钓鱼比赛、贵州遵义独竹漂比赛等。高空类包括攀岩、滑翔伞、风筝等，例如，贵州龙里滑翔伞比赛、格凸攀岩节、贵州多彩时光风筝节等。综合类的群众性户外运动赛事包含的项目较多，是多种类型运动项目的集合，例如，"多彩贵州"生态体育运动休闲节分为竞技性赛事和群众性赛事，包含的赛事项目较多，如希望之星攀岩赛、山地自行车邀请赛、个人射击赛、帐篷音乐节、高尔夫球体验赛等。

由于贵州地形和民族文化的特殊性，使得贵州各个地区拥有的自然资源和民族文化资源差异性非常大。这些自然资源、人文资源为顺利开展群众性户外运动赛事奠定了基础，在丰富运动赛事的同时，也促进了贵州群众性户外运动赛事的多样化发展。

群众性户外运动赛事成为贵州特色对外宣传的媒介。贵州各地相关职能部门之间深度合作，共同推动了群众性户外运动赛事产业与农业、旅游业的融合发展。群众性户外运动赛事内容越来越丰富，与农业、旅游业等的融合程度越来越高，相互间的联系越来越密切，群众性户外运动赛事有效推动了旅游模式的升级，成为农产品、民族文化等对外展示的平台。

在2016年黄金周期间，我国黔东南州各大景区纷纷实行免门票政策，并策划了一系列富有地方特色的群众性户外体育赛事。其中，施秉县举办的万人捉鱼大赛和自助煮鱼庆丰收活动备受瞩目。当地民间高手精心制作了约一万件具有特色的鱼罩和笆篓，供参赛者使用。这些活动吸引了众多民众积极参与捕鱼体验，亲手制作苗家酸汤鱼，赢得了广大群众的热烈赞誉。

该群众性户外运动赛事充分与农业、旅游业、地方特色相结合，不仅将本地的农产品、民间手艺、美食文化等很好地展现在游客面前，解决了农产品——稻花鱼的销售，将独具特色的民族才艺——鱼罩和笆篓编制技术和苗家酸汤鱼的制作过程淋漓尽致地展现在人们的面前，让外来游客深刻地感受当地的民族文化。经过改进，当地旅游模式实现了从传统观光游到深度体验游的转型升级，游客得以享受更为丰富的旅游体验，进一步延长了游客停留时间，有效促进了消费升级和经济发展。根据黔东南州旅游局的统计数据，仅2016年国庆期间，黔东南州便吸引了近八百万人次的国内外游客，综合收入达到了约六十三亿元的历史新高。其中，境外游客约两万人次，深度体验游客约三千八百五十三万人次，一日游游客约四百四十六万人次，各项数据均创下了新的高峰。

总之，群众性户外运动赛事和旅游业、服务业、民族文化等的相互融合，一方面促进了贵州群众性户外运动赛事的发展、丰富了赛事的内容、提升了赛事的影响力；另一方面，贵州群众性户外运动赛事又成为当地特色资源、民族文化、旅游、农产品等对外展示的平台，起到了更好的宣传和推广。

2.贵州群众性户外运动赛事特色剖析——以格凸攀岩节为例。

贵州紫云苗族布依族自治县不仅拥有独特的自然资源，还拥有独具特色的民族文化资源，是世界闻名的攀岩胜地、户外运动的天堂。在格凸河面上有两个巨大的山洞一上一下展现在人们的眼前，上面的洞穴稍小些，外观形成了天然的拱桥，透过拱桥一眼望去就是对面绵延的山脉。山脚下有着高达三百多米、人称"燕子洞"的洞穴，河水在汇入燕子洞后消失不见，成为地下河。格凸得天独厚的攀岩条件吸引了众多攀岩者的眼球，适宜的温度和优美的环境更是获得了攀岩爱好者的好评。2021中国攀岩联赛第二站来到了世界攀岩胜地贵州紫云。征战多年的老将和冉冉升起的00后新星，一起在这里写下了新的故事。

由国家体育总局登山运动管理中心牵头、安顺市政府主办、安顺市文体广电旅游局等单位承办的2021中国攀岩联赛（贵州紫云站）于10月23日在格凸河国家攀岩基地圆满结束。

由于疫情反复，当前可供我国攀岩高水平运动员参加的比赛并不多，本站由安顺市政府主办的中国攀岩联赛为当下国内攀岩运动员竞技水平的提升和高水平运动员的选拔创造了契机。比赛通过"以赛促练"的方式，不仅让高水平运动员保持了自身较高的竞技水平，也带动了参加比赛的运动员竞技水平的不断提升。本站比赛中有多名出生于2007年的小将同场竞技，进入男子决赛的8个席位中00后小将就占据了6个席位，进入女子决赛的9个席位中00后小将同样占据有7个席位，其中女子决赛冠军骆知鹭出生于2006年，亚军程萌萌出生于2007年。

中国攀岩联赛作为全球唯一的国家级联赛，本站次赛不仅要通过"以赛促练"促进我国攀岩运动员竞技水平的提升、完成夺金任务，同时要在体教融合、产业发展等方面发挥自身的作用。本站比赛是对体教融合成果的一次重要检验，共有7支青少年俱乐部参加，这些运动员在俱乐部学习和训练同时进行，联赛通过充分吸纳社会俱乐部中的优秀运动员，为其打通了职业化的上升通道，充分彰显了现阶段体教融合的丰硕成果。

据了解，紫云自治县依托独特的山地资源大力发展群众性户外体育运动，至今已有十余年的发展历程，围绕格凸河攀岩文化不断地丰富户外山地体育文化的内涵。总之，贵州群众性户外运动赛事最大的特色就是赛事资源特色，贵州的资源太丰富，包括了众多的山地资源、森林资源、滨水资源、农业资源、民族文化资源等。所以贵州各个地方举办的群众性户外运动赛事都具有地方特色，同时种类繁多的群众性户外运动赛事成为贵州各地方特色资源对外展示的载体，成为对外宣传的手段。

（二）贵州群众性户外运动赛事可持续发展的 SWOT 分析

1.优势分析

首先，讨论我国的资源优势对于户外运动赛事的潜力。中国得天独厚，拥有多样的自然景观，如起伏的山脉、广阔的水域、茂密的森林，以及独特的气候条件，这些都为户外活动提供了理想的场所。此外，深厚的历史文化底蕴、多彩的民族文化特色，包括地方美食、传统舞蹈、手工艺等，以及农业资源，如田园风光和农产品，均为体育旅游和户外活动增添了吸引力。这些资源的丰富性为户外运动赛事的长期发展和公众参与提供了坚实的物质和文化基础。

其次，交通优势方面，贵州交通运输枢纽的迅速崛起，推动了该地区体育旅游、乡村旅游及户外运动等领域的蓬勃发展，为成功举办群众性户外运动赛事提供了坚实保障，确保赛事顺利进行，成为影响群众性户外运动赛事可持续发展的重要因素。2016年10月，《贵州省高速公路路网规划（加密计划）》出台，新增32条高速公路，规划总规模约达10000公里。贵州省高速公路从无到有，逐渐完善交通枢纽功能。贵州高铁规模也实现了史无前例的发展，预计2017年贵州省高铁项目建设投资资金将超过150亿元。加快贵州省内高速公路和铁路建设，有助于促进人口流动，为人们参加群众性户外运动赛事提供便利出行。高铁的建成，更是拓宽了贵州与外省之间的距离，为跨省旅行带来便捷。

2.劣势分析

第一，针对户外运动赛事的运营专业化问题，我国尽管在户外运动领域取得了快速发展，以贵州省为例，每年都会举办多场国际和国内的山地户外赛事以及众多群众性户外活动。然而，赛事的运营模式仍然较为传统，主要由政府部门主导，而企业与社会团体则多扮演辅助角色。这种模式下，企业与社会组织在资源配置和市场运作方面的潜力未能得到充分发挥，同时，政府官员在专业赛事运营方面的知识和技能也相对不足。这不仅限制了赛事商业潜力的开发，还可能导致资源的无效利用和对环境的负面影响。因此，提升赛事运营的专业化水平，促进企业与社会组织的积极参与，是推动户外运动赛事可持续发展的关键。

第二，赛事规模庞大，保障工作艰巨。在群众性户外运动赛事的组织过程中，参与者水平各异，人数众多，赛事规模庞大，这无疑为赛事运营带来了极大挑战。户外运动本身具有高风险特点，不确定因素众多，极易引发安全事故，从而影响赛事的顺利进行。因此，赛事保障成为赛事的核心环节，也是最为艰难的部分。不仅要确保赛事安全、顺畅，还需提升参赛者的体验感。

第三，赛事收入来源单一，自身造血功能不足。当前贵州群众性户外运动赛事的主要来源是政府投入，企业和社会组织投入较少，虽然赛事举办能够产生一定的社会效益，但自身却不能带来经济效益，赛事商业化程度非常低，几乎无法产生经济效益。

3.机遇分析

第一，政策支持。群众性户外运动赛事的快速发展，得到了国家政策和地方政府部门的大力支持，先后出台了很多的利好政策，营造良好的运动氛围，鼓励更多的主体参与到赛事的运作中，激发全民健身的热情，使贵州群众性户外运动赛事得到了迅速发展。

第二，市场发展前景潜力大。我国户外运动市场在近十年迎来了快速发展时期，年均增速达40%以上，市场显现出向国际化、规模化发展的趋势。

当前我国户外运动市场发展空间随着城镇化进程的加快变得越来越大，目前我国的人口城镇化进程还有二十年的发展空间。可预测，我国的户外运动市场还可以增长15倍以上[①]。

第三，人们生活水平提高，思想观念改变。自改革开放以来，我国群众的生产与生活方式经历了巨大变革，休闲时间逐渐增多。尽管现代社会中，人们因饮食过量、生活作息紊乱和心理压力增大等因素，面临着日益严峻的亚健康状况和身体机能退化问题，但户外运动的兴起为这一挑战提供了解决方案。在我国，户外运动正经历着快速的发展阶段，并随着社会进步为公众带来了更广泛的参与机会。此外，现代人对于回归自然、进行户外活动的向往，反映了人类对自然世界的本能亲近，这种亲近感根植于人类的进化历程。因此，户外运动的推广和普及，不仅响应了人们对于提升健康水平的需求，也符合人类与生俱来的自然本性。[②]

回归自然，呼吸自然气息、爬山涉水、到郊野去，享受粗放生活，参与群众性户外运动赛事成为人们新的追求，这一需求的转变非常有利于推动群众性户外运动赛事的可持续发展。

4.威胁分析

第一，资源环境保护的重要性。贵州省作为我国户外运动的热点地区，每年吸引众多国内外的户外运动赛事，这些活动不仅促进了当地经济和社会发展，也向世界展示了贵州独有的自然风光和文化特色。然而，赛事的举办往往伴随着对自然资源的大规模开发，如为了赛事需要而进行的建筑施工和道路建设，可能会对当地的水资源、植被和土壤造成破坏，引发水体污染、森林砍伐和垃圾堆积等一系列环境问题，这些问题对原有的自然景观和生态平衡构成了严重威胁。此外，随着参与户外运动的人数不断增加，户外活动对环境的影响也日益凸显，包括随意丢弃垃圾、土壤侵蚀、植被踩踏、水体污染、社会矛盾以及对当地文化的不尊重等现象。这些行为不仅破坏了自然

① 徐文琦，江鹰，徐承玉.基于SWOT分析对我国山地户外运动产业的研究[J].体育成人教育学刊，2016，32（6）：53-58.

② 卢元镇.竞技：人类进步的表征与希望[J]天津体育学院学报，2008：5.

环境，也影响了户外运动的健康可持续发展。

第二，风险的不确定性。由于户外运动是在户外环境中进行，然而户外环境具有不确定性和不稳定性以及高危险性。我国将攀岩、攀冰、高山探险、山地户外4类运动列入了高危险性体育项目行列。从事高危体育项目的工作人员需要具备很强的专业知识和能力，能够制定安全可行的方案，做好风险管理工作，确保参与者的安全。但由于户外运动在我国发展起步晚，具备专业知识与能力的人才较少，人才培养的速度有限，无证上岗的现象非常普遍，这对群众性户外运动赛事的可持续发展造成了很大影响。

第三，相关的法律制度不完善。虽然户外运动运动的发展得到了国家的大力支持，但仍缺乏相关的法律，特别是户外运动中的责任与义务无明确的规定，所以产生了很多与户外运动相关的法律纠纷。关于户外运动赛事、户外运动活动等法律法规缺少，当前仅有一些对户外运动的保险问题进行解释的法律法规。

二、贵州群众体育治理评价

（一）基于物理维度的调查结果评价

1.赛事资源对贵州群众性户外运动赛事发展的影响

我国拥有得天独厚的自然资源和深厚的文化底蕴，这些资源为群众性户外运动赛事的长期发展提供了坚实的基础。

在实地考察的过程中发现，贵州省充分结合自身的优势，开展群众性户外运动赛事，将地方特色资源与赛事充分结合，不仅丰富了赛事内容、加大了赛事的趣味性、激发了群众参赛的积极性、形成了独特的赛事文化，还提高了群众的收入，促进了赛事产业经济的高速发展。

2.赛事价值对贵州群众性户外运动赛事发展的影响

群众性户外运动赛事的价值主要体现在两个方面，一方面有助于个体自我价值的实现，满足休闲、娱乐、健身、社交等需求，并能在一定程度上构建政府与群众间和谐的关系；另一方面有助于改善赛事举办地的基础设施条件、卫生条件以及树立良好的品牌形象、增加游客的逗留时间、促进消费、丰富赛事文化等，有效推动了群众性户外运动赛事产业经济的可持续发展。

3.市场需求对贵州群众性户外运动赛事发展的影响

调研结果显示，贵州为了推动旅游业的发展，各地级市政府部门加大了对群众性户外运动赛事的投入力度、深入了解群众的需求、取消赛事报名费、增强赛事的娱乐性和体验感、降低赛事门槛、新增了各类形式的群众性户外运动赛事，受到了群众的青睐。例如，2016年贵州施秉县在充分了解市场需求的基础上，开展了万人捉鱼大赛，吸引了上万人参与。群众性户外运动赛事可持续举办的前提条件是群众的需求。

4.项目类别对贵州群众性户外运动赛事发展的影响

在实际的调查中发现，普通群众只能参加要求简单、难度低、运动量较小的户外运动项目。倘若项目设定不尽合理，疏离了民众的实际需求，便会致使参与者寥寥无几，从而无法持续推进群众性赛事。政府部门应着力强化户外运动技能培训，使广大民众掌握更多户外运动技能，提升运动能力，从而激发其参与赛事的积极性。

概括而言，群众性户外运动赛事的可持续发展主要受赛事资源、赛事价值、市场需求和项目类别等物理要素的影响。为了确保户外运动赛事的长期健康发展，我们需要采取一种全面而细致的策略。这包括深入挖掘并创新性地应用自然资源、民族文化和历史遗产，同时在赛事策划和执行过程中坚持可持续资源管理，保护生态环境和文化遗产不受破坏。此外，通过深入了解社区和参与者的需求来定制赛事项目，利用多元化的宣传和市场推广手段提升赛事的知名度和吸引力。同时，通过开展户外运动的教育和培训，不仅可以提高公众的参与度和体验感，还能增强他们的安全意识和环保责任感，从而在促进地方经济发展的同时，也保护和传承了当地的文化与自然遗产。

（二）基于事理维度的调查结果评价

1.政策制度对贵州群众性户外运动赛事发展的影响

国家政策的大力支持及贵州省政府的高度重视为贵州群众性户外运动赛事的可持续发展提供了机遇，引起社会各界的关注，越来越多的主体参与赛事的运营，加快了户外运动与其他产业的融合，为赛事的可持续发展清除障碍，推动了贵州户外运动产业经济、社会文化、生态环境的可持续发展。

2.赛事运营对贵州群众性户外运动赛事发展的影响

经调查发现，各地级市政府部门在贵州群众性户外运动赛事中扮演主导角色，赛事运营团队主要由政府部门工作人员临时组建，负责赛事运营的核心工作。相较之下，企业、协会等社会组织仅发挥辅助作用，导致其优势资源未能充分运用。由于缺乏专业赛事运营团队，赛事商业运作水平不高、宣传效果不佳、安全事故频发、资源浪费以及环境破坏等问题日益凸显，进而阻碍群众性户外运动赛事的可持续发展。此外，赛事产业经济、社会文化、生态环境之间协调可持续发展亦受到影响，部分赛事甚至面临被取消的风险。为保障赛事可持续发展，我们应关注赛事运营，推动其专业化进程。

3.赛事宣传对贵州群众性户外运动赛事发展的影响

作为群众性户外运动赛事主要宣传途径的大众传媒，一方面通过宣传可提高赛事的知名度；另一方面吸引了群众的注意力和关注度、激发群众参赛的积极性和主动性、增强赛事的认同感，媒体贯穿于赛事的运作过程，包括前期计划与准备、中期执行、后期总结。在前期计划与准备过程中，媒体对赛事的相关报道，吸引群众的注意力，让人们提前了解赛事的相关资讯，改变群众参赛意识、情感、消费行为。

在赛事中期执行过程中，媒体对群众赛事参与过程进行跟踪记录，为媒体观众提供了丰富多彩的内容。在后期总结过程中，媒体利用先进的技术，将录制的精彩画面展现在各平台上，如电视、网站、微信、QQ等网络平台，再次强化参赛活动的美好过程，留下深刻的印象，促使群众再次参赛或继续关注赛事资讯，增加收视率和点击率，提高赛事的知名度等，所以需要加强与媒体的合作力度，提升群众性户外运动赛事的经济效益和社会效益，推动户外运动赛事的可持续发展。

4.赛事设计对贵州群众性户外运动赛事发展的影响

策划一场成功的群众性户外运动赛事是一项系统性工程，它需要综合考虑包括战略定位、执行方案、目标群体、活动主题、活动规模、行进路线、举办时间、地点选择、难易程度等多个关键要素。一个经过深思熟虑的赛事规划不仅能够吸引群众的广泛关注，还能够促进他们对户外运动的长期热情。

赛事的吸引力受到多种因素的影响，包括但不限于其规模大小、难易程度、参与门槛、时间地点的适宜性、路线的科学设计、活动内容的丰富性、规则的合理性、费用的公正性以及奖金的激励性。如果赛事的参与门槛设置得过高、规模有限、时间地点选择不合理或者费用过高，都可能降低群众的参与热情。相反，一个门槛亲民、规模适中、时间地点适宜、费用合理且具有适当激励机制的赛事，能够有效提升群众的参与度。

因此，赛事的策划工作至关重要，它需要精心设计，以确保赛事的各个环节都能够科学合理地促进群众的参与，从而推动赛事策划向更加专业化和精细化的方向发展。

5.赛事保障对贵州群众性户外运动赛事发展的影响

赛事保障是群众性户外运动赛事可持续发展的基础，只有做好基本的保障工作，赛事才能安全、顺利、精彩地进行。赛事保障工作包括医疗、交通、餐饮、住宿、购物、通信、赛事物资等。做好基础工作、后勤保障、风险管理、应急处理等有助于为群众参赛提供安全的环境、营造良好的运动氛围，增强群众的体验感，提高群众对赛事保障团队的信任度。由于运动员水平参差不齐、参与人数多、规模较大等原因增加了赛事保障的难度，因此，要加大赛事保障力度、完善保障体系、做好赛事风险管理，从而实现群众性户外运动赛事的可持续发展。

总之，相关政策、赛事设计、赛事运营、赛事开展、赛事保障等要素与贵州群众性户外运动赛事的持续发展息息相关。因此，群众性户外运动赛事的可持续发展一定离不开研究国家政策、做好赛事战略规划与实施计划、加强赛事宣传、完善赛事保障体系和制度、做好赛事风险管理、提高赛事商业化运作程度、加强基础设施建设、改善卫生条件等。

（三）基于人理维度的调查结果评价

1.工作能力对贵州群众性户外运动赛事发展的影响

赛事负责人员的工作能力涵盖专业能力、通用能力以及服务意识三个核心层面。专业能力包括但不限于户外运动技能和户外运动管理技能，通用能力则主要包括沟通能力、执行能力以及计划组织能力。赛事工作人员的专业能力和服务意识对于群众性户外运动赛事的成功至关重要，它们直接影响赛事的各个阶段：从初期的筹备工作到赛事期间的执行，再到最终的评估总结。在这个连续的过程中，任何细节的疏漏都可能对整个赛事的成效造成负面效应。由于户外运动赛事本身包含众多环节和参与者，对工作人员的综合素质提出了很高的要求。他们不仅需要具备专业的知识和技能，还需要有高度的责任感和出色的协调能力，以确保赛事的每个环节都能精确执行，从而保障整个户外运动赛事能够顺利、高效地进行。

2.运动技能对贵州群众性户外运动赛事发展的影响

调查结果显示，专业运动技能与大众户外运动赛事的可持续发展之间关联度较低。实际调研发现，当前举办的大众户外运动项目难度较小，无须具备专业运动技能。因此，群众认为运动技能对大众户外赛事的可持续发展无影响。然而，笔者持不同观点，随着国民体质的提升，从无须掌握任何技能到需要熟练掌握某些技能，人们对户外运动赛事的需求也将发生改变。

3.参与状态对贵州群众性户外运动赛事可持续发展的影响

随着我国经济水平的不断提升，群众的生活方式也在发生不同程度的变化，生活的科技化、自动化，高科技、互联网等的大规模运用，让群众可以简单、高效地完成生产活动，从劳务中解脱出来。近年来，食品安全事件的频繁发生引发了公众的担忧，使得大家愈发关注自身、家人及朋友的健康状况。由于长时间依赖交通工具代替步行，人们的正常生活方式受到干预，导致健康问题日益突出，迫使大众关注健康问题并改变不良生活习惯。因此，民众的需求从物质层面上升至精神层面，实现了从生存需求向生活需求的转变，思想观念的改变有助于推动行为习惯的转变，进而激发大众积极参与体育活动的热情。由此可见，公众的参与程度与赛事的可持续发展密切相关，这与人们意识的转变密切相关。思想观念的改变使得更多人群主动投身于赛事体验之中。

总之，人理维度的要素对赛事的可持续发展产生了一定的影响。工作人员的工作能力及态度等影响着群众性户外运动赛事的正常运作。群众性户外运动赛事作为一个复杂的系统，涉及的方面非常多，由于群众性户外运动赛事的参与门槛低、赛事规模、运动能力较低、户外环境风险大、参与者状态的不稳定等原因增加了赛事运作的难度，因此对工作人员的要求非常高。

三、建议

（一）基于物理维度提出的建议

首先，注重资源的合理开发以促进群众性户外运动赛事形式的多元化，为贵州能够持续开展群众性户外运动赛事奠定坚实基础。

为了实现长远的可持续发展，我们应当致力于加强资源的可持续保护，保持自然环境的原始风貌，并且在资源开发过程中坚持合理规划和利用。同时，我们应该将群众性户外运动赛事与当地的自然资源和人文景观紧密结合，特别是深入挖掘和利用当地的人文资源。通过丰富和多样化户外运动项目，提升其独特性和吸引力，将本土文化特色融入赛事的各个环节，使赛事不仅是体育竞技的平台，也成为传承和展示民族文化的窗口，以及对外交流和推广的一张名片。这样的努力将有助于促进经济、社会、文化和生态的和谐共生，实现多方面的共赢发展。

其次，需要大力开发群众性户外运动赛事的市场需求，通过鼓励群众主动参加比赛，为贵州群众性户外运动赛事的开展提供源源不断的动力。

为了推动群众性户外运动赛事的长期健康发展，我们需要加强对公众的教育和引导，提供机会让他们学习和掌握户外运动的基本技能，从而提升公众的户外运动技能和体能。同时，要注重培养公众对户外运动赛事的多样化需求，确保他们在参与赛事时的安全，这是赛事可持续发展的关键。通过这些措施，我们可以激发公众的参与热情，提高他们的运动体验，同时也为户外运动赛事的未来发展打下坚实的基础。

最后，加大宣传力度、挖掘赛事存在的价值，不仅可以促进贵州经济、生态、文化的融合，也可以促进贵州群众性户外运动赛事的可持续发展。

加强基础设施建设、提高当地的医疗卫生条件、改善当地居民生活环境、加强赛事文化的建设。建立赛事与当地群众间的联系，激发群众主动参

与到当地基础设施、卫生条件等的建设中，加强赛事与群众日常生产生活的
融合，让赛事成为当地群众每年必须参与的活动，成为群众的一种生活方
式。将当地的文化与户外运动赛事深入融合，将群众户外运动赛事打造成为
当地的节事活动。让群众在参与中获得自我价值的实现，创造出较高的社会
文化效益。

（二）基于事理维度提出的建议

首先，继续完善基础设施条件、健全赛事的保障体系以促进贵州群众性
户外运动赛事的良性、可持续发展。

优化户外运动场地设施建设，为广大民众参与户外活动营造优良环境，
通过科学规划户外运动场地等资源，构建完善高效的场地设施保障体系。充
分挖掘现有公园配套设施潜力，深入开发户外山地闲置资源，通过合理利用
废弃地、边远山地等建设户外场地设施。鼓励城郊区域充分利用土地资源，
建设户外营地、徒步、骑行等补给站，完善户外运动配套设施，为广大民众
参与户外运动奠定坚实基础和运动氛围。

其次，建立健全群众性户外运动法律政策保障体系，以此推动贵州群众
性户外运动赛事的可持续。特别是法律、法规，明确户外运动相关参与者的
责任与义务、让参与者的合法权益得到保证，促进群众性户外运动赛事的高
质量发展。

最后，加快户外运动与旅游业、服务业等产业的深度融合，通过与其他
相关产业的协同发展，为贵州群众性户外运动赛事的可持续发展营造良好的
外部环境。

鉴于贵州的现实状况，我们应推动户外运动与旅游、农业的深度融合，
激发体育、旅游等产业的需求升级，实现产业协同效应。通过与移动互联网
的紧密结合，研发智能化的户外运动产品，致力于构建科技化的产业体系。
将赛事与旅游充分结合，可以促进旅游方式的升级，从传统的观光游转向深
度的体验游，增加游客的逗留时间，提高当地收入水平。

（三）基于人理维度提出的建议

首先，引进专业人才、提高赛事的运作水平，为贵州群众性户外运动赛事能够顺畅、精彩地举办提供人员保障。

引进或建立专业的赛事运作团队，包括执行团队、赛事营销团队、赛事效果评估团队等，不仅可以做好赛事基本组织管理工作、赛事包装宣传、赛事无形资产的开发等，还有助于提高赛事的商业化程度，促进赛事价值的实现。

其次，健全人才培养体系，强化专业人才培养力度，为我国贵州省举办群众性户外运动赛事提供内在驱动力。

为了提升户外运动的整体水平和质量，我们鼓励并支持赛事运营团队和个人通过多种渠道积极学习户外运动的专业知识和技能。利用互联网等现代技术手段，可以有效地提高学习效率，同时，结合自主学习和集体研讨，可以更全面地掌握所需知识。此外，积极参与各类培训和实践活动，对于提高个人的运动技能和能力至关重要。政府在这一过程中扮演着关键角色，需要不断完善户外运动人才的培养机制，与有条件的教育机构合作，开设相关专业课程，激励教师参与户外运动领域的科研工作。同时，政府应与体育部门、专业协会、职业培训机构以及企业界合作，共同推进户外运动的教育、培训和认证工作，建立一个协同发展的户外运动产业生态，促进人才的有效流动和培养。通过这些措施，我们可以确保户外运动赛事的专业性和安全性，同时为户外运动产业的可持续发展提供人才保障。

第二节　学校体育治理效果评价

在2014年的一次重要会议上，教育部部长袁贵仁提出了一个重要观点，即教育系统应当积极引入社会评价机制，激励更广泛的社会力量参与到教育监督中来。他特别强调，一个客观、科学、透明和公正的评价体系对于提升教育工作的质量至关重要。这样的评价不仅能够辅助政府做出更加精准的政策决策，也能为学校提供改进工作的具体指导。袁部长的讲话预示着教育部门将逐步放权给社会，以实现管理与办学的和谐互动，确保各自功能的独立性，共同构建一个多元化的教育治理体系。这不仅为教育改革和发展提供了明确的方向，也为体育教育的前进道路指明了方向。

尽管我国在体育教育改革上已经取得了一定的进展，但青少年的体质健康问题仍然存在，某些方面甚至出现了令人忧虑的现象。问题的根源在于，除了教育系统内部监督力度不足，更关键的是缺少了来自社会的广泛参与和深入监督。为了解决这一问题，实现管理、办学与评价的有效分离显得尤为重要。通过及时向家长通报学生体质健康状况，并将这些信息向社会公开，可以吸引社会各界共同参与到体育教育的监督中来，为体育教育的发展提供坚实的制度支持。

因此，本节内容从治理理论视角出发，深入分析了贵州地区学校体育教育评价机制的构建问题，旨在为新时代体育教育的改革与发展提供有益的思考和实践指导。

一、治理理论内涵与学校体育教育评价

（一）治理理论下的学校体育教育评价

在探讨"治理理论下的学校体育教育评价"这一主题时，我们首先需要对治理理论的核心理念有一个清晰的理解。治理这一概念最初来源于拉丁语和古希腊语，其传统含义涉及控制、引导和操纵。但自20世纪90年代起，西方的学者们开始赋予这一古老概念以新的内涵。

治理理论的重要贡献者之一，詹姆斯·罗西瑙，认为治理是一种为了共同目标而进行的协作活动，这些活动不必然由政府主导，也不完全依赖于国家的强制力。[1]基于此，格里·斯托克进一步阐释说，治理是公共机构与民

---

[1] 俞可平. 治理与善治[M]. 北京：社会科学文献出版社，2000：2.

间组织相互依存的产物，表明政府并非唯一的权力中心，民间机构和个人对传统政府权威提出了挑战，并开始承担起之前由国家负责的职责。

中国学者自20世纪90年代开始关注治理理论，并对其进行了深入研究。例如，俞可平从公共管理的视角出发，将治理视为官方或民间的公共管理组织在一定范围内使用公共权力来维持秩序和满足公众需求的过程。[①]徐越倩在其研究中引用了联合国开发计划署（UNDP）的定义，认为治理是运用经济、政治和行政权力来管理国家事务的过程。[②]

联合国全球治理委员会对治理的定义是：它是公共或私人机构管理共同事务的方式，是一个调和冲突利益并采取联合行动的持续过程。[③]在这个定义中，治理机构既有权力执行正式的制度和规则，也有权力推动非正式的制度安排，以符合人们的利益。

将治理理论应用于学校体育教育评价，意味着要促进教育管理机构在职能和角色上进行根本性的转变，目标是提升体育教育的整体质量。这要求我们在制度设计中巧妙地运用权力，以引导、控制和规范学校体育教育活动，进而最大限度地提升公共利益。通过这种方式，可以构建一个更加开放、多元和高效的学校体育教育评价体系。

（二）学校体育教育评价界定

教育部等部门在2010年发布了《关于进一步加强学校体育工作的若干意见》。该政策文件特别强调了完善学生体质健康测试与评价制度的重要性，为改进学校体育教育评价体系提供了宝贵的机遇。学术上对"评价"一词的定义通常涉及对个体或事物价值的判定，而价值则与事物的实用性和正面影响紧密相关。[④]基于这一理解，我们可以将"评价"视为一个评估个体或事物积极作用的过程。体育评价，相应地，涉及对体育规划、方案、实施过程

① 俞可平. 中国公民社会的兴起与治理的变迁[M]. 北京：社会科学文献出版社，2002：193.
② 徐越倩. 治理的兴起与国家角色的转型[D]. 杭州：浙江大学，2009：28.
③ 俞可平.治理与善治[M]. 北京：社会科学文献出版社，2000：4.
④ 钟启泉. 课程设计基础[M]. 济南：山东教育出版社，1998.

或成果的优势和正面影响进行评估。这一过程旨在识别体育实践中的不足，并确保体育活动能够达到预定目标。[①] 据此，我们可以将学校体育教育评价定义为：依据明确的体育教育目标，采用合适的技术方法，在搜集和分析相关信息的基础上，对体育教育活动的进程及其成果的积极影响进行系统评估。这不仅有助于识别和解决体育教学中的问题，而且能为提高学校体育教育的质量和制定相关决策提供科学的依据。

（三）治理理论对学校体育教育评价的指导意义

1.体育教育评价的重要性

体育教育评价的作用不容忽视，它专注于对学生体育教育的成效和目标达成度进行系统的评估，目的在于不断提高体育教学的质量和效果。自新中国成立伊始，国家便秉承着"增强体育运动，提升国民体质"的原则，对学校体育教育的发展给予了持续的关注和支持。随着时间的推移，体育教育评价的地位日益凸显，特别是在过去几十年中，在"健康至上"理念的推动下，体育教育经历了深入的改革，学生的体育参与意识和技能得到了显著增强。当前，各教育机构在体育教学中逐渐认识到评价环节的重要性，体育教育评价体系的建立和执行也成为了学校体育工作的一个关键组成部分。这反映了我国体育教育评价机制由以往的单一政府主导模式向多元化评价体系的转变。这一转变不仅对体育教育的持续进步起到了促进作用，而且对学生体育价值观的形成和健康生活方式的培养具有深远的影响。因此，对体育教育评价进行深入研究，对于提升体育教育的整体水平和学生个体的全面发展具有重要的理论和实践价值。

2.治理理论对学校体育教育评价的指导

开展学校体育教育评价工作，不仅是学校自我提升的需求，也是遵循教育政策的体现，更是对社会期望的积极回应。有效地执行学校体育教育评价对促进学校体育教育的发展具有重要的影响。

---

① 杨文轩，陈琦. 体育原理[M]. 北京：高等教育出版社，2004.

首先，学校体育教育评价的实施有助于推动体育教育体制的深入改革。体育教育的改革是必然趋势，而评价机制的建立是这一改革的关键环节。历史上，教育主管部门和学校在评价过程中起决定性作用，而教师、学生、家长及社会公众的参与度有限。随着社会发展，对学校体育教育的期望不断提升，传统的行政主导型评价模式已不足以满足当前需求。治理理论的引入促进了政府职能的转变，强调政府应作为服务型政府，发挥催化和促进的作用。这种转变有助于改变过去对政府和学校行政过度依赖的局面，促进社会力量在体育教育评价中的参与，推动体育教育的创新和发展。

其次，学校体育教育评价的实施加强了学校与社会的互动，提升了社会对体育教育的关注度。通过评价，学校能够更全面地收集和分析来自社会各界的反馈和需求，进而改进体育教学方法，提高教学质量。社会力量的参与不仅提升了公众对学校体育教育的认识和支持，还有助于从更广阔的视角对学校体育教育进行客观评价，找出存在的问题，并有针对性地进行改进。

最后，学校体育教育评价的实施推进了决策的科学化和法制化。准确的体育教育决策需要基于权威和精确的信息，以及科学的评估。体育教育评价为行政部门提供了监督学校体育教育质量和管理水平的手段，为决策提供了科学依据。同时，社会参与的评价为原有的学校内部评价体系增加了外部视角，使决策过程更加民主化，并有助于从外部对学校体育教育进行诊断和改进，推动教育改革，提高人才培养质量，有效解决了体育教育供需之间的矛盾。

二、治理理论下贵州学校体育教育评价的影响因素

在当前教育领域，体育教育的重要性日益凸显，但在实际操作和评价中，却面临不少挑战。特别是在贵州这样的多元文化背景下，治理理论提供了一种新的视角，用以分析和解决体育教育评价中的问题。根据治理理论，本节将分析贵州学校体育教育评价的三大影响因素：政府层面、学校层面和社会层面。

（一）政府层面的因素

治理理论强调政府应当是一个开放的平台，鼓励多元主体参与，共同作出决策。在体育教育的评价体系中，政府的角色应转变为监督和引导，而非单一的执行者。在贵州，政府可以通过制定更加灵活多样的体育政策，削弱其直接介入的程度，鼓励地方和学校根据自身实际情况制定体育教育实施方案。然而，当前政府在体育教育中仍倾向于追求短期内的成效，如升学率，这种偏向不仅影响了体育教育的全面发展，也忽视了学生身体健康的长远需要。

（二）学校层面的因素

学校是体育教育的直接实施者，其治理目标和运行机制对体育教育的评价具有直接影响。在贵州，多数学校在面对升学压力时，可能会牺牲体育教育的时间和资源，专注于提高学术成绩。学校应当重新审视体育与学术成绩的关系，确保体育教育能够得到合理的地位和资源配置。此外，学校还需要激发体育教师的积极性，建立完善的激励和评价机制，让体育教育真正成为学校教育的一部分。

（三）社会层面的因素

社会对体育教育的态度和参与程度直接影响到体育教育的效果。在贵州，如果社会能够更加重视体育教育，不仅仅是学校和政府，包括家长和企业等，都应该对青少年的体育活动给予更多的支持和认可。例如，企业可以通过赞助学校体育活动来表达对体育教育的支持。同时，社会媒体和公众人物也可以发挥作用，通过公开讨论和宣传，改变公众对体育教育的传统观念，提高体育的社会地位。

根据治理理论，提高贵州学校体育教育的评价质量需要政府、学校与社会各方面的共同努力。只有通过多元化的参与和治理，才能真正实现体育教育的全面发展，使之成为促进学生全面成长的重要力量。

三、治理理论下贵州学校体育教育评价机制的构建

为了确立一套行之有效的学校体育教育评价体系，必须依赖政府、教育机构以及社会各方的通力合作与协调一致。通过这种多方面的合作，可以形成一个多方参与的治理模式，进而高效地发挥评价机制的功能，促进我国学校体育教育的持续改进与发展。

（一）转变政府管理职能，提供制度保障

在国家治理体系中，政府的作用是维护全民的整体利益，特别是在教育这一关键领域，其决策和行动直接关系到每个家庭的福祉。尽管在推动政府职能转型的过程中难免会遇到各种挑战和矛盾，但这些不应成为阻碍改革的借口。针对学生体质健康等教育问题，贵州省政府虽持续努力于政策和规范的制定，却仍需显著提升其成效。为此，关键在于政府需从单一的管理角色转变为多方合作的促进者，激励社会各界共同投身于学校体育教育的管理与改革。

政府需要摒弃过时的单一管理思维，采纳一种新的治理理念，即政府起领导作用，同时鼓励学校和社会力量的积极参与。这种理念的转变将促进政府角色的重塑，并为多元主体参与学校体育教育评价提供坚实的制度基础。简而言之，政府必须建立一个适宜的体制框架和政策环境，以确保社会各方能有效参与到评价过程中，共同推动学校体育教育的全面发展。

（二）转变学校评价体系，搭建社会参与平台

在学校体育教育评价体系中，学校本身扮演着枢纽的角色，连接着政府的行政管理和社会各界的参与。政府的指导和监督需要通过学校的执行来落实，社会各界的参与和反馈也主要通过学校这一中介来实现。鉴于学校是体育教育活动的主要发生地，同时也是教师和学生互动的平台，体育教育的成效自然在学校得以体现。为了促进社会各界更有效地参与学校体育教育的评价，利用互联网技术构建一个系统的沟通和组织机构体系显得尤为关键。随

着这一体系的不断系统化、制度化和规范化，其运作效率和效果将得到显著提升。通过将学校内部评价与社会评价相结合，可以提高评价的全面性和公正性，进而对学校乃至整个社会的体育教育产生积极的影响。因此，学校需要优化其体育教育评价体系，创建一个开放的沟通平台，以便于社会各界的参与和评价。这样的举措不仅有助于提升学校体育教育的质量和效果，还能促进体育教育工作的持续改进和发展。

（三）加强宣传教育，激发社会参与动力

正如马克思在其著作中所强调的，人们所追求的一切都与个人利益紧密相连。[1]这一观点揭示了利益是驱动各方参与体育教育治理的主要动力。由于社会治理主体的多样性，导致了在治理过程中出现了多样化的利益诉求和目标。学校体育教育的成效往往不是立即可见的，它具有长期性、滞后性和不明显性，这些特点使得在缺乏直接经济利益的情况下，激发社会对学校体育教育评价的参与和支持变得具有挑战性。因此，政府机关和教育机构肩负着提升体育教育意识的责任，需要积极地向公众传达体育教育的重要性和其在个人发展中的作用。通过增强社会各界对体育教育价值的认识，可以鼓励更广泛的社会参与和支持。这不仅涉及学校体育教育的评价，还包括体育在人才选拔标准中的地位，以及将学生的体质健康视为与英语、计算机技能同等重要的评价标准。为了营造一个有利于实施素质教育和加强体育教育的环境，必须构建一个与政府、学校以及社会各方利益紧密相连的评价机制。这样的机制能够调动各方力量，共同解决我国学校体育教育在发展过程中遇到的复杂问题，推动体育教育评价工作的深入发展。

---

[1]　马克思恩格斯全集[M]．第1卷．北京：人民出版社，1959：439.

四、贵州高校体育学习效果评价创新

（一）加强体育学习过程中情感意志

大力推广"健康至上"和"终身运动"的理念，同时注重提升学生的体育人文素养。根据《纲要》的指导，体育课程被定义为大学生的公共必修课，其核心目的是通过系统的身体锻炼和科学的体育教学，不仅增强学生的体质和提升健康水平，而且培养学生的体育文化素养和终身运动的习惯。

"健康第一""终身体育"思想等人文体育素养是学习过程中的重要环节，加大体育理论课的比重，加深体育理论知识面，加强人文体育素养的实际性和操作性，结合现阶段社会热点、时事话题、时事新闻等相关内容进行体育理论知识的学习和讨论，运用专题讲座、热点讨论、模拟教学等方法，促进学习中的理论知识的普及和运用，采用多样的评价内容、手段、方式对这方面内容进行评价，培养学生健全的人格以及吃苦耐劳的精神，有助于"健康第一，终身体育"意识的逐渐养成。

（二）加强体育学习效果评价内容的多样化、多层次性

体育学习效果评价的内容应该打破单一的评价内容，采用多样化的评价内容，从健康的基本概念着手，围绕学生参与体育活动的情况、专项技术掌握情况，加强生理健康评价内容、心理健康评价内容和社会适应能力评价内容的合理比重。考虑学生个体差异，了解学生身体素质、心理健康素质、社会适应能力等各方面的学生个体区别，多层次的制定合理科学的评价内容，提供学生参与内容，从而全方位促进学生学习积极性和主动性。

（三）加强体育学习效果评价形式、手段的多维度性、重复性

教学评价形式、手段由较单一的任课教师独立完成对学生学习情况的效果评价形式向多样化发展，结合实际情况，采取由学生之间相互评价、自我评价、集体评价、分组评价等和课堂中教师抽查评价等几种评价形式和手段

来考核学生学习效果，从而促使学生在体育教学中开动脑筋不断尝试，对发展学生的思维能力、创新意识有重要作用。

（四）减少体育学习效果评价中基础性的评价比重，重视学习过程中评价考核

体育学习效果评价中应该合理安排基础性评价、学习过程评价、学习态度评价、人文体育素养评价等的比重。采用多样化、多层次、重复性的评价形式和手段，结合学生个体差异，承认学生学习能力与速度、兴趣爱好与学习风格等的不同，充分观察了解评价学生学习过程中的努力和进步，对同一学生在学习过程中基础性知识、学习态度状况、人文体育素养形成等的情况进行多样化、多层次的重复评价。

（五）加强合理科学评价方法改革和执行

相关行政部门从大局出发提出指导体育学习效果评价的有效内容、形式、方法、手段，并监督执行部门的体育学习效果评价过程，不断实践改革逐渐形成科学合理的体育学习效果评价机制，营造公平合理的评价效果，不断促进教学效果教学目标的达成。

（六）大学体育课程满意度效果评价应用

1.大学体育课程满意度指标选取的理论依据

大学体育课程满意度指标的选取是一套严谨、细致的流程，它需要采用符合体育课程特点的指标、内涵以及方法测评体系，本研究以严谨、全面的原则对指标进行选取，选取过程严格参照"标准"对学校体育工作的要求执行，依据体育课程结构、指标间的逻辑关系构建指标体系；从学生端的体验反映体育课程的效果，重点强调以人为本的教育理念，根据大学体育课程的本质、内在逻辑以及影响因素对"标准"中设计体育课程的条款进行分类，可细分为体育课程教学、体育课程拓展、体育课程目标、体育课程条件保

障、体育课程管理五个维度，这五个维度又可分解为16个因素，学生对体育课程的期望、对质量和价值的感知等隐变量进行逐级展开，归纳了95个影响因子，采用李克特尺度进行测评，这些逐级展开的测评指标就构成了大学体育课程满意度测评体系。

2.体育课程满意度效果评价分析

①大学体育课程满意度指标可以具体划分为5个一级指标，16个二级指标以及95个三级指标，致力于通过测评科学、全面找出学生的需求，不仅是大学体育课程的价值定位，也是体育、教育系统改革的风向标，更是广大基层体育教育工作者的行为准则。

②大学生对体育课程总体评价处于"非常满意"水平，满意度最低的是"体育课程拓展"。一级指标中，"体育课程管理"和"体育课程教学与监督"的满意度提升对总体满意度提升的影响最大。

③对大学生的满意度调查结果发现，男生评分普遍高于女生，只有在极少指标评分中低于女生，男女生在对"体育教学""体质测试""体育课程拓展""课程实施"等指标的评分差异不明显，其余指标存在明显的性别差异。

④大学生对体育课程的满意度指标评分基本都在0.5分以上，满意度水平较高，但满意度指标存在差异；根据各个学校体育课程的侧重点不同，在二级指标上显现出明显的差异。

（七）贵州学校体育与少数民族体育融合治理——高校引入传统民族体育

根据《关于强化少数民族传统体育工作的指导意见》，少数民族传统体育在我国体育事业中占据着显著的位置。该指导意见强调，各地方和民族院校需要结合自身实际情况，将少数民族传统体育项目纳入学校体育活动的核心内容，并将其作为体育教学计划的一部分，以丰富乡土教材。同时，少数民族学院的体育教学部门和民族地区的体育院校被鼓励建立专门的少数民族传统体育运动学科，以推动相关教学和科研工作的深入发展。特别是在贵州省，这里拥有丰富的少数民族传统体育资源，应当充分利用这一优势，积极将民族传统体育项目引入学校体育教育中。不仅中小学应当参与其中，高等院校也应发挥其在体育师资培养和民族体育研究方面的作用，加强创新设计，主动融入民族传统体育元素，推动其传承与发展，以增强民族文化自信和体育活动的多样性。

1.少数民族传统体育引入高校体育的可行性分析

（1）贵州省少数民族成分及人口情况

贵州省，作为中国多民族省份之一，紧随云南省之后，是全国民族多样性的典范。省内共有49个不同的民族群体，其中包括苗族、土家族、彝族等17个人数较多的少数民族。

贵州省不仅在民族种类上呈现出丰富性，其少数民族文化资源也极为丰富，为少数民族传统体育的保护、传承和普及提供了独特的优势。这为在该省推广少数民族体育文化，以及将其融入现代教育体系中，提供了宝贵的机会和条件。

（2）贵州少数民族传统体育资源概况

贵州是一个多民族聚居的省份，各民族形成了大散居、小聚居的居住模式，特别是在边远地区，由于较少受到外界影响，保留了许多传统的生活习俗和独具特色的民族体育文化，这些文化与当地的体育运动和民俗传统紧密相连。例如，苗族的反排木鼓舞、台江的独木龙舟竞赛、侗族的摔跤、布依族的跑马、仡佬族的高台舞狮、瑶族的板凳舞等。这些活动不仅反映了各民族的文化特性，也展现了浓厚的地域文化特色，它们既是文化娱乐活动，也具有显著的健身价值。

贵州省的多项民族体育活动因其独特的文化价值已被列入非物质文化遗产名录。比如，黔东南丹寨县的芦笙舞、纳雍县的滚山珠、平塘县的毛南族打猴鼓舞、赫章县的彝族铃铛舞以及铜仁和镇远的赛龙舟等，都是国家级非物质文化遗产。除此之外，仡佬族的打篾鸡蛋、苗族的射弩、土家族的摆手舞等30多个项目也被列为省级非物质文化遗产，这些体育活动不仅是民族文化的宝贵财富，也是民族体育精神的重要体现。

2.少数民族传统体育引入高校体育的必要性分析

《全国普通高校学校体育课程教学指导纲要》中指出："弘扬中国传统体育运动，吸纳世界先进体育文化，彰显时代感、创造力、民族性和独特性。"高校体育教学对于大多数中小学生来说，是传统体育运动课堂教学中最后一个环节，也是校园中最重要的一环，正是促使学生树立终身运动观念意识，确立健康第一思想的有利时机，借助高校学生体育运动进行民族传统体育运动课堂教学，就学校体育而言，既能执行高校体育相关规定，又能促进我校体育运动课堂多样化发展、地域性发展，并且形成贵州高等院校传统体育特有的教学资源；

同时，将民族传统体育活动融入校园课外体育项目中，对于增添校园文化多样性和激发青少年参与体育活动的热情极为关键。贵州省作为民族体育资源的宝库，在高校体育教学中具有独特的优势。省内多所高等学府，如贵州大学、贵州师范大学、贵州民族大学和贵州师范学院等，均能够依托本地丰富的少数民族传统体育项目，为学生提供深入了解和体验这些体育活动的机会。特别是对于师范类院校的学生而言，他们未来将成为中小学体育教育的中坚力量。通过学习和掌握少数民族传统体育项目，不仅能够丰富自身的体育教学内容，还能为传承和推广贵州省的民族体育文化遗产作出贡献。这不仅有助于保护和弘扬少数民族的传统体育，也对促进文化多样性和民族团结具有重要意义。

（1）推动贵州省内高校体育教育进一步发展，丰富教育形式，形成独具特色的体育教学方式

相较于其他发达省份，我国贵州省的学校体育教学资源相对滞后。因此，有必要深入挖掘地方民族传统体育文化资源，充分认识到体育教学在学生体质健康提升中的关键作用和意义。将优秀的民族传统体育项目引入高校，丰富学校体育课程，有助于彰显贵州少数民族地域文化特色，同时推动学校体育课程传授民族体育基本知识、技能，发挥学生潜能，培养其意志品质和道德精神，助力学生个性发展。

通过问卷调查和个别访谈，我们对贵州省内本科高等院校的少数民族传统体育教学现状进行了初步了解。目前，贵州省共有18所本科高等院校，其中有12所已经将少数民族传统体育纳入了教学体系。在这些院校中，贵州大学、贵州财经大学等6所高校特别针对非体育专业的学生开设了相关的课程，这表明了对普及少数民族体育文化的重视。此外，包括贵州大学、贵州师范大学、贵州民族大学在内的多所院校，已经对体育专业的学生开展了系统的少数民族传统体育教学。

　　尽管如此，仍有部分高校尚未在体育课程中正式设立民族传统体育科目。不过，值得关注的是，一些院校虽然课程中未明确包含，却在课外体育训练和活动中涉及了民族运动会的相关项目，如贵阳医学院和毕节学院等。这种做法为学生提供了体验和学习少数民族传统体育的机会，也为校园体育文化的多样性做出了贡献。

　　研究指出，贵州省内83.3%的高等院校开设了与体育相关的课程，其中约55.6%的学校为体育专业学生提供少数民族传统体育课程。这一比例占据了贵州体育专业院校总人数的66.7%。相较之下，只有33.3%的非体育专业学校在公共体育课程中引入了少数民族传统体育教学。此外，分析表明在体育专业的院校中，少数民族传统体育课程的普及率明显高于非体育专业的学校。在非体育类专业中，少数民族传统体育的教学发展还较为有限。为了提高教学质量并实现综合发展目标，贵州的高等教育机构应更加积极地融入少数民族传统体育元素。通过丰富教学内容和拓展学习范围，这不仅能够增强体育课程的吸引力，还能够培养学生对本地文化的认同感和尊重，形成具有鲜明贵州特色的高等教育体育教学模式。

　　（2）将民族传统体育引入高校，推动少数民族体育文化的传承与发展

　　随着经济的高速增长和科技的迅猛发展，很多少数民族传统体育文化受到冲击，甚至出现异化或失传。在这个充满挑战又充满机遇的社会条件下，为了实现中国梦，满足人民日益增长的精神文化需求，需要借助高校这一个载体进行传承，不仅使少数民族传统体育文化得到弘扬，还可以丰富学校体育课程体系的完整性，还能将少数民族传统体育文化唤醒，构建少数民族传统体育文化的价值体系及少数民族传统体育文化生态保护传承机制。贵州省各大学根据各自的地域特点，将适合自己的民族传统运动项目引入各自学校，比如凯里学院引入独竹漂项目、黄平民族中学引进反排舞项目、贵州民族大学引入高脚项目。不仅增加同学们对民族传统体育项目的热爱，还能挖掘少数民族传统体育文化的内涵及价值。地方特色的少数民族传统体育文化特质与高校相融合是文化之"魂"，是世代传承之"书"。

　　贵州民族传统体育资源丰富，要把这一优势资源引入到高校体育教学中，必须开展大量的教学科研工作，在教学中要做到专家和基层老师的协同配合，共同努力。在内容方面，需兼顾贵州高校实际的场地、设备、师资配

置、学生及其他状况选用少数民族传统体育项目，校本化、教材化，让具有地方独特特质的传统体育项目融入学校中来。从形式上根据项目的特点及学校的实际情况，引入不同类型的少数民族传统体育项目，从而达到学校体育的总目标。

第三节　竞技体育治理效果评价

近年来，贵州竞技体育虽然取得了长足的发展，但也存在着很大的问题。纵观全省，影响竞技体育发展的因素主要有相关体育资源投入、组织比赛次数多少、参赛人员训练负荷与强度，诸多因素影响使我省竞技体育发展较为缓慢，同时在竞技体育管理方面，相关管理制度缺失或难以落实，在迈向第二个百年奋斗目标之路上，需全面提高现代化体育治理能力，推动我国治理体系不断完善与发展。立足于本省实际，在迈向体育强省的道路上，必须寻求合理有效的治理措施和发展对策。

为最大化竞技体育的多功能性，并助力实现国家的宏伟蓝图——中国梦，竞技体育不仅应响应国家的大国外交战略，增强国际合作与交流，还应积极参与构建全球命运共同体。同时，通过深入推动竞技体育与群众体育的融合，强化其在社会发展中的作用，可有效补充并优化群众体育资源，促进全民健康。

在构建融合全省全民体制和市场机制的新体育体系中，必须利用"全省全民体制"与"市场机制"这两种机制的互补优势，加强政府的政策引导和资源整合功能，推动地方特色和社区、家庭参与，共同促进竞技体育的全面发展。

进一步地，竞技体育应成为推动创新和体育改革的关键力量，转变发展驱动力从传统要素向创新导向，这包括全面深化竞赛体制改革、刷新后备人才培养策略，并强化校园体育，以支持多元化的参与和发展。同时，我们将重点加强奥运备战工作，倡导竞技体育文化，确保贵州省竞技体育的持续健康发展。

一、加强竞技体育治理力度，构建监督评价制度

为了推动贵州省竞技体育的健康与持续发展，政府需要采取全新的战略思维和方法。首先，建立一个科学、合理且高效的竞技体育发展评价体系至关重要。这个体系将作为调控的核心工具，引导竞技体育向着多元价值发展，超越单一的金牌导向。该评价体系应包括多样化指标，如竞技体育的社会服务贡献等，以更全面地衡量竞技体育的社会影响力和综合价值。

社会层面上，政府应积极鼓励和支持社会体育组织举办竞技体育赛事和活动，并对这些活动的执行进行监控和评估。这些评估结果将成为政府资助和支持社会体育组织的关键依据。此外，市场层面的管理也应加强规范，特别是对于职业体育俱乐部的公益行为，确保其活动的制度化和规范化。职业运动员的社会责任也应在合约中明确，鼓励他们在休赛期参与社区体育指导和公共服务活动。

在政府购买公共体育服务的过程中，当前存在的财政预算管理和监督评价体系尚有不足，比如违规、垄断、暗箱操作和逆向选择等问题。为了纠正这些问题，建立一个完善的监督和评价管理流程是必要的。在公共体育服务的提供中，引入多元监督主体，如媒体监督、公众评价和第三方评议机构，可以帮助确保服务的透明性和公正性，真正实现阳光化管理。

总体来说，监督与评价是相辅相成的，需要结合定性与定量的评价方法。考虑到不同竞技体育项目的具体情况，监督评价指标应综合考虑活动的性质、规模、参与者反馈等多方面因素，确保评价的全面性和准确性。

二、体育政策评估指标体系构建——以贵州青少年竞技体育为例

（一）设计原则

构建一个青少年体育政策指标评估体系，对于确保政策能够真正促进青少年体育活动的普及和发展具有至关重要的作用。一个有效的评估体系可以

提供关键的数据支持，帮助政策制定者了解政策实施的效果，并据此作出必要的调整。以下是构建这一评估体系的几个基本原则。

1.科学性与有效性原则

科学性和有效性是构建任何政策评估指标体系的核心原则，这些原则确保了政策的性质和社会影响能够得到真实、客观且科学的反映。在贵州省，当前对青少年体育政策的评价依然主要依赖于定性的总体评价，聚焦于政策绩效。然而，为了确保青少年体育政策真正满足目标群体的需求并促进公平与效率，我们必须深化对评估方法的理解和应用，特别是在减少主观"自我评价"的偏差方面。

本研究旨在深入探讨贵州省青少年体育政策是否真正回应了青少年的需求，并对现有的评估体系的优劣进行深入分析。为增强评估的客观性和准确性，建议在可能的情况下引入第三方评估机构来独立收集和验证数据。这样的做法不仅提高了评估的信度和效度，也有助于制定更具针对性和有效性的体育政策。

2.系统性与层次性原则

在探讨贵州省青少年体育政策的目标时，我们必须超越单一的投入产出模型，深入分析政策的实际成效、体育活动的质量及其在培养青少年锻炼习惯方面的作用。目标的实现不仅是衡量青少年体育政策成功与否的关键，也是政策评估过程的核心。

贵州省的青少年体育政策涵盖了从具体的单项政策到多元化、系统性政策的广泛内容，构成了一个多层次、多维度的复杂体系。因此，建立一个全面的评估体系是必要的，这一体系应该从系统性与层次性两个层面来审视。

3.代表性与独立性原则

在构建青少年体育政策的评估体系中，必须精心挑选能够反映政策影响的关键指标，并确保这些指标具有代表性和独立性。这种方法论旨在防止因指标间的高度相关性而导致的评估结果失真。

4.全面性与可操作性原则

在构建青少年体育政策的评估体系时，应注重系统的全面性与实际操作的可行性。评估标准与方法应明确、简洁，并易于实施，这不仅有助于捕捉评估对象的多样性和复杂性，而且能确保在多变的实际环境中有效运用。在设计评估指标时，重要的是要从全局的视角综合思考，通过多层次分析揭示政策的综合影响，同时考虑到数据收集的实际可行性。

为了适应青少年的特定需求和认知水平，评估指标应简化而非简单化，确保问题的表述既清晰又易于理解。这样的设计可以减少因复杂性或术语难度引起的误解，让青少年能够通过访谈、问卷调查和互动活动等多种方式，有效表达自己的观点和需求。这种接地气的方法将提高数据收集的质量和相关性，从而使评估结果更具说服力和参考价值。

（二）设计方法

在设计我省青少年体育政策评估的方法时，可以考虑以下几个关键步骤：

首先，建立一个积极的评估文化和环境是至关重要的。这包括形成一个共识基础，使各方面都认同和支持评估过程，以及后续的政策改革。这样的环境将鼓励开放的讨论和前瞻性思维，帮助形成对政策影响的全面理解。

其次，地方政府需要在政策评估过程中起到领导作用，从而确保评估的方向和目标与地区的长远发展战略一致。政府应通过系统的顶层设计来明确政策的主要方向和策略，这包括通过相关的政策决议和法规的形式化，确保政策目标的明确性和权威性。

最后，为确保政策的有效实施，应采取多元化的方法来协调和整合各方面的力量和资源。这涉及政府、学校、家庭、学生和社区等各利益相关者的合作，通过强化沟通、提高执行力和加强监督，实现各方面的利益平衡和共同目标的实现。通过这种综合性的方法，可以确保政策的全面落实并达到预期的效果。

（三）青少年体育政策评估标准

在青少年体育政策评估标准的制定过程中，重要的是如何平衡事实和价值的评估。根据威廉·N·邓恩的理论，政策评估的标准可以分为六大类：

效果、效率、充足性、公平性、回应性和适应性。[①]这些标准提供了一个全面评估政策性能的框架。同时，我们也需要关注休谟的哲学观点，即从现实的"是"到规范的"应当"之间的逻辑隔离，这提示我们在进行政策评估时要明确区分事实判断和价值判断。

以"贵州省政府投资修建偏远贫困地区公路"这一政策为例，对其进行事实评估时，我们关注的是投资的具体数额、施工的进度、路面的质量等可量化的客观指标。这些都是政策执行的具体事实基础，可以通过数据收集和现场调查获得客观验证。[②]对于同一政策的价值评估，我们则进入一个不同的讨论层面。这里的问题是："贵州省政府是否应投入大量资金修建偏远地区公路？"这涉及政策的伦理价值、社会正义、预期目的、利益相关者的需求及潜在风险等。价值评估是一种涉及伦理和优先级考量的过程，通常基于更主观的判断标准。

在青少年体育政策的评估中，这两种评估方式都是必需的。首先，事实评估帮助我们理解政策的执行状况和直接成果；其次，价值评估则让我们考虑政策的广泛影响，如是否促进了公平性、是否响应了青少年的实际需求等。这种双重方法确保了评估的全面性和深度，使得政策评估既着眼于具体执行的实际效果，也关注其更广泛的社会价值和伦理意义。

在青少年体育政策评估过程中，需遵循以下两个原则。

1.事实标准

青少年体育政策的评估基础涉及两个核心领域：事实标准和价值标准。事实标准的设定主要关注政策的效率、效果和可行性，这些标准是衡量政策在实施过程中具体成效的关键指标。通过分析如效果比率、统计结果等可观测的数据，可以量化政策对国家、社会和个体的具体影响。

回顾我国青少年体育政策的历史，可以看到从20世纪50年代至今，政策的方向和重点已发生显著变化。例如，20世纪50年代的《关于在中等以上学校中开展群众性体育运动的联合指示》强调了群众性体育的普及；而2007年

① 威廉.N.邓恩.公共政策分析导论（第4版）[M].北京：中国人民大学出版社，2011.

② 黄维海.公共经济政策评估模型的范式发展与选择[J].社会科学家，2011（10）：74-78.

的《关于加强青少年体育增强青少年体质的意见》以及2022年的《关于深化体教融合促进青少年健康发展的实施意见》，则体现了对青少年体质增强和体教融合的长期关注和推动。

这些政策的实施，推动了青少年从被动接受体育活动到主动参与的转变。随着时间的推移，青少年群体通过参与广播操、球类、田径、游泳等多样化体育活动，不仅增强了体质，还培养了团队精神和社交能力。同时，学校和政府在体育设施和资金投入上也持续加大力度，从而为青少年提供了更多的体育锻炼机会和更好的体育环境。

通过这一连串的政策演进，可以观察到青少年体育政策的持续发展和成果，这不仅为评估提供了丰富的事实依据，也有助于进一步优化和调整未来的政策方向。

2022年贵州省学生体育大会启动，6月中旬，由贵州省体育局主办，毕节市体育局承办的2022年贵州省青少年跆拳道锦标赛暨贵州省第十一届运动会跆拳道测试赛、羽毛球测试赛分别在毕节市体育运动学校、黔西市奥林匹克体育中心举办。2022年 7月21日上午，贵州省学生体育大会乒乓球、跳绳、户外体育线上比赛开赛。这些大型体育活动的举办丰富了贵州多元化的健康促进手段，促进了青少年群体的健康成长。

2.价值标准

价值的概念在不同学科领域中呈现出多样化和复杂性。在哲学与社会科学中，价值通常被理解为主体的内在需求与客体的固有属性之间在实践中形成的特殊效应关系。具体到个人层面，价值反映了个体对某一客体的主观评价，这种评价深受其认知状态和实际行动的影响，并体现了个人的思维方式和理想追求。从更广泛的社会科学角度看，价值与事实是两个相对立的概念，其中价值指向了"应为"的理想状态，而事实则描述了"实际存在"的状态。价值的多元性表明，它是一个既终极又非衍生的概念，是探索世界的一个重要工具。

青少年体育政策的价值可视为是体育政策属性对青少年这一特定群体的意义和作用。这类政策本质上反映了政策制定者的意识形态和价值观，其影响和效力深受制定者内在需求的制约。体育政策的价值实现，依赖于政策的实践应用和效果验证，突出实践的重要性。青少年体育政策集成了政治、管理和经济等多重价值，为政策评估提供了一个多维度的分析框架。

在设计和实施青少年体育政策时，应密切关注体育活动的现实问题和潜在不足，确保这些政策与人类体育健康发展的趋势保持一致，以实现预期的健身和教育目标，促进青少年的全面发展。政策的这种目标导向性价值有时也被视为其内在价值。政策的价值标准核心在于是否响应大众需求、保障社会公平以及推动社会生产力的提升。

通过以上分析，可以看到在青少年体育政策评估中，必须平衡事实与价值的关系，考虑包括价值、目标和成果在内的多个关键维度。同时，政策评估还应关注实施中可能遇到的问题和所采用的手段。这些考虑因素通过目标互相关联，构建出两个主要的评估路径：一是以价值分析为核心的"价值——问题——目标"分析体系；二是以事实分析为核心的"目标——工具——绩效"评估体系。这两种评估路径在实际应用中应当相辅相成，共同推动政策评估的深入进行。

（四）青少年体育政策评估维度的理论与实践基础

在进行青少年体育政策评估时，关键在于确立明确的评估维度和方法。本研究提出，通过确立一系列一级评估指标来构建评估框架，运用多角度信息处理和多阶段评估方法。这种方法结合可以更科学地处理数据，同时减少主观偏差的影响。建立一个科学的公共政策评估体系是评估政策执行效果的核心，旨在精确识别真实有效的因果效应。

从对政策评估的全面探讨中，我们注意到存在两种主要的评估倾向：一种是全过程评估，覆盖政策问题分析、政策构建、执行和绩效等多个阶段；另一种则集中于政策效果或具体政策方案的评估。这表明，青少年体育政策的评估是一个动态的、复杂且相互关联的全程。

本研究将评估维度划分为"政策制定""政策执行"和"政策绩效"三部分，以全面系统地评价青少年体育政策的实施成效。针对青少年的体质和体育发展需求，贵州省政府制定了一套公共体育政策，旨在提升青少年体质健康、优化公共体育服务，并培养竞技体育后备人才。评估标准需遵循公共政策评价的相关准则，同时考虑体育运动的实际规律。

此外，本研究基于现有公共政策评估的理论与经验，结合实际数据，致力于定量化评估政策成效，并构建一套针对贵州青少年体育政策的评估指标体系，通过模糊评价模型来进行实证分析。在评估过程中，不仅总结经验、确认成效，更重要的是发现并纠正问题，确保指标体系在实践中的实际应用。

贵州当前的青少年体育政策评估面临诸多挑战。首先，对评估的重要性认识不足，使得评估活动边缘化；其次，评估方法落后，缺乏明确的目标和现实标准，以及一个系统的理论指导；再者，量化评估存在困难，如数据不全、成本高昂和客观标准的低准确性等。这些问题加剧了评估的难度，为构建有效的评估指标体系带来了额外挑战。

（五）青少年体育政策评估指标选取

在本研究中，我们对贵州省当前实施的青少年体育政策进行了全面评估。选择这些政策进行研究，目的在于验证其在促进青少年体质提升和体育技能发展方面的有效性。基于实证调研，本研究在贵州省的三个代表性区县进行了深入的数据收集和分析，确保评估结果具有广泛的代表性和实用性。

1. 政策制定指标

评估青少年体育政策的核心目标在于测定正在执行的政策是否达到了其预设目标。此评估过程基于政策的设计原则和既定功能，主要关注计划阶段与实施阶段之间的差异。通过这种评估，可以针对实施的具体细节和方法进行调整，从而优化政策的执行效果。

2.政策执行指标

在评估政策执行的可行性时，我们关注四个核心维度：管理可行性、政治可行性、技术可行性和财政可行性。这些维度共同决定了政府组织执行政策的能力及其效果。

管理可行性：这一指标涉及行政部门的业务能力、执行效率以及预期的最终效果。它确保政策执行过程中的组织和管理能够高效、有序地进行。

政治可行性：包括政策的公正性、合法性、适当性和可接受性。政治可行性强调政策必须符合法律法规，体现法治精神，同时要得到公众的广泛支持和认可。

技术可行性：评估政策执行所需技术手段的有效性和可靠性。技术的进步可以为政策执行提供强有力的支持，确保政策能够顺利实施。

财政可行性：涉及政策执行的投入—产出率、经济效率和成本效益等具体指标。财政可行性确保政策执行的经济效益，避免资源浪费。

合法性和合理性也是政策可行性的重要部分。合法性要求政策的制定和实施必须与上位法保持一致，尊重宪法和法律，依法行政。这不仅是法治的要求，也是确保政策合法性、公正性的关键。合理性则强调政策应反映公众意愿，满足社会大多数人的需求，同时对弱势群体给予特别关注。政策的连续性和稳定性也是合理性的重要方面。

3.政策绩效指标

政策绩效指标的设定涵盖了多维度的考量，其中学者们对评估标准的分类各具特色。首先，从政策有效性的角度出发，关键指标包括政策的充足性、公平性、效率、成果、回应性以及适宜性。其次，时限性的考虑则涉及反应时滞、制定时滞和识别时滞，这些因素共同影响政策的及时调整与优化。

综合来看，政策评估标准可分为四大类：政策效率、政策绩效、回应性和公平度。这一分类有助于从政策运作的整体效果出发，全面衡量政策的效率与其带来的收益。

第四节　体育产业治理效果评价

一、贵州体育产业治理效果的影响因素

（一）宏观影响因素

1.政府要素

国家对体育产业的宏观调控是体育产业治理体系的核心。政府通过整

治外部环境，尤其是通过制定和实施相关政策法规，来推动体育产业的发展。①这种整治的成效，直接关系到体育产业治理价值能否得以实现。缺乏适宜的外部环境和相应的法律政策支持，体育产业的发展将难以为继。

政府在体育产业治理中扮演着双重角色：一方面，政府保护程度的高低对体育产业的公平竞争具有重要影响。过度的保护可能会限制市场竞争，对治理成效产生负面效应。另一方面，政府监督的有效性对于及时纠正治理过程中的不当行为至关重要。通过有效的监督，可以优化治理制度，提升体育产业治理的整体绩效。

2.法律要素

法律在体育产业治理中发挥着独立而关键的作用，它为市场交易主体营造了一个有利于经济发展的外部环境，并塑造了公平竞争的氛围。在市场经济体制下，随着我国法律体系的不断完善，法律对于体育产业的支撑作用变得日益重要。特别是在贵州省，体育产业正处于发展初期，面临地区发展不均衡和运动项目开发水平不一的挑战，法律的作用尤为突出。②

针对贵州体育产业的法律发展现状，优化法律在治理绩效方面的作用至关重要。这需要从两个主要方面着手：首先，建立健全体育产业市场相关的法律体系，为产业的健康发展提供坚实的法律基础；其次，对体育产业发展过程中的违规行为实施法律制裁，确保市场秩序的规范性。

当前，体育产业正经历从初步形成到增长的关键过渡期。对此产业的理解多半浅显，深层次的研究与开发仍处于萌芽状态，体育产业的深入探索和挖掘尚未充分展开。③在这一背景下，政府的积极介入与市场的有效调节变得尤为关键。捕捉并利用这些机遇，推动体育产业实现其经济潜力，在很大程度上取决于构建一个完善的体育产业法律框架，具体可从以下几方面展开。

政府角色转变：将政府角色由直接经营者转变为监管者和引导者，结束

① 马飞.体育产业发展与政府行为介入的相关问题研究[J].商场现代化，2006，(26)：25.
② 赵双印.关于体育产业法律若干问题的思考[J].商场现代化，2005，(32)：359.
③ 常鹏飞.体育产业调控法律问题研究[D].太原：山西大学，2007.

政府在市场中的直接垄断，更多地发挥政策制定和市场监督的作用。

税收激励：制定针对体育产业的税收优惠政策，通过法律确立差别税率，加强对体育产业投资的法律支持，创造有利的税收环境以吸引更多投资。

降低准入门槛：简化体育产业的投资准入流程，确保国内外投资者在法律地位和权益上享有平等待遇，激发市场活力。

破除垄断，鼓励投资：坚持投资者、受益者和风险承担者一体化的原则，通过立法消除不合理垄断，鼓励各界参与体育产业的投资与开发，遵循保护、合理开发和有效利用的原则。

制定支持政策：出台一系列保障性和激励性政策，以提升地方体育产业的核心竞争力，支持和促进新型体育企业的成立和发展。

强化法律执行：在完善的法律框架基础上，确保法律得到严格执行，对违反体育产业发展规定的行为实施法律制裁，优化发展环境，提升治理效能。

通过这些措施，可以有效推动体育产业的法规环境建设，为体育产业的健康发展创造更加有利的外部条件。

3.社会要素

社会文化因素对体育产业的形成和发展起到了深刻的制约和推动作用，这些因素包括思想观念、价值取向、思维方式、行为规范以及社会规章等。在体育产业治理中，这些社会文化要素主要通过制度文化和精神文化两个维度发挥作用，其中，优良的治理文化是促进体育产业高效治理的重要基础。

体育产业中的文化附加值是其经济效益的重要组成部分，同时也关乎体育产业的可持续发展。[1]体育的有形与无形资产通过体育精神的物化表达，不仅增强了体育产品的文化和物质价值，也形成了体育文化产业发展的独特模式。[2]

为了优化社会文化环境并增强体育产业的治理效能，强化制度建设是不

---

① 金志祥，白磊.试论体育产业中的文化附加值[J].知识经济，2007，（8）：179-180.

② 易剑东.中国体育体制改革的逻辑基点与价值取向[J].体育学刊，2011，18（1）：12.

可或缺的外部保障。这不仅包括加强思想教育，还需要通过制定一系列科学的规章制度来保障。在贵州从计划体制向市场体制转变的过程中，体育产业的治理效能受到了多种社会文化因素的影响。因此，对制度文化对体育产业治理效能的影响进行客观评估，构建一个更科学的体育产业治理评价体系显得尤为重要。

此外，不容忽视的是社会文化精神层面对体育产业治理的影响。这包括民众的习俗、生活态度、消费模式和价值观等，都深刻影响着体育消费和产业的发展。例如，政府对体育产业的积极关注与支持，以及公众对体育活动的热情参与和消费，都在推动着体育产业治理向更好的方向发展。

（二）产业环境影响因素

体育产业的发展历程反映了社会和经济发展的某些关键转变。在过去，体育主要被视为一部分社会福利事业，与文化、教育、卫生等同为社会上层建筑的一部分，且其发展水平在很大程度上依赖于政府的经济支持。体育行业的资金来源过度依赖政府，而对其作为一个独立经济实体的理解不够深刻。随着改革开放的推进和国际化进程的加速，体育的国际交流作用被越来越多地认识到，人们开始逐步认识到体育的产业价值，体育产业的概念也逐渐被广泛认同。

体育产业作为第三产业的一部分，其健康发展需要一系列战略性措施的支持。首要任务是通过有效的政策和治理机制，培养一个繁荣的体育市场环境，为投资者和参与者创造良好的操作和投资空间。此外，推动体育产业实践中的运营水平持续提升，确保能够生产和提供高质量的体育公共服务和产品。

为满足公众日增的体育消费需求，我们需要积极挖掘和利用各类体育资源，引导和扩大体育市场的多元化发展。同时，鼓励和支持私人及外来资金投资体育产业，为其提供多元化的发展动力。

在这一过程中，制定和完善体育市场的管理制度和服务标准至关重要，以强化市场监管，确保市场的健康有序运作。此外，加强体育产业的统计分析工作，为制定符合本地实际的体育产业政策提供科学的数据支持，是推动贵州体育产业快速发展的关键一步。

1.市场竞争要素

市场竞争作为衡量和激励管理者投入与经营成效的重要机制，对于体育产业的发展尤为关键。Vicker（1995）指出，在竞争激烈的市场环境中，利润通常被视为评估管理效率和业绩的核心指标。尽管中国的体育产业已从计划经济体制转向市场经济，但受到长期计划经济的影响，部分体育部门仍保留着事业单位的性质，并受到政府的过度保护，这种情况不利于体育产业的长期可持续发展。特别是在我省，体育产业的市场化和社会化进程较为缓慢，产业发展水平低下，市场竞争不充分，导致了一个非良性的发展循环。

因此，为了提高体育产业的治理成效，重要的一步是在治理策略中创造一个公平和公正的市场竞争环境。这不仅能够充分激发市场各参与方的活力，还能通过竞争推动体育产业的整体发展和效率提升。这种策略将有助于打破现有的非良性循环，促进体育产业在更广泛的社会经济环境中健康、可持续地发展。

2.行业协会要素

在我国贵州省，体育产业行业协会正处于其发展的初级阶段，面对行业的分散性和体育企业竞争力的不足，以及各类体育市场成熟度的差异，行业协会的角色显得尤为重要。[1]根据刘次琴、金育强的研究，行业协会的加强和完善，能够有效监管政府与市场的互动，促进资源的高效配置，从而推动省内体育事业的发展，更好地满足不同群体对体育的需求，实现体育的社会化功能。[2]

行业协会的非营利性质使其在治理体育产业时能保持一定的独立性和客观性，不受商业利益集团的直接影响，能更加关注于长期的市场趋势和健康发展。如刘次琴与金育强所论述，行业协会可以成为政府和商业部门之间的桥梁，帮助双方在没有直接经济利益冲突的情况下沟通与协作，共同推动体育产业的公共目标。

---

① 黄涌.我国体育产业行业协会研究[D] 武汉：武汉体育学院，2006.

② 刘次琴，金育强.第三部门理论视野下的行业体育协会[J].体育文化导刊，2007，（3）：12-14.

综上所述，行业协会不仅是市场与政府之间的重要中介机构，其功能的有效发挥也是国家宏观调控体育产业的重要补充。通过优化资源配置和提高治理效率，行业协会的作用将直接影响到整个体育产业的发展水平和治理成效。

3.中介组织要素

在贵州省的体育产业发展中，中介组织扮演着越来越关键的角色。传统上，市场监管主要由政府承担，这种模式下经常会出现由于利益冲突引发的问题。因此，发挥中介组织在优化体育产业市场环境中的作用变得尤为重要。在构建体育产业治理体系时，应充分认识到中介组织的重要性，并为其创造良好的发展条件和明确的职能定位。

多元化中介组织的培育是一个关键策略。考虑到贵州省体育产业的不均衡发展，特别是在不同地区和各个发展层次（核心层、紧密层、松散层）之间的差异，应根据具体地域特点，制定针对性的指导策略，有计划地推动中介组织的成长。

强化政府支持和优化外部环境也至关重要。政府的角色应从直接管理转变为提供法制、政策支持和公共服务，确保中介组织可以在健康的环境中发展，避免因行政干预而失去其独立性和效能。此外，中介组织应被赋予独立的社会地位，确保其在提供服务时能够保持公正性和公平性。同时，在国家税费政策框架尚未完全确定之前，地方政府可以在其权限范围内为这些组织提供税收优惠，以促进其成长和繁荣。

通过上述措施，中介组织能有效地协助政府监管市场，促进体育产业的健康发展，同时也能更好地服务于市场和社会的需求。

（三）体育企业与媒体的影响因素

在当前体育产业的发展中，体育企业的自身治理能力与媒体监督功能是两个核心因素，对产业的整体表现产生深远影响。

1.体育企业自身的影响

体育企业的自我实现与发展离不开有效的公司治理。虽然我国体育产业的企业在优化公司治理结构上已取得初步进展，但由于企业规模和发展基础的限制，其公司治理结构还有待进一步完善。这是体育产业发展中的一个短板，需要着重强化每个单位的治理能力，以充分挖掘体育活动的经济潜力和市场价值。

2.媒体监督要素

在信息化社会中，媒体监督作为一种有效的外部监督机制，不仅扩大了监督的范围，还提高了监督的效率。体育与媒体的融合导致体育活动可以通过媒体的力量在全球范围内迅速传播，这种传播不仅增值体育内容，还深刻地影响着人们的生活和生产方式。媒体的快速反应能力、广泛的影响面和深远的影响力使其在体育产业治理中的角色日益重要。媒体不仅可以进行事前和过程监督，减少对政府和法律监督的依赖，还能提升治理的透明度和有效性。

此外，加强全社会的舆论监督，充分利用互联网、媒体等多样化手段，可以更好地发挥其监督和威慑作用，确保文化环境的健康，为体育产业的可持续发展提供优质的宏观环境。

综上所述，体育企业的内部治理和媒体监督是推动体育产业健康发展的关键因素。因此，对这些影响因素的深入分析与评价应成为未来研究的重点。

二、体育产业治理效果评价思路

（一）体育产业治理效果评价的原则

在评估体育产业治理的效果时，必须遵循一系列明确的原则，确保评价活动的科学性和有效性。这些原则指导下的评估工作不仅推动体育产业的健康快速发展，还提升其在国民经济中的作用，并为政策制定提供坚实的支持。以下是体育产业治理效果评价的核心原则。

第一，遵循国家宏观政策指导原则。体育产业的治理绩效评价必须与国家的宏观政策保持一致。这种评价首先是为了向政府提供关于体育产业发展方向和调控效果的反馈，以便政策制定者可以根据实际效果调整策略，保证体育产业发展的均衡性和持续性。

第二，以国民需求为导向的原则。体育产业的发展紧密关联国民的生活质量和健康。因此，评价体育产业治理绩效时，应重视国民对体育活动的需求和偏好，确保产业发展能够响应这些需求，进而采取科学的方法引导产业朝向更加可持续和全民化的方向发展。

第三，科学性原则。治理绩效的评价应当基于科学的方法和理论，以确保评价过程的客观性和结果的准确性。评价设计与执行过程中应充分考虑所有相关因素，通过详尽的数据分析和实证研究，对体育产业的现状、趋势及其对经济和社会的影响进行全面深入的评估。

遵循这些原则进行体育产业治理绩效的评价，不仅能有效监测和指导体育产业的发展，还能为整个社会的经济和文化发展作出贡献，确保体育产业在促进国民健康和社会和谐方面的积极作用得以实现。

（二）体育产业治理效果评价的流程设计

在进行体育产业治理的评价之前，确保评价流程的科学性和合理性至关重要。这不仅影响评价的准确性，也决定了评价结果的实用性和有效性。因此，设计一个全面而统一的治理绩效评价流程是至关重要的，它应当适用于不同的治理模式，以保证评价的一致性和广泛的适用性（图5-1）。

为确保体育产业治理绩效的全面评价，首先需成立专门的治理绩效评价组。这个评价组应聚集来自政府体育管理部门的官员以及治理绩效评价的专家学者，利用他们的实践经验和理论知识共同执行评价任务。成立该组织的主要目标是在政府的宏观调控指导下，详细审视贵州省体育产业的治理体系和实际运行状况，以全面了解在当前治理体系下体育产业的发展情况。

评价组需基于对国内外体育产业治理模式的深入分析，以及政策环境的具体导向，来制定一个包罗万象的评价计划。此计划应全面描述和评估贵州体育产业的运营现状，并针对其特定的治理模式设计一个合适的评价体系。确立整体方案后，应提交至相关政府部门进行科学和实践的验证，以确保评价指南的科学性和实用性，并为评价的具体执行提供指导。

在科学的评价方法和详尽的方案指导下，评价活动将逐步执行，并在实施过程中不断调整细节以符合实际需求。整个评价过程应产生一系列阶段性成果，评价组应定期向政府部门报告这些成果并进行验证，确保评价结果的科学性和适应性。

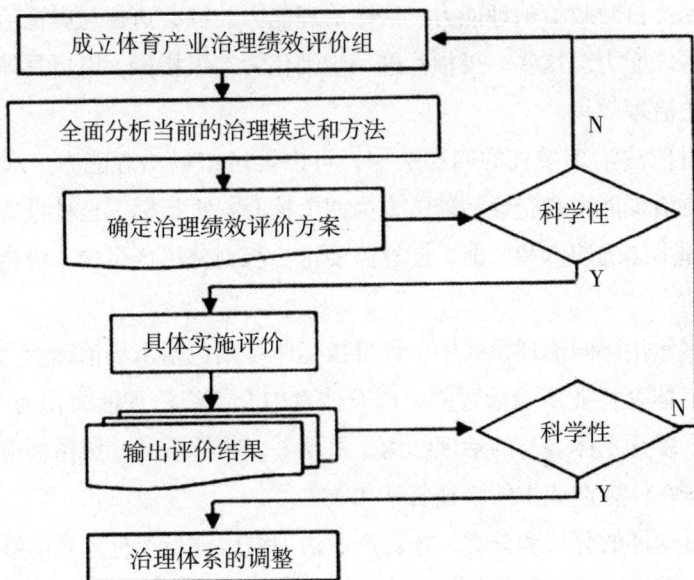

图5-1　体育产业治理绩效评价流程图

最终，经过政府部门审核批准的评估结果，将作为推动体育产业发展和优化治理的重要依据。如果在评估过程中发现实际治理与宏观政策之间存在不协调现象，应制定科学的调整计划，并持续优化体育产业的治理体系，以促进其更加健康和可持续的发展。

三、体育产业治理效果评价指标体系与评价方法

（一）体育产业治理效果评价指标体系的设计

设计体育产业治理绩效评价指标体系是一个关键过程，该体系需要与具体的治理模式紧密结合，并由一组相互补充且关联紧密的指标构成。这些指标应按层级划分为一级指标和二级指标，以适应不同的治理策略和需求。

在结合刚性、柔性和中性治理模式的情况下，体系中可以包括如下四个

一级指标：行政政策治理能力、法律治理能力、社会道德与舆论治理能力以及市场治理能力。这些一级指标进一步细化为二级指标，以更具体地评估各个方面的治理效果。

针对依法治理模式的四层结构，可以设定市场治理能力、政府治理能力、行业治理能力和企业治理能力为四个核心一级指标。这种设置帮助明确各个治理主体的职责和效能，同样需要进一步划分出详尽的二级指标来进行绩效评估。

在多元化协同治理模式中，评价指标体系则包括市场治理能力、政府治理能力、体育行业协会治理能力以及体育中介组织治理能力作为一级指标。这反映了多元主体参与的治理结构，每个一级指标下的二级指标应具体反映这些主体在体育产业中的治理贡献和效果。

通过这样的分层和分类，体育产业治理绩效评价指标体系能够全面地反映不同治理模式下的管理效能，为政策制定者和管理者提供明确的评估工具和决策支持。

（二）体育产业治理效果评价方法简介

首先，依据企业集团竞争力的一级分类及其所包含的六大要素，我们通过确定各要素的指标权重，绘制出一个直观的饼图。这个饼图将展示不同要素在竞争力构成中的重要程度。接下来，进一步细化分析，根据竞争力评价指标体系的二级分类及其各自的权重，再次制作饼图。这将有助于我们更细致地理解每个一级分类下的子要素如何共同作用于企业集团的竞争力。然后，为了确保评价的公正性和准确性，对各级评价指标进行无量纲化处理，也称为定值转换。这一步骤涉及将各指标的原始数值转换为无量纲的指标值，从而消除不同量纲的影响，使得不同指标之间的比较更为公平。在无量纲化处理后，我们自下而上地计算各级三级指标的无量纲值及其权重，进而汇总得到二级指标、一级指标的评价值。这一过程确保了评价结果的层级性和综合性。最终，在前面步骤的基础上，综合计算出企业集团竞争力评价的总值。为了形象地展示这些评价值，可将各级指标的评价值作为半径，并在饼图的相应区域以弧线或点的形式进行标记。通过这种方式，我们形成了一个由多个扇形或三角形构成的蜘蛛图（图5-2），它不仅展示了企业集团竞争力的总体评分，也揭示了不同指标对总评分的具体贡献。

扇形计算公式为：

$$S=\sum_{i=1}^{n}\frac{1}{2}r_1^2\theta，\text{或者} S=\sum_{i=1}^{n}\frac{1}{2}r_1^2\times\pi\times q_1$$

其中，S代表蜘蛛图所有扇形面积之和，这一总和值对应于集团公司的整体竞争力。它是通过综合考虑各项评价指标后得出的结果，反映了企业集团在所有评价维度上的综合表现。r表示第i个扇形的边长，这个参数在图形上相当于圆的半径。在蜘蛛图中，每个扇形的边长（半径）代表了对应评价指标的数值大小，是衡量该指标对整体竞争力贡献度的直接体现。θ代表第i个扇形的两边所夹的中心角，其单位是弧度。在蜘蛛图中，每个扇形的夹角大小与评价指标的权重成正比，反映了不同评价指标在整体竞争力中的重要程度。q_1指评价指标的权重，它是一个介于0和1之间的数值，用于调整评价指标对整体竞争力影响的相对大小。权重的分配基于评价指标的重要性和对企业竞争力的实际贡献。n代表扇形的数量，也就是评价指标的种类数。这个参数决定了蜘蛛图的多边形形状，每个扇形对应一个评价指标，整体上n个扇形共同构成了蜘蛛图，全面反映了企业集团的竞争力。

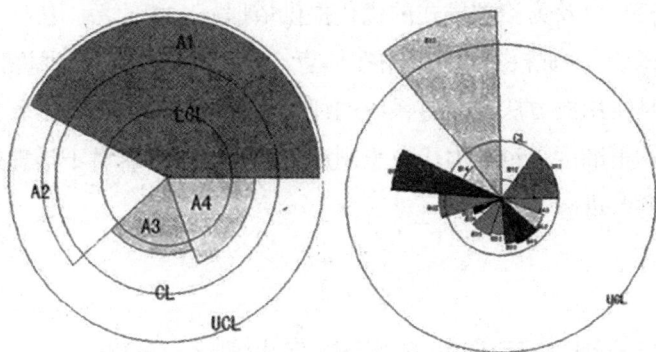

图5-2　蜘蛛图最终输出结果举例

在体育产业治理绩效的评估实践中，笔者建议引入并借鉴蜘蛛图模型在评估企业集团竞争力方面的先进理念。蜘蛛图作为一种多维评价工具，其独特的图形表示方法能够直观地展示和比较不同指标的数值，为绩效评估提供了一种全新的视角。

在体育产业治理绩效评价的实施中，蜘蛛图评价法提供了一个结构化和视觉化的评估工具。其运用过程包括以下关键步骤。

①设计评价指标体系：首先，评价组需要根据体育产业的具体治理体系，从评价指标体系的构建出发来设计评价方案。整个评价指标体系将作为方案的核心，涵盖定性和定量指标，确保评价的全面性和科学性。

②确定指标权重：在指标体系构建完毕后，接下来是计算各级指标之间的权重。这一步骤涉及分析指标间的相对重要性和层级关系，通常采用专家咨询、德尔菲法等科学方法来进行权重分配。

③无量纲化处理：由于不同指标可能采用不同的测量单位和计算方法，为了统一标准并保证数据之间可以公平比较，需要对所有指标数据进行无量纲化处理。

④绘制蜘蛛图：在数据无量纲化处理完成后，根据各指标的数值及其权重，使用计算机辅助设计工具将评价结果可视化为蜘蛛图。这种图形化展示可以直观地展示出体育产业各个治理维度的绩效状态。

⑤结果应用：蜘蛛图的结果可以用来识别治理过程中的薄弱环节，并根据比较结果制定改进措施。此外，评价结果还可以用于不同地区或不同时期的绩效比较，以及为治理模式的优化提供依据。

总体来说，蜘蛛图法的应用在体育产业治理效果评价中提供了一种科学、直观且实用的方法。通过系统的评价流程和明确的操作步骤，不仅能够提升评价的精准度，也助力于政策制定者和行业管理者对于治理效果的全面理解和持续改进。

四、贵州体育产业与旅游产业融合治理

（一）体育产业与旅游产业融合的基础

体育与旅游的融合，不仅为旅游业带来了新的活力，还将体育转化为旅

游的动力引擎，共同孕育出新的体育旅游产品。这种创新互动不仅丰富了两个产业的内涵和扩展了其边界，而且促进了产业的优化升级，共同推动了经济的增长。因此，体育产业和旅游产业作为21世纪备受瞩目的新兴行业，被称为朝阳产业、幸福产业和绿色产业，它们特别强调低污染、长产业链、高需求弹性等特点。这两个产业的天然兼容性使得它们的融合成为市场发展的必然趋势，这种融合的本质是市场导向和产品功能的相互渗透，以及产业内部的紧密联系。

在外部推动因素方面，政府的政策支持、企业的盈利动机、技术创新的推动力和消费者需求的上升，共同助推了体育与旅游的深度融合。这种融合有助于更有效地进行资源配置，推动经济的全面发展。

贵州地区拥有得天独厚的体育旅游资源。近年来，随着诸如猴儿天坑、坝陵河高桥蹦极等体育旅游项目的持续发展和完善，地区旅游产业取得了显著成果。然而，我们也必须看到，贵州在体育旅游领域的龙头企业较少，体育旅游品牌尚未充分建立，体育旅游的经济产出依然有限，主要仍依赖于旅游产业的推动，体育元素在其中扮演的角色还显得较为辅助。

此外，在早期的发展规划中，贵州未能充分将旅游产业的发展与地方建设的总体布局相结合，导致旅游服务供给不足。在景区建设过程中，体育元素的融入也未能达到理想状态，这在一定程度上限制了体育旅游产业的全面发展。

为了充分挖掘体育产业在体育旅游中的主导作用，我们需要进一步优化产业结构，加强体育与旅游产业之间的有效互动和融合。通过资源的整合和产业的密切配合，实现互利共赢的局面。这将是推动贵州体育旅游产业持续健康发展的关键策略。

通过熵值计算法对贵州体育与旅游产业的发展进行了深入分析，结果揭示了两大产业的综合发展指数。通过分析历史数据可以看出，体育产业在早期发展阶段相对于旅游产业处于劣势。然而，得益于近几年的集中发展努力和政策推动，体育产业的发展速度显著加快，逐渐缩小了与旅游产业之间的差距。目前，两大产业已经展现出相互竞争和轮流领先的发展态势，表明体育与旅游的融合战略正逐步显现成效。特别值得一提的是，旅游产业在2015年实现了显著增长，而体育产业则在2018年展现出强劲的发展势头。这些积极的发展变化主要源于贵州省政府的战略决策，将建设全国体育旅游示范区作为省级发展重点。这一政策举措为体育与旅游产业的深度融合和共同进步提供了坚实的支持和推动力，从而带动了两大产业的整体提升。此外，政府政策的引导、技术的持续进步、企业间的互利合作以及庞大的消费群体的推动，都为体育与旅游产业的融合发展奠定了坚实基础。同时，两大产业之间的有效互动正在不断加强，相互促进，共同推动着贵州体育旅游产业的健康发展。

根据耦合协调度模型的分析结果，我们可以看到2015—2019年，体育产业与旅游产业的融合进程呈现出显著的加速趋势，其协调性等级也在持续提升。这一过程从最初的"轻度失调"状态，经历了"勉强协调"的过渡阶段，迅速跃迁至"中级协调"，并且目前正朝着"良好协调"的更高层次迈进，显示出两大产业间协调性的明显改善。

当前，两大产业的协调等级已经达到一个相对较高的水平，并正朝着最优协调等级稳步发展。在初始阶段，体育产业与旅游产业未能实现有效协调的主要障碍在于两者的发展水平存在差异，导致了发展的不均衡，未能形成平等的互动关系。总体上，体育产业的发展相对滞后，需要进一步扩大产业规模以提升其竞争力。

尽管体育产业与旅游产业的综合发展水平指数持续上升，展现出稳定而有力的发展势头，但鉴于两大产业融合的历程尚短，其整体发展水平和融合深度仍有很大的提升空间。尤其在旅游市场的知名度和体育产业的经济产出方面，还有广阔的进步空间。这一现象的形成，很大程度上可以追溯到早期对产业融合潜力认识不足，过分依赖传统的发展模式，未能充分发挥资源整合的优势，从而影响了产业协同效应的最大化。

具体来看，旅游产业在区域发展上存在不均衡，整体竞争力有待加强；体育产业的产出结构也存在失衡，特别是在赛事服务和健身休闲等关键领域，经济效益尚未完全释放，区域影响力和市场知名度需要进一步提升。此外，本省居民的体育消费意识仍需增强，体育消费市场的潜力亟待进一步挖掘。

（二）贵州体育产业与旅游产业融合治理建议

1.优化产业产出结构，健全长效保障机制

当前，贵州省体育产业在服务类和赛事活动等领域的产出结构存在不合理之处，对于这些核心要素的激发尚未达到预期效果。与此同时，旅游产业亦面临诸多挑战，包括区域发展的不均衡、整体实力的薄弱，以及尚未完全成熟的旅游市场体系。针对这些问题，政府需要采取深化改革开放的措施，对体育产业的产出结构进行优化，并着手制定一套全面的体育旅游发展规划。该规划应与国家整体旅游计划相融合，明确发展标准，强化管理制度。

为了促进体育与旅游产业的协同发展，必须建立并不断完善一个全省统一的旅游市场体系，同时构建一个长效的保障机制，以加强不同政府部门之间的协调与合作。通过创建体育旅游交流平台，可以促进供需两端的有效对接与合作。

此外，将旅游产业的发展与地方建设的总体规划相结合，不仅能够丰富和优化旅游产品的供给，还能在景区建设中融入体育运动元素，实现资源整合与体育设施的共建。通过加大宣传力度，鼓励社会资本的参与，可以突出地方优势资源，深入挖掘体育产业链，提升产业的自我发展能力。同时，通过丰富产品供给的多样性，打造具有区域特色的体育旅游品牌，避免同质化发展，为贵州省体育产业和旅游产业的长远发展奠定坚实基础。

2.构建区域协同发展机制，促进地区经济协调发展

在我国贵州省，不同市州之间的经济发展水平存在显著差异，体育旅游产业的发展也不尽一致。尽管如此，各地区在文化传统、地理特征以及资源禀赋等方面展现出许多共通点与相互联系。为了强化市州间的交流合作，减少经济发展上的差异，关键的策略在于积极整合各区域的优势资源，发挥规模与集聚效应，优化产业的空间布局。

具体而言，贵州省应采取区域协同发展的策略，以黔中地区作为发展的龙头，着力构建"一核四带"的体育旅游产业发展模式。这一模式以贵阳市作为核心，向外辐射至黔东南、黔南等地区，打造以少数民族文化为特色的体育旅游带；黔北遵义地区则结合红色旅游资源，发展体育+红色旅游带；黔西毕节和六盘水地区利用高原山地特点，发展冰雪旅游带；黔西南、安

顺、铜仁则依托山地户外资源，打造体育旅游带。通过这样的布局，共同培育黔中、黔南、黔北的生态经济圈，实现体育旅游产业的联动发展。

此外，实施区域统筹、资源共享、人才协同、优势互补以及市场共建共享等措施，不仅有助于解决发展过程中的难题，避免资源与产品的同质化竞争，还能提升资源的利用效率，推动经济的高质量发展，达成提质增效的目标。

对于那些基础设施相对落后的地区，地方政府需要加大政策支持力度，通过人才引进、市场开放、资金投入等手段，提供精准的扶持。这将有助于落实相关政策，缩小不同地区之间的发展差距，进而促进整个区域经济的协调发展。

3.企业赓续助力，培育特色体旅IP产品

体育与旅游的深度融合在贵州省正逐渐展现出其独有的潜力与魅力。这种融合不仅表现在产业形式的结合上，更体现在内容创新与资源共享上。贵州省凭借其得天独厚的山地资源，加之近年来基础设施的显著改善，已成功将曾经的交通瓶颈转变为发展的新机遇。企业在这一转型过程中扮演着至关重要的角色。它们需要具备长远的发展视角，勇于深入探索并清晰认识到贵州省在体育旅游领域的巨大潜力。企业应积极利用长三角及西南片区的地理优势，结合本土的人文特色、宜人气候和自然资源，研发创新的体育旅游产品。通过丰富产业业态和打造具有特色的IP品牌，企业能够显著提升服务水平，增强游客体验。

以体育赛事为平台，以旅游文化为纽带，企业可以探索出"旅游观光、户外休闲、赛事体验"相结合的发展路径。这不仅有助于将贵州省的资源优势转化为发展优势，还能形成多元化的发展模式和路径。此外，通过促进文化旅游消费，拓展消费市场，培育新型消费群体，企业将进一步推动体育与旅游的深度融合，为地区探索出创新的发展道路。

4.盘活存量资源，助力经济提质增效

随着旅游产业的带动作用和价值创造功能日益凸显，体育产业的潜力亟待进一步挖掘和完善。当前，关键在于激发体育领域的现有资源，利用贵州省丰富的山地资源，以追求高质量的发展为核心，进一步完善基础设施，优化投资环境，并构建起一个多元化的"体育+"发展模式。这一模式不仅不会抑制其他类型产业的发展，反而旨在实现各类产业的共同繁荣。

为了实现这一目标，我们必须持续深化体育产业的供给侧结构性改革，同时对需求端进行优化调整。这包括加强关键要素的投入，提升服务水平，培育具有吸引力的体育项目，从而增强地区的综合影响力。此外，创新体育消费模式，打造体育产业的多业态综合体，也是推动产业发展的关键步骤。

我们还应该致力于推进体育产业的专业化、品牌化和集聚化，同时促进体育产业的数字化转型、智能化升级和创新融合。通过这些措施，可以有效地促进地区经济的提质增效，实现可持续发展。

5.加大政策扶持力度，助推体旅发展迈向新的高度

体育旅游产业的成长与繁荣，离不开政府政策的坚实支撑。政府的政策扶持对于产业发展至关重要，它不仅为产业提供了必要的保护，还优化了商业环境，促进了产业的持续健康发展。目前，贵州省正处于打造全国体育旅游示范区的关键时期，已经从良好的政策环境中受益匪浅。面对不断深入的发展进程，不同阶段将面临不同的问题和挑战，地区经济的差异也会导致政策落实效果的不一致性。因此，我们必须遵循具体问题具体分析的原则，不断优化宏观设计，根据各个阶段的发展态势，制定并实施有针对性的政策措施，以确保政策效益的最大化。

对于发展较为滞后的地区，应实施积极的财政政策，合理安排资金支持，结合当地实际需求，逐步从单一的资金投入转向注重技术和人才的培养。同时，加强市场监管，明确责任分配，对失信企业实施严格的惩罚措施，确保体育旅游的安全保障体系和赛事风险管理机制的有效执行，防止重大安全事故的发生。

此外，市场在体育旅游资源配置中的作用不可或缺，我们应充分发挥市场的基础性作用，激发市场活力，促进政府与市场的良性互动，进一步挖掘市场潜力，推动体育旅游产业向更高层次的发展迈进。

6.加强人才梯队建设

在推进贵州体育与旅游产业向高水平、高速度、高质量发展的进程中，人才队伍的建设发挥着至关重要的作用。为此，必须加快体育旅游人才队伍的梯队建设，提升人才培养的质量和效率。

首先，激励有条件的高等院校和专科学校，根据各自的发展定位，重点

培育一批既掌握理论研究，又具备实践操作能力和经营管理技能的复合型人才。这些人才应满足市场的需求，具备时代特色，能够适应体育与旅游产业的融合发展趋势。

其次，深化校企合作机制，鼓励教育机构与体育旅游企业共同构建人才培养体系。通过合作建立人才培养和孵化的实训基地，双方可以共享资源，互补优势，降低培养成本，实现效益最大化。

同时，增强行业内部的人才流动性和交流机会，丰富体育旅游人才的类型，提高从业人员的整体素质，从而提升体育旅游服务的专业水平。

最后，为有志于体育旅游行业的人才提供有利的就业环境和有竞争力的薪酬待遇，以留住人才，为体育旅游产品的质量和效率提升提供强有力的人力支持，推动企业的长远稳定发展。

第六章　贵州体育治理的现实困境及原因探究

第一节　贵州体育多元化治理的现实困境与路径

多元治理理论立足于法治的坚实基础，其核心在于倡导和实现多元主体在社会治理中的共同参与。这一理念是我国在社会治理的长期实践中逐渐积累和发展起来的，体现了社会治理现代化的要求和方向。

这种治理模式的显著特点在于其开放性和复杂性。它不是单一主体的封闭管理，而是一个包含多方主体的开放系统。在这个系统中，不同的治理主体，包括政府、社会组织、公民个体、私营部门等，都有机会进行对话、竞争、合作，共同参与到社会治理的各个环节中。在新时代背景下，多元治理成为中国体育治理的典范，使得体育治理的重要性日益凸显。同时，针对当前体育治理的现实困境，探索贵州体育治理的发展道路。

一、体育治理的主要价值体现

（一）加快全民体育目标的实现

贵州体育领域人才崛起，体育事业欣欣向荣，创造了历史最佳成绩。然而，在不遗余力地推动竞技体育发展的同时，我们绝不能忽视群众体育的重要作用。群众体育的发展水平直接影响着全民健康和体育文化的普及。为了实现我国体育事业的全面和长远发展，我们必须平衡竞技体育与群众体育的关系，鼓励和促进公众参与体育健身活动。

贵州省在这方面采取了积极措施，引导和激励群众科学、有序地参与体育活动。通过确保国家体育计划的规范性和有序性，贵州省不仅提升了群众体育的质量和效果，也为国家体育计划的顺利实施提供了坚实保障。

（二）促进体育资源的均衡发展

很长一段时间，贵州经济文化发展迟迟不前，体育资源供给和体育推广高低起伏，地域性分配不均，与人们日益增长的体育需求不相适应。深入探究贵州省体育事业的多元化治理模式，目的是实现对本省公共体育事务的科学管理和合理规划，以此确保体育事业的稳定与持续发展。在这一治理模式下，我们追求的不仅是体育活动的普及，更是体育资源的均衡分配和高效利用。通过实现体育资源的均衡和充分开发，为我省广大群众提供最有效的体育服务，进而推动我省体育事业的全面协调发展。

二、贵州体育治理中所面临的现实困境

优化体育管理格局，助力民族持续繁荣，是我省长远发展的重大课题。然而，当前我省体育治理方面存在如下不足（图6-1），亟待改进。

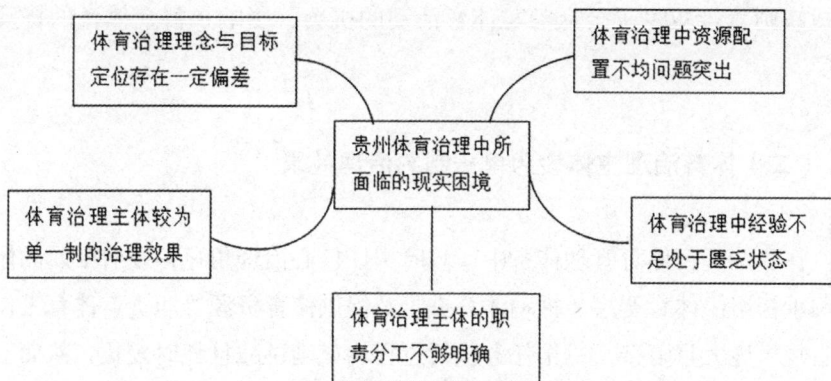

图6-1 贵州体育治理中所面临的现实困境

（一）理念与定位的偏移

国家制定的体育事业发展目标和规划，对推动全民体育战略规划的实施，以及实现体育强国目标具有重要意义。在贵州省体育治理的实践中，国家层面制定的体育事业发展目标和规划始终被视为前进的指导方针。但在具体执行过程中，我们发现体育治理的理念和目标取向与国家指导方向之间存在一定偏差。这种偏差的形成主要有以下原因：首先，不同地区在开展体育治理工作时，对竞技体育和群众体育的重视程度不一。这种关注上的不均衡可能导致资源分配的不均，影响体育治理的整体效果。由于功利思想作祟，竞技体育能彰显地方政府的政绩，就把它纳入地方体育治理的重点，致使优质体育资源和人才服务配置向竞技体育倾斜，体育资源和人才分配的杠杆高低悬殊，群众体育的发展则受到忽视和冷落。许多人缺乏参加体育活动的空间和渠道，逐渐就失去了体育活动的兴趣，全民健身成了一纸空谈，阻碍我省体育事业的发展。另一方面，我国各地区体育发展水平存在显著差异，体育治理能力与认知水平也大相径庭。在贵州省体育治理的实际操作中，政策资金、人才以及设施投入等方面普遍面临着忽视或滞后的问题。这种状况直接导致了体育治理资源的严重短缺，从而进一步削弱了地方体育实力。具体来看，资金的不足限制了体育设施的建设和维护，影响了体育活动的开展和体育人才的培养。人才的缺乏则制约了体育创新和管理水平的提升。设施的短缺则直接减少了公众参与体育活动的机会，影响了群众体育的普及和推广。

（二）体育治理主体较为单一制约治理效果

在我国现行体育管理体系中，政府担任核心治理角色，政府下属的体育部门承担组织体育赛事、推动体育进步及提供体育资源等职责。体育工作在我省规模庞大且复杂，每个任务执行过程均充满挑战且耗时较长。然而，各级体育部门人力资源有限，专业人才短缺，导致民间体育组织缺乏发展活力，未能在体育治理中充分发挥其作用。

（三）体育治理主体的职责不明确

当前，虽然参与体育治理的机构和组织越来越多，体育治理主体队伍阵容庞大，这是体育治理工作的坚强后盾。但庞大的体育治理，需要有明确系统的分工和严明的组织纪律，不至于在工作中出现摸不着头绪，分不清责任对象，目标不明确的问题，致使体育治理的效果不佳。其次，体育治理主体之间的合作与沟通不足。各地体育发展水平和体育资源拥有程度不同，很难做到协调有序，发展通畅，达到资源共享的目的，最终难以有效提升我省整体体育治理能力。

（四）体育治理中资源配置不均问题突出

体育资源与地方经济发展密切相关，丰富完整的体育资源能够促进地方经济持续稳定地发展。我省体育治理过程中的资源配置不平衡问题显著，对于一些特殊群体，体育资源配置也明显不足，此类资源配置不均的问题，导致我省不同地区、城乡经济发展不平衡的问题突出，进一步降低了人们参与体育的积极性。长此以往，体育治理难以得到有效开展，全民健身、健康中国也将难以实现。

（五）体育治理中经验匮乏

长期以来，省级政府在体育发展设施规划和政策制定中占据主导地位，特别是在体育组织中拥有绝对控制权。公共体育设施的投资却很少，导致人们参加体育活动的公共体育场馆严重缺乏。再者，体育组织管理效率不足。社会体育服务组织在社会上的体育服务力量十分有限。人们参与体育锻炼的积极性和可能性大大缩减，身体健康水平难以得到有效提高。

三、多元治理理论下贵州体育治理的突破路径

（一）树立科学多元的体育治理思想

贵州省现行的自上而下的政府管理模式已不适应当前时代的发展。体育治理的指导思想源于其理念，而在多元化治理的大背景下，我们需要摒弃那些过于简单化、单一化的治理思维方式，而应该采取更加开放、创新的思维模式，建立一种科学、多元的治理理念。这种理念的建立，对于体育治理尤为重要。体育治理不应再局限于传统的框架和模式，而应积极适应社会发展的新要求和人民群众日益增长的健身需求。这意味着我们需要不断更新体育治理的观念，引入新的思路和方法，以更好地满足公众的体育需求，推动体育事业的发展。

（二）积极推动体育治理主体的多元化发展

国家关注体育事业的发展，努力建设体育强国、实现全民健身的目标，需要在治理理念、治理方法等方面进行全面创新。以多元化治理为核心，多元化的治理主体能从各自独特的角度出发，多层次、多方面地参与到体育治理的各个环节中。政府既要鼓励各种社会体育组织参与体育治理，又要引导和鼓励社区、企业和学校参与构建体育治理的基层体系，广泛拓展体育治理

主体的社会网络，体现"全民参与，人人主体"的责任理念，为体育治理夯实群众基础。

（三）明确体育治理主体的多元分工

发展体育事业对于增强人民体质、促进社会进步和发展具有独特的作用。我省民众对体育服务的需求日益上升。为实现人们不断增长的多元化体育需求，应着力提升社区与市场组织共同参与的管理能力，从而切实满足民众需求。虽然多元化的体育治理具有科学性、系统性和有效性等特点，但其多元性使其治理主体在布局分工、统筹协作等方面也会产生一系列问题。因此，明确各体育治理主体的职责，对其进行精细化的分工，并构建一个全面而完善的监督体系，对于提升体育治理的效率和成效至关重要。首先，政府和各级体育部门要积极落实深入领会国家体育政策方针，并进行合理规划和布局，制定出有效的措施和方法，加以正确的引导。再者，鼓励和引导社会体育组织为体育治理助力发光。第三，社区、企业和学校要积极组织体育活动，要有独立自主权力和能力，在社会基层广泛开展活动，筑牢体育治理的根基。

（四）通过多元化途径均衡体育资源的配置

充分均衡配置体育资源才能从根源上提高体育素质。目前，我省体育资源配置不平衡问题突出地区开展体育活动较为困难。一些偏远山区，如咸宁县农村，缺乏体育器材，这些现实问题摆在眼前，阻碍了我省体育治理工作的整体运行。在多元治理理论的指导下，通过多种途径平衡体育资源，重点关注经济欠发达地区的资源配置，促进体育资源均衡发展。此外，对体育市场建设的重要性不容忽视，为了实现体育资源供应的均衡发展，我们必须首先明确各个体育治理主体的功能和类别，这是优化体育产业布局、推动体育事业全面进步的基石。

（五）在城市化建设与体育治理同步运行

在多元化治理理念的推动下，对贵州省行政区域内的体育治理进行细致而科学的规划显得尤为关键。这种规划应当从城市发展的宏观视角出发，以此来确保体育事业能够与城市化进程同步稳健发展。例如，在新设计的社区中，可以根据居民的容量，规划专门的地块，建设体育娱乐活动场地。其次，通过创造体育服务的"多元供给机制"，深化"体育服务标准化绩效评价体系建设"为核心内涵要素，在治理建设中，合理规划，统筹布局，使体育治理和公共服务水平有效提高。

第二节　经济全球化视域下贵州省少数民族传统体育的困境及突破路径

全球经济一体化，也被称作世界经济一体化，它描述了一个全球性的经济发展趋势。这一趋势体现了世界各国在经济活动中的相互联系和依赖性，它们共同构成了一个开放且动态的有机整体。随着贸易壁垒的降低和国际合作的加强，商品、资本、技术和劳动力的跨国流动变得更加频繁，推动了全球资源的优化配置和生产效率的提高。

贵州省，凭借其独特的地理位置和丰富的少数民族聚居特色，在历史的长河中孕育出了独具魅力的少数民族文化。这片多彩的土地上，多样的地理风貌和深厚的民族文化交融，催生了众多具有鲜明地域特色和浓郁民族风情的少数民族传统体育项目。

随着世界经济一体化的步伐不断加快，我国贵州省的少数民族地区正在经历着一场深刻的现代化转型。这一转型不仅体现在生活生产方式的现代化，也深刻影响着少数民族群众的价值观念和行为模式。因此，在我国经济在全球经济一体化进程中飞速发展的背景下，找到关于民族传统体育的文化内核并提出与时代背景相适应的少数民族传统体育发展路径亟待解决。

一、贵州省少数民族体育活动项目概述

贵州省特定的地理环境养育了包括苗族、彝族、土家族和布依族等少数民族人民，是我国少数民族聚集地之一，贵州省少数民族聚集地大约有17.6平方公里，分布在贵州省各个市州，具有分布性广、数量众多等特点。因其独特的地理环境，贵州省少数民族在不同的历史时期逐渐演变形成了纷繁的少数民族传统体育项目，且有相当一部分少数民族传统体育项目因其根据地理环境开展，所以得以保存较为原始的传统体育文化特性，如独竹漂、篾鸡蛋、板凳拳等，这在一定程度上也反映了贵州省少数民族传统体育的发展资源丰富、群众根基深厚，有着孕育的少数民族传统体育文化土壤。

二、全球经济一体化视域下贵州省少数民族体育的困境问题

（一）少数民族体育文化认同感逐渐被削弱，导致本土民族体育文化教育缺失

伴随着我国经济的飞速发展，信息的共享和文化多元化也不断冲击着传统信息交流方式和文化交流。经济、信息的飞速发展以及文化的多元化给贵州带来发展机遇的同时也面临着前所未有的挑战。作为少数民族传统文化之一的少数民族传统体育项目也受到了外来文化冲击，具体表现在生产生活方式、价值观念、行为方式、信息革新等方面，进而导致了少数民族传统体育在传承方式、传承途径和创新形式方面发生了巨大的变革。

一方面，经济飞速发展和信息的革新使得少数民族传统体育项目在具体表现形式、传承方式方法以及传播途径等方面给少数民族传统体育得以飞速发展提供了改革的契机，促进了不同少数民族传统文化的交流、碰撞与共融，使得少数民族传统体育项目在交流、碰撞与共融的过程中有了表现形式、表演方法等方面的创新和发展。

另一方面，由于贵州省相对其他地区的发展，起步较晚，对少数民族传

统体育项目的认识较为局限，关于少数民族传统体育项目的文化特征和传承机制研究较浅；且由于经济的飞速发展带动地区文化，贵州省在这方面受到的文化冲击会导致贵州省少数民族体育文化认同感有逐渐被外来文化同化的趋势。

同时，外来文化和外来体育项目会导致少数民族传统体育项目的继承、创新、发展等方面的人才流失，导致贵州省少数民族传统体育项目逐渐失去群众基础，也会逐渐失去少数民族传统体育项目的文化土壤，使其内富含的体育文化内核和体育文化价值得不到体现、传承和发扬。

（二）政府规划导向急功近利，少数民族传统体育活动开展出现价值背离

经济发展在相当长一段时间一直是政府工作开展的重点，也是政府考核的第一指标。贵州在经济发展的初期，也根据经济发展为核心，依托贵州省独特的地理优势和少数民族聚集地等独特的文化优势，制定了旅游发展带动经济发展的一系列计划，鼓励众多民俗文化与旅游相挂钩，形成少数民族传统文化与旅游相结合，进而带动经济的发展。其中，少数民族传统体育项目不免也沦为了经济发展的工具，原本的少数民族传统体育文化节日也逐渐成为旅游的节日，成为了迎合游客需求的项目，甚至一些少数民族传统体育项目的运动表现形式和表演方式已经与项目自身的表现形式大相径庭，失去了原本的少数民族传统体育项目的文化内涵和精神价值。

（三）民族传统体育实践主体逐渐萎缩流失

在经济与信息飞速发展的背景下，贵州省在经济发展过程中农村地区的劳动力逐渐向城市和发达城市流动，使得贵州省许多少数民族聚集地人口和人才流失成为普遍现象，这导致参与者和继承者队伍减少，其体育项目中蕴含的文化价值和体育价值更不易被发展和挖掘发扬。因此，人口流失、少数民族传统体育项目参与队伍的减少、保护与发展、传承与创新等方面的问题亟待解决。

（四）体育价值取向导致少数民族传统体育被冷落

由于少数民族传统体育具有鲜明的地域特色和民族特色，这是其优势与特色，但同时也是制约其发展的局限。一方面，由于地域特色，其开展项目大多会根据其地理特点和区位优势打造出具有鲜明地域特色的少数民族传统体育项目，这样的体育项目在贵州省相似的地理位置和相似的地貌特征条件下开展，具有很强的指导意义和借鉴意义，但其他省份地理特点和贵州省地理特点差别较大，对其他省市开展少数民族传统体育项目的借鉴意义不大。另一方面，贵州省作为少数民族聚集地之一，民族特色浓郁，开展的少数民族传统体育项目与我国竞技体育开展的体育运动项目相比，受众和参与人群较少，因此，由于政策支持、资金投入、社会关注和参与度以及科学研究的跟进不足，民族体育的发展主要局限于特定领域和时段，如传统的民俗体育活动、民族祭祀仪式、民族表演艺术以及与民族旅游相关的事件，其发展速度较慢。

我国在举国体制实施之后相当长一段时间形成了以奥运项目为代表的主流体育运动项目，这些项目的发展在一定程度上分离了部分少数民族传统体育项目的受众和参与群体，同时国家政策对主流体育项目的大力支持也导致了少数民族传统体育项目被冷落。主流体育运动项目的盛行也在占用少数民族传统体育项目的生存和发展空间，主要表现在少数民族传统体育项目的开展的部分时间和地点冲突。

（五）贵州体育治理现代化面临的现实困境

近年来，贵州省在全民健身事业领域取得较为快速发展，在一定程度上有利于贵州省形成有民族特色的民族体育大省，这使得贵州省少数民族传统体育发展有了坚定的经济基础、物质基础和文化制度基础。然而，新的经济发展阶段也导致了人民群众日益增长的健身需求，同基础设施发展不完善、体育健身理念普及程度不高，以及地区之间体育设施发展不均衡、不充分的矛盾问题逐渐凸显。考虑到贵州地区基础设施的不足，构建全民健身公共服务体系仍是一项挑战性任务。在这种情况下，关键的解决策略是利用各级政府在体育治理中的领导作用，同时激发体育社会组织的活力，并培养全社会的共同参与意识。这种多方面的参与和支持，将是未来解决体育治理问题的有效路径。

受经济全球化的影响，大多少数民族人民群众受到经济发展的影响，纷纷外出务工，导致少数民族传统体育项目的参与人群和传承人员的减少，以及少数民族传统体育项目的群众基础变薄弱也是其面对的一大困境。

三、经济全球化背景下贵州省少数民族体育传承与保护突破路径

（一）政府主导，职能部门协作，推进少数民族传统体育资源库建设

在少数民族传统体育项目的保护开发和发展过程中，政策的支持是对少数民族传统体育项目传承开发和保护最重要的保障。贵州省在2012年3月颁布的《贵州省非物质文化遗产保护条例》为贵州省少数民族传统体育项目的保护开发、传承创新提供了制度保证和方向指引，这对贵州省少数民族传统体育项目的开发和保护起到了非常重要的指导作用。

在少数民族传统体育项目的保护和发展中，应当以政府为主导，联合相关部门、社会组织和福利慈善机构，在资金、政策、制度、审批等方面为少数民族传统体育项目的保护和发展提供全方位、多视角的支持。

政府少数民族传统体育项目的保护和开发相关职能部门应当相互协作，简化审批流程，分工明确，制作出相关工作流程，在少数民族传统体育项目的传承保护和开发过程中因地制宜，避免一刀切，在原有地理优势，民族特性的基础上保护性发展。

根据现有政策法规和资源推动少数民族传统体育项目资源库的建设，完善资源库设置。建立数字化少数民族体育项目资源库，与信息化发展相适应。

（二）依托健康中国2030规划，发展民族传统体育

"健康中国2030"计划、"全民健身计划"以及"乡村振兴战略"核心在于以人为本，突出将人民健康作为国家发展的优先事项。这些策略通过解决环境健康问题，促进全民健身与全民健康的紧密结合，共同推动人民健康和社会全面进步，以实现共建共享的社会目标。这些计划不仅提倡"自我觉醒的健康观念""自律的健身习惯""自觉的文化参与"，而且强调各项活动的基础性实施，确保人人参与，共同享受更丰富的生活，构建更健康的生活方式，并提升整体生活质量。通过这种广泛的民众参与，我们共同为建设一个更健康的中国而努力。各个市州乡村之间少数民族传统体育项目得以广泛开展是因为其较为广泛的少数民族群众基础、民族民俗文化以及易操作性。在经济发展的今天，许多少数民族传统体育项目已经消失在历史长河中，这无疑给了人们警醒，激发了人们对于少数民族传统体育项目的重视和传承保护意识。各个民族人民在经济飞速发展后，对精神文化的需求越来越重视，对其自身的少数民族的民俗文化的发展和创新尤为重视。因此，少数民族传统体育项目的传承创新是有群众基础的。通过与人民群众息息相关的"健康中国2030"规划与少数民族传统体育的传承发展创新结合起来，更有利于与少数民族传统体育项目的形式创新和与时代背景相呼应，从而将"健康中国2030"文件中要求的健康、扶贫等与少数民族传统体育项目融合发展。

（三）体旅融合积极打造山地民族特色体育大省

2017年10月，我国正式发布了《国家生态文明试验区（贵州）实施方案》，明确提出了要大力推进生态文明建设的战略目标。在此政策指引下，贵州省积极响应国家号召，深入挖掘并充分利用其少数民族地区丰富的传统体育资源。结合其独特的地理特征，将少数民族文化、生态文明理念、扶贫工作与体育旅游紧密融合，创新性地开发了一系列发展项目。这些项目包括环梵净山公路自行车赛、清镇全国越野跑锦标赛、安顺灞陵河大桥低空跳伞国际挑战赛以及紫云格凸河国际攀岩节等精彩赛事。通过举办一系列赛事将少数民族传统体育项目与贵州独特地理优势、文化环境融合，形成独特的贵

州省少数民族体育项目旅游赛事和活动。既传承和创新发展了贵州省少数民族传统体育，又促进了经济的发展和文化繁荣。

这样的发展模式和创新形式需要立足于民族传统体育项目特色和优势，在传承和创新过程中不应一味追求经济的发展，应当以少数民族传统体育项目的传承、创新和发展为主要目的，在传承创新和发展过程中带动经济的发展，始终保证少数民族传统体育项目的文化内核和体育价值不变质。

（四）构建地域特色鲜明的多元化学校体育教学体系

贵州省因其独特的地理条件和历史条件，形成了少数民族聚集地，从而根据其独特的地理优势形成了众多特点鲜明、少数民族气息浓厚的少数民族传统体育项目，其中包括以修身养性和技击为主要目的的少数民族传统武术；以节日庆典为主要目的的民俗庆祝观赏体育项目；以强身健体和修身养性为主要目的的保健养生体育运动项目和娱乐性民俗体育游戏等几大民族体育运动类别。其中，在贵州省省政府、教育厅以及各个高校、中小学肩负传承少数民族传统体育项目的使命下，根据各自地区学生来源、族别以及自身条件，有选择地开展了一些条件限制不高的少数民族传统体育项目，如榕江县民族中学的苗族摔跤、龙山中学苗族武术等。一方面，通过教学让学生了解少数民族传统体育项目，拓宽传统体育项目的参与人群，通过教学内容传承少数民族传统体育项目蕴含的文化内涵和体育价值，从思想上让学生认同少数民族传统体育文化，传承少数民族传统体育文化，发展少数民族传统体育文化。另一方面，通过各个学校对传统文化走进学校的创新和发展，在一定程度上丰富了少数民族传统体育项目的表现形式和风格。依据地域特点，巧妙利用民族体育课程资源，打造富有特色且便于实施的校本课程，致力于构建具有强烈地域风格和多元化特点的学校体育教学体系。

第三节　贵州民族体育产业治理困境

黔东南苗族侗族自治州，拥有众多具有独特魅力的传统体育资源。这是贵州文化的根基地。这里发展民族体育产业的基本点，是以特色为根，以自然为本，以文化为魂，走民族传统体育+产业的发展之路，对其进行产业化开发具有重要意义。发展贵州地区传统民族体育，传承和发展传统民族体育文化，有利于促进民族团结，促进贵州经济建设和乡村振兴，促进少数民族身心健康，增强民族认同感。

一、贵州地区民族传统体育资源

黔东南地区的民族传统体育得益于地理环境等因素，其原生状态得到了较好的保护。根据性质差异，可将其划分为娱乐类、运动类和健身类三大类别。

（一）娱乐表演类民族传统体育

娱乐表演类民族传统体育项目通常气氛活跃欢快，主要是愉悦心情，如龙舟巡游表演、木鼓舞、舞龙头、狮子登高、跳铜鼓等三十多种。

（二）竞技类民族传统体育

竞技类民族体育竞赛，通常是技术和实力的对抗对垒。主要有骑马竞赛、划竹排比赛、攀藤、拔河等二十多种。

（三）健身游戏类民族传统体育

强健体质的民俗活动通常也包含有闲情逸致的特色。例如，哆毽、草球、芦笙刀、苗拳、投绣球、虎抓羊、舞铃刀、转棋、天棋等二三十种。

（四）贵州少数民族村落体育旅游基础资源

设立文化生态保护试验区，旨在维护非物质文化遗产的传承环境、空间及社会条件，这些都是民族体育传承与发展的基础要素及生存发展空间。现场演艺是体育旅游资源的活样本，使人们的体验感更加强烈，更加直观。

静态文物展览。在少数民族村落建设民俗博物馆，通过呈现传统体育器械、道具、知识地图、人物雕塑等形式，向游客展示少数民族村落体育文化。

节庆活动开发。民族节日的各种活动已成为吸引民族以外人群开展互动活动的主力军，成为少数民族开展民族身份教育和文化记忆的重要领域，已成为少数民族村寨体育旅游开发的主要内容。

二、贵州民族传统体育产业开发的现实困境

（一）村落体育文化生态空间撕裂

1.少数民族村落体育特色弱化

少数民族村寨所蕴含的异质文化，通过视觉的观赏、听觉的感知以及触觉的体验，能够为人们提供丰富的审美感受与实践机会。建立在此基础之上，我们可以对少数民族村寨的体育活动进行有针对性的生产性保护和进一步的创新发展。然而，当前贵州地区少数民族村寨所销售的民族体育旅游纪念品，与国家民委所倡导的"一村一品"项目的指导要求存在较大差异，且与少数民族传统体育在村寨的实际传播状况也并不完全吻合。这种情况导致相关纪念品无法有效传递和宣传少数民族村寨的体育文化精髓，进而可能引起游客对少数民族村寨体育文化的误解。长此以往，这不仅会削弱民族村寨体育发展的内在驱动力，还可能使其独特的异质文化特色逐渐淡化。

2.少数民族村落体育整体结构裂变

少数民族乡村体育依赖于相应的政治、经济、法律及自然人文环境。旅游公司为了利用地方戏作为卖点，追求利润最大化，使村民之间的收入差异明显，产生心理不平衡。因此导致当地村民之间原本和谐的人际关系破裂，内部认同弱化，致使少数民族乡村体育的团结功能逐渐失效。

3.旅游扶贫信息与经济增权收效甚微

贫困人口的自我信息赋能处于弱势地位。因此，在一定程度上，这些人群的信息赋能受到制约，甚至侵占了针对贫困人口的信息赋能空间。自上而下的外部信息赋能成效不佳，导致少数民族村寨的体育文化资源难以有效转化为资本。同时，这一现象加剧了贫富差距，产生了"富者愈富、贫者愈贫"的马太效应，成为乡村旅游扶贫相关政策执行责任亟待解决的现实难题。

（二）体育旅游扶贫收益分配失衡

受景区等级的影响，少数民族村寨体育被打上了等级的标签。少数民族乡村体育难以为贫困人口带来同等经济效益。

（三）旅游扶贫管理难度不断增大

在体育旅游领域，公共管理的规范化和强化显得尤为迫切。随着贫困人口逐渐迁离少数民族村寨，这些地区独特的传统体育文化正面临挑战，包括对这些传统活动的所有权、使用权和传播权受到侵犯的问题。为了在文化使用权受限的情况下寻求一个平衡点，部分贫困村民私下向游客提供有偿射击体验，这一行为无疑增加了公安机关以及文化和旅游局在枪支管制和市场秩序管理方面的难度。此外，部分少数民族村寨为了追求广告效果，未经深入研究便使用了虚假广告词，这不仅损害了消费者的利益，也影响了村寨的形象。在乡村旅游扶贫开发过程中，少数民族村寨的体育文化品牌和商标注册管理秩序亦存在不规范之处。旅游公司的介入后，侵犯游客参与旅游合法权益的现象时有发生，这需要我们高度重视并采取有效措施加以解决。

（四）经济投资不足，配套设施还需完善

缺乏体育场地和配套设备设施，这在一定程度上降低了民族传统体育产业的发展活力，影响了该地区体育产业的发展。

（五）资源挖掘不足，产业布局还需优化

黔东南地区不仅拥有丰富的民族文化底蕴，同时具备优秀的人力资源和自然资源。然而，受限于交通条件，虽然景区周边的开发已初现成果，但其辐射效应尚不足以推动周边区域的协调发展。此外，黔东南地区的体育产业分布存在同质化现象，亟待深入挖掘各地区的特色，实施有效的科学布局。

三、贵州民族传统体育产业发展路径

（一）民族传统体育旅游

民族传统体育产业化的推进应将旅游业作为优先发展领域，探索与民俗旅游深度融合的发展路径。积极促进旅游、体育与文化产业的紧密融合，全面展现民族传统体育的独特魅力。体育旅游可分为观赏性、参与性及文化性三大类别，让游客深入体验民族体育的丰富内涵。同时，对民族传统体育相关产品进行精细化加工，提升产品附加值，助力贵州省体育经济持续向好发展。

（二）理清权利关系，回归政策本源

首先，在推动少数民族村寨体育旅游发展的过程中，文化旅游部门与农业农村部门需共同维护少数民族传统体育的可持续发展原则。这包括加强对这些地区体育旅游项目的质量监管，确保其发展不偏离文化尊重与真实性的轨道，防止走向商业化或简化的误区。同时，政府职能部门应提高对少数

民族体育文化遗产的管理效率和保护力度。其次，相关部门应通过政策制定、资金支持和法律保障等多种措施，确保少数民族体育旅游的全面而健康发展。再次，为了在扶贫攻关战略中充分保障少数民族村寨体育的平等发展权，价格部门参与体育赛事的门票价格的管理和监督，这些价格应根据演出人员数量、具体项目的运动强度和风险程度进行综合评估来确定。

（三）优化发展模式，均衡收益分配

少数民族村寨体育作为公共资源，必须充分听取并尊重村内文化遗产生产者和持有者的意见，确保在集体决策后，才能作为旅游景点进行开发。这一决策过程应避免由单一的非物质文化遗产传承人单独处理。在旅游景点演出时，少数民族村寨体育非物质文化遗产的传承人应按规定比例将其收入返还给共同的文化生产者，以体现公平和合作原则。

政府应积极引入公益组织，为具有旅游发展潜力的少数民族村寨提供体育旅游发展的支持。在发展过程中，应合理限制政府主导、企业参与的模式，确保地方政府在开发少数民族村寨体育旅游时发挥有限但高效的作用。这样的做法旨在将最大的利益回馈给当地人民，切实提升当地居民的收入水平和获得感。

同时，根据《中华人民共和国知识产权法》，工商行政管理部门和司法机关应加强对少数民族村寨体育道具、服装、器材外观及生产工艺的专利申请和知识产权保护工作的指导。这包括合理限制旅游企业和外籍个体经营者对少数民族村寨体育文化创意的时空范围，确保当地群众在分配利益时能够安心，切实保护少数民族村寨体育旅游发展的增收空间。

（四）文化生态重构，提升产品魅力

少数民族乡村体育是民族文化的体现，特定情境下，民族文化传统可得以重塑，实现"再本土化"。因此，恢复少数民族村寨体育文化生态显得尤为关键。第一，少数民族村寨体育旅游发展应遵循《一村一品》《文物保护法》等政策文件，为贵州少数民族村寨体育旅游发展积累重要政策资源。第

二，要以原生态文化为色调，去除加工和模仿，保留文化的原生特色。第三，通过互联网等媒体对贵州少数民族村寨体育旅游进行全方位宣传，建设贵州少数民族村寨体育旅游形象。第四，贵州高校等科研机构积极参与少数民族传统体育文化传承的研究和探索工作，探索发展的风险控制机制。

第七章　贵州体育治理新格局构架

第一节　政策依据

一、"十四五"国家体育发展规划

2021年10月25日，国家体育总局印发了《中华人民共和国体育发展"十四五"规划》(以下简称《规划》),《规划》为中国体育发展提出了新目标，为处于新发展阶段的中国体育对外交流描绘了一幅崭新的蓝图。

《规划》从国内和国际两个层面提出了"十四五"期间体育交流的目标。在国内层面，要继续完善对外体育交流协调机制，形成对外体育交流新格局；在国际层面，为全球体育治理贡献更多智慧和力量，着力完善体制机制。《规划》提出，完善对外体育交流协调机制，为推进体育治理现代化提供重要支持和保障。

《规划》强调，国家元首要继续发挥体育外交引领作用，深化同各国的体育交流，促进人文交流，专注于增强声音，提高核心竞争力。一是主动参与国际体育事务，体现大国担当精神；二是主动加强与国际体育组织建立良好的伙伴关系，为扩大我国体育的影响力和话语权奠定人才基础；三是积极推动中华文化对外传播，展示中国体育文化的坚强实力，促进融合发展，加强同港澳台的体育交流与合作，增强命运共同体意识。

二、贵州省体育"十四五"发展规划

2021年11月24日，贵州省人民政府颁发《贵州省体育"十四五"发展规划》，摘选其中内容如下。

（一）指导思想

要增强"四个全面"的意识和信心，努力建设山地民族体育强省。继续建设充满活力、健康幸福的贵州，为体育强国建设与贵州体育强省建设贡献力量。

（二）发展战略

"十四五"期间，遵循"一二三四"贵州"十四五"发展的总体思路，把高质量发展贯穿山区民族特色体育强省建设全过程。全面提高体育治理体系和治理能力现代化水平。

（三）发展原则

坚持党的全面领导，是体育事业发展的最根本保证。以人为本，实施全民健身国家战略，促进全民健身健康融合发展，保障人民体育权益和多元化体育需求。

坚持新发展理念，继续全面深化改革，激发体育发展活力。坚持系统理念，要从建设山区民族特色强省的战略全局出发，推动"体育+"多产业融合和高质量发展。

（四）发展目标

1.近期目标

"十四五"期间贵州省体育发展的总体目标是：体育在新起点上实现新

发展，不断为贵州经济社会高质量发展作出贡献；全民健身事业取得新进展，符合省情、覆盖城乡的全民健身公共服务体系基本健全；竞技体育综合实力迈上新台阶；加快建设国家生态多梯度亚高原体育训练基地，建设2～3个世界一流水平的国家单项体育训练基地；积极探索以政府为龙头，各部门协调，提高"三大球"的训练和比赛水平；推动体育职业化发展，推动体育项目职业化发展，支持教练员和运动员职业化发展；争取使运动员们在2024年冬奥会上取得斐然成绩。

广泛开展青少年体育赛事，构建多元参与的体育赛事体系，提高业余体育培训水平。加强各级各类体育学校建设，优化青少年体育后备人才培养体系。

体育产业发展取得新成果、体育文化建设取得新进展。开展贵州优秀民族民间体育表演，促进民族民间体育文化传承，丰富体育文化内涵，强化爱国主义教育功能，将丰富多彩的体育文化融入体育发展的方方面面。

2.远景目标

到2035年，我省基本建成山地民族体育强省。每1万人拥有的足球场数量是0.9个。人民群众的体育需求得到极大满足，竞技体育结构得到不断优化，夏冬运动协调发展，对国家荣誉的贡献稳步提升。体育治理体系和治理能力基本实现现代化。

（五）重点任务

制定实施《贵州省全民健身实施方案（2021—2025年）》，推进"六方"工程建设。促进基本公共体育服务城乡区域均等化、行业均等化、人群均等化。

优化完善全民健身组织网络。完善各级体育协会建设，继续推进县级全民健身监测站建设，加强和完善社会体育指导员农村基层活动，满足人民群众科学健身的需求。

统筹发展全民健身设施。开展公共体育设施短板整治行动。加强城乡社区体育健身等公共体育设施建设，统筹新建住宅小区和社区建设，支持城镇"三改"健身设施改造建设，完善城市社区"15分钟健身圈"。

推进军民公共体育设施共享，建立军民共享机制。向军队免费开放公共体育场馆，使军队和地方都能满足体育需求。

积极开展老弱残疾人、孕妇、青少年等特殊群体体育工作。关心特殊群体的身体健康，制定和实施特殊群体的身体健康干预方案和身体监测制度，确保特殊群体在体育高质量发展中享有平等的政策和福利。继续办好省级残疾人、老年人运动会，有效推进特殊群体体育活动多样化。推动全民健身智能化发展，提升贵州全民智慧健身公共服务能力。

第二节　体育治理目标及任务

一、体育治理元目标

体育元治理就是确保体育发展为了人民，人民是社会发展的动力源泉，发展质量由人民来评价，加强体育服务型政府建设，继续推动体育领域从"监管型"政府向"服务型"政府转变。为此，必须通过法律手段确定政府的责任和权利，调整不同利益关系，推进政府人员依法管理。

二、体育治理的目标指向

建设贵州体育强省，始终以实现全民健康、国强民富为长远目标。加快实施全民健身战略。在新时代，得益于党和国家的大力扶持，我国全民健身事业取得了显著的快速发展。

"六围"工程广泛实施，全民健身积极参与，全民健身社会化。在新时代，它已转化为取之不尽的精神动力，迅速推动着体育治理体系和治理能力的现代化。

（一）努力实现"健康中国2030"

健康的身体是人民的共同追求，也是民族繁荣的重要基础。为了实现从侧重疾病治疗向关注疾病预防和全民健康的战略转型，倡导"运动有益健康"的观念已深入人心，同时物理治疗及非医学健康干预手段的普及程度不断提升。这是体育治理的新理念和重要手段。

（二）建设山地特色民族体育强省

据统计，截至2021年，贵州省资源分配日趋均衡，体育场馆数量和规模明显增加，城乡分布更加均衡。各地人民的健身和体育活动越来越丰富。

近年来，贵州通过举办国际山地旅游户外运动大会以及通过围绕景区举办比赛，获得知名度，吸引了许多世界体育旅游者和学者。它催生了许多新的业态和产品，有效激活了现有的消费市场。体育强国是中华民族在新时代的新追求。

三、体育治理的使命

体育治理体系和治理能力现代化是体育治理现代化的重大使命。

（一）实现体育现代化使命

现代化的内涵随着时代的发展而变化，包括技术发展与创新、城市化、信息化等基本要素。贵州体育现代化是一项宏伟的工程，仅仅依靠一方的能力是不够的。它需要整合各种力量，共同发挥治理效用。

（二）解决体育发展新矛盾的使命

体育的发展一定要与经济社会发展相协调、相适应。同时，中国注重内部规划和外部环境协调发展。近年来，中国在体育方面取得了举世瞩目的成就，贵州省也是如此。体育的发展受自然环境制约，同时区域之间、城乡之间、传统项目与新兴项目之间、其他项目之间发展不平衡、不充分的问题都会影响到体育的发展速度与发展规模。正确处理体育事业全面发展中各种关系对解决体育发展中出现的新矛盾、促进体育发展新格局的形成具有重要意义。

四、实现体育治理能力现代化的战略措施

（一）人民是体育发展的主体，依法加强体育治理，建设体育法治

人民始终是体育发展的主体核动力，促进人民健康生活和全面发展，是体育工作的根本宗旨和归宿。努力提高全民体育工作意识和满意度，是人民积极参与体育健身活动、在体育活动中实现自我价值的动力。法治是现代治理的核心，努力打造体育法治化建设新常态。

（二）推动体育实现高质量发展

在新时代的背景下，高质量发展已成为推动国家治理现代化的关键战略支撑，目标旨在提升效率、确保公平，并具有可持续性。体育行业的高质量发展不仅是适应新发展形势的必要应对策略，也是解决当前体育领域发展不平衡和不充分的核心途径。推进体育高质量发展需要一种系统的、协同的工作方法，这要求各利益相关者共同参与，多元化力量共同作用，并实现多中心的互动合作。国家治理的核心包括深化合作精神，这同样是治国理政的基础要求。加快发展体育科教事业，不断提高体育法制水平，进一步促进体育医疗服务渗透。在发展中国特色社会主义进程中，要统筹考虑体育发展新道路，充分挖掘体育综合价值。

（三）加强党对体育事业的全面领导

体育事业就是党的事业。体育改革发展在新的发展阶段对党的建设提出了新任务和新要求。党的领导要全面覆盖各个领域，积极落实党对制度和制度建设的领导。要坚持以人为本、以人民满意为发展目标。围绕全体中国人民的共同愿望，描绘了建设体育强国的宏伟蓝图。致力于构建健全的体育治理体系，强化体育治理能力现代化的目标设定、职责使命与战略举措，为助推我国体育事业发展至崭新境界提供科学指引及实践指导。此乃中国体育产业长期稳健发展的稳固基石，并将持续推动我国体育强国建设迈向更高层次。

五、体育治理的内容

（一）推动群众体育高质量发展

优化完善全民健身组织网络，继续推进县级健身监测站建设，开展农村社区社会体育指导员培训活动，满足人民群众科学健身需求。统筹全民健身场所和设施建设，实施《国家体育锻炼标准》和《国家学生身体健康标准》，开展一系列全民健身日（月）活动，提高人民身体素质。推动全民健身智能化发展，提升全民智慧健身公共服务能力。

（二）推动竞技体育高质量发展

创新竞技体育体制机制。积极参与"三大球"发展模式，提高训练和比赛水平。

完善战备组织管理制度，建立科学合理的训练体系。建立贵州省体育训练表演中心，促进体育训练理论的应用。建设国家生态型多梯度次高原体育训练基地，建设2～3个国家单项体育训练基地。

健全现代体育竞赛竞争制度。继续办好省运会，优化赛事项目，推进现代竞赛体系建设。建立协调的项目开发机制。建设一批具有传统体育特色的学校，支持市（州）建设优秀体育学校，重点建设一批省级优秀后备人才基地，推动竞技体育后备人才体系建设、规模壮大、质量提升。

加快体育产业模式建设。加强竞赛规则监督检查，建立惩戒与预防相结合的制度，强化惩戒与问责，增强防范化解风险能力，坚决纠正体育产业不正当行为，营造廉洁积极的产业环境，促进体育健康发展。

（三）积极推进青少年体育高质量发展

积极推进青少年体育高质量发展，形成体育融合协调、建设实施新格局。推动建立有效的体育融合沟通机制，完善权责明确的工作制度，强化促进体育融合的各项保障措施，积极推动将学生身体健康纳入政府考核体系，教育行政部门和学校要稳步推进体育教学与体育实践的融合。

完善青少年体育公共服务体系。支持体育社会组织指导学校体育活动，积极推动学校节假日有序开放青少年体育设施。扩大青少年体育活动范围，鼓励和支持社会体育组织举办青少年体育赛事，努力打造一批具有影响力和品牌价值的青少年体育赛事。

（四）推动山地民族特色体育高质量发展

优化山区民族体育空间布局。充分挖掘、保护、传承、创新特色民族文化，因地制宜构建全省山地民族体育发展体系，遵循"一核六带多点"贵州国家体育旅游示范区建设。

促进户外运动发展。大力培育和发展户外运动，发展以越野跑、洞穴探险、漂流为主的体育项目集群，组织开展"多彩贵州""移动贵州""飞翔贵州"等户外活动，提高户外运动发展水平。

促进民族民间体育事业快速发展。积极开发武术、龙舟、竹筏、弩、陀螺仪、毽子、火赛等形式精彩、文化内涵独特的体育项目。通过创造性转化、创新性发展，与旅游、文化、教育、健康等业态相结合，积极推动民族传统体育进入校园，加快民族民间体育事业发展步伐。

（五）"体育+"多产业融合，推动体育产业高质量发展

建立体育产业发展体系。促进体育、文化、旅游、养生等项目开发特色产品，服务个性化体育需求。充分激发市场主体活力。鼓励大型体育赛事开拓市场，建立健全"以赛事兴市场、以市场促体育"的发展机制，综合开发利用我省独特的资源，在有条件的地区建设一批特色山地户外运动、旅游休闲示范项目，培育产业基地。全面实施贵州大数据战略，积极争取和推进贵州国家体育大数据中心建设。推动训练场、健身场地智能化升级，提高体育服务业质量效益。

（六）推动贵州体育文化高质量发展

弘扬中华体育精神和新时期贵州"团结奋进、开拓创新、拼搏追赶"的精神。围绕社会主义核心价值观，推进新时代中国特色社会主义体育文化建设。弘扬和发展优秀体育文化，深入挖掘贵州民族特色体育的文化内涵，提高体育宣传能力，搭建报纸、广播、网络、终端等多种形式的体育宣传平台，实现传播效果的最大化和最优化。

（七）建设贵州体育旅游示范区

构建民营旅游多元化发展格局。探索贵州山地民族体育旅游理论体系、经营模式标准体系和运营模式的创新。不断推进工业化、多元化的发展模式。搭建旅游特色开发平台。为满足外地游客和当地居民对体育旅游的需求，应加深体育与文化旅游、市场监管、交通等部门的合作，加快形成体育健身服务产业集群。重点建设"长征路""侠客路""阳明路""茶马路"等特色走廊，打造和推广贵州特色体育项目。

第三节　贵州体育治理结构创新

国外体育治理结构创新给了我们诸多的启示，贵州体育治理结构治理，既要放眼世界，又要因地制宜，进行创新和突破，走一条具有贵州特色的体育治理结构之路。

一、贵州体育"多中心治理"结构创新

（一）公共体育多中心治理结构探究

深化公共体育的多元化治理体系，构建一个高效的公共体育运营机制，已经成为推动体育领域改革与发展的核心驱动力和基础。

1.政府部门

体育行政部门既是我国政府职能的重要组成部分，也是体育产业运营的核心调控机构。首先，体育部门的组织架构是基于职能划分的垂直管理体系，呈现双重领导格局。其次，是纯垂直管理组织，地方政府体育部门的体制结构运行是由自上而下的"势能"驱动的。

政府体育部的职能主要有：（1）调节职能，即对体育社会行为主体和政府公共体育权威主体的调节；（2）开发功能，体育部门引导地方体育创新发展；（3）监管与协调，政府需发挥其监管职能，对体育社会组织和体育市场进行有效的监督和协调，确保其运作的效率、合法性和有序性。通过加强对体育社会组织和体育市场的规范化和法制化建设，促进体育事业的健康持续发展。

2.体育社会组织

体育社会组织涵盖了体育社区、体育民办非企业单位和体育基金会等多种类型。除官方认可的组织外，还存在大量基层群众体育组织尚未在民政和体育行政部门完成登记备案。这些体育社会组织在公共服务领域扮演着重要角色，其职能包括以下几个方面。

一是实现公共体育资源的优化配置，推动其有序合理流动；二是提供便捷的公共体育服务，促进市民体育生活的进步和发展。同时，也要充分肯定体育志愿者和公民参与体育治理的价值，充分发挥体育的群体效应。

3.市场

市场是推动治理体育发展不可缺少的力量，市场是一种交易活动的场所。市场分类有很多种，根据产品或服务提供者的条件分类，市场在体育发展中保护市场主体合法权益，维护体育市场公平竞争秩序，政府根据市场反馈信息，采取相应的治理措施，满足和平衡市场需求。

（二）公共体育"多中心治理"结构优化

1.构造创新驱动力

第一，实行灵活包容的政策。体育基金会是筹集资金支持体育事业的发展，而体育协会是聚集所有体育爱好者一起组织活动，是一个体育知识交流和学习的平台；培育体育市场多中心主体，形成推动体育发展的合力。

第二，深化体育供给侧结构性改革，提高运动能力和水平的供给侧能力，国家体育总局改革先行，分散体育机构的责任，全面深化体育管理体制改革是有效推进多主体治理的强大动力。

2.完善保障机制

首先，人力资源构成了公共体育治理的根本支柱。唯有汇聚人才，方能推动体育事业实现科学发展。其次，确保制度的一致性是公共体育多中心治理的关键要素。这要求政府在治理过程中秉持公正无偏的态度，以便维护各方利益，并为合作治理创造公平环境。制度建设不仅有助于保障各方权益，也是促进各方协同治理的基础。此外，体育管理领域亟需法治保障，法治建设旨在维护利益相关者的合法权益和义务。在法治框架下，遵循法律规定推进公共体育多中心治理，以实现治理目标。最后，运用网络等技术手段已成为推动体育多元化发展的新动力。互联网平台能够传递各类公众体育参与者的利益诉求，在治理过程中发挥着重要作用。

3.搭建交流平台

伴随着现代社会的迅猛进步，政府、社会组织以及市场私营部门的管理模式亟待与时俱进与革新。要应对体育治理的挑战，务必适应现代社会的变革趋势，构建沟通平台，探索创新的管理方式。

第一，建立沟通机制，在政府与社会组织之间畅通沟通，表达双方的利益诉求，达到体育同治的有效性。第二，信息传递，政府应使体育信息源对外开放，不堵截、不消除信息，保持信息流畅通无阻，促进体育治理的效率和效果。第三，建议各体育多中心主体通过适当途径与方式，向政府体育行政部门传达自身利益需求，以此影响体育公共政策制定。政府应整合各利益主体力量，共同推动体育事业的发展与进步。

二、新时代贵州体育治理现代化的路径

（一）持续发挥政府主导治理优势，加快体育基础设施建设

国家体育总局及地方各级体育局作为体育行政管理的核心，负责推进体育治理体系的改革和现代化。这些机构不仅担任决策和执行的角色，也是改革的参与者和直接影响者。考虑到贵州省特有的地理和资源条件，地方体育行政机构应按照公平、安全的原则进行规划，利用贵州丰富的山地户外资源，构建服务群众、便利民众的公共体育设施网络。

实现这一目标，需要系统规划和逐步建设分层次的群众健身设施网络，不断增强体育资源的可获取性，加快市（州）级"一场两馆"（体育场、体育馆、游泳馆）等关键公共体育设施的建设进程。同时，推动县（市、区）级更多的小型体育馆、公共健身中心、体育场和多功能运动场的建设，满足不同区域的需求。

针对农村居民的体育健身需求，持续推进农村体育健身设施的建设，确保乡镇和村级体育设施全面覆盖。此外，强化现有体育设施的运营和管理，提升设施使用效率。利用现代网络、信息技术及大数据，提高公共体育设施的管理和服务水平。同时，鼓励社会组织和各类社会力量参与公共体育设施的建设、管理和运营，共同促进贵州省体育事业的全面发展。

（二）培育体育社会组织主体力量，强化中介纽带作用

根据国家体育社会组织改革与发展的总体规划，我国贵州省正面临着加速体育社会组织培训和领导力提升的迫切需求，目的是提高这些组织在服务群众健身事业方面的水平和质量。以下是实现这一目标的关键步骤。

首先，必须加强省级体育社会组织的全面示范和引领作用，确保地（州、市）和县（市、区）体育总会的建设得到巩固，实现体育总会在所有县级行政区域的全面覆盖。此外，要充分发挥体育总会在各类体育活动中的核心枢纽作用。同时，体育行政管理部门需要加强对基层文化体育组织的监管、指导和服务，特别是要培养那些能够开展高质量公共体育活动，并得到民众高度满意度的基层文化体育社会组织。

其次，应引导和激励各级体育社会组织向市场化和品牌化方向发展，建立一个合理、有序的竞争与合作体系。目标是构建一个具有贵州特色的现代体育社会组织体系，这个体系应该包含多样化的类型、多元化的服务，并能够实现良好的合作与有序的竞争。

再者，需要积极推动体育协会组织的社会化发展。这意味着要加快观念和工作导向的转变，在确保体育组织发挥其公共体育服务的基础功能的同时，逐步将一些群众体育活动的承办和管理职责转移给符合条件的体育社会组织。

最后，应积极推进全民健身公共服务体系的改革，明确公共体育服务的范围、提供方式，以及资金来源等问题，确保体育公共服务的质量和可持续性。

（三）激发公民主体参与体育治理，努力促进人的全面发展

在构建体育治理体系的过程中，公民的参与发挥着至关重要的作用。为此，各级体育行政管理部门和体育社会组织应当致力于在公众中广泛传播健康和健身知识，推广新形态的健康理念，打造一个积极健康的体育健身舆论氛围和群众体育健身文化。

针对贵州省的具体情形，需要特别培育和发扬具有贵州山地民族特色的

体育文化，以此丰富全民健身的内涵。这包括塑造既体现民族特色又具有时代感的全民健身新典型，通过广泛宣传正面形象，积极传递体育的积极能量，为山地民族体育打下坚实的群众基础。

在体育实践的过程中，通过采取多样化的宣传和教育手段，不断提升公众参与体育文化健身活动的积极性和维权意识。这不仅涉及提升个人体育活动的素养，还包括增强个人对体育治理的参与感和责任感。

最终，通过这些措施，可以持续激发公民参与体育治理的主体性，推动体育治理体系的完善，促进人的全面发展和社会和谐进步。

（四）建立全省体育治理综合评价体系，增强监督反馈功能

为了全面提升贵州省的体育治理水平，我们正在着手构建一个全面的体育治理评价体系。这个体系将包括详尽的治理指标、评价标准和测评方法，确保评价的科学性和客观性。此外，将建立一个综合性的评价平台，这个平台将集合体育行政管理部门、社会组织、广大人民群众以及专家学者的智慧和经验，实现多层次、全方位的评价工作，覆盖全省各地市（州）的体育治理情况。

评价过程中，我们将充分利用传统媒体与新媒体的力量进行舆论监督，确保评价的公正性和透明度。为进一步提升治理效果，体育治理评价指标将被纳入全省精神文明建设项目的考核体系中，突出体育公共服务的重要性。同时，体育公共服务的具体内容、服务数量及质量也将成为各级体育行政管理部门绩效考核的关键部分，确保提供高质量的体育文化服务。

特别针对省内落后及农村地区，将建立一个体育公共服务优先发展机制，通过政策扶持和资源倾斜，加速这些区域体育设施的建设和服务提供，推动体育公共服务的均等化和标准化，从而实现全省体育治理水平的整体提升。这一系列措施将有效促进体育治理现代化，为广大民众带来更丰富、更高效的体育服务。

（五）健全完善体育治理法律保障，全面促进治理体系现代化发展

自1995年《中华人民共和国体育法》正式颁布实施以来，我国体育事业的发展获得了坚实的法律支撑。在这一国家法律框架的指引下，贵州省出台了一系列体育法规和政策，为本省体育事业的法治化和稳健发展提供了保障。

然而，随着贵州省经济的持续发展和社会文化水平的不断提升，现行体育法律法规面临着许多新的挑战。因此，对这些法律法规进行必要的修订和完善，成为了贵州省体育治理体系完善的关键一环。

首先，我们需要推动省人大和省法制办将《贵州省全民健身条例》的修订工作纳入立法计划，确保公民体育健身权利得到更加充分的法律保护。

其次，必须加强对相关法律法规的统筹协调。在修订《贵州省全民健身条例》的同时，应考虑到与其他法律法规的协同和一致性，包括精神文明建设、公共服务体系建设、旅游文化发展以及养老助残事业等，以实现法规间的和谐统一。

最后，建立一个覆盖全省、地（市、州）、县（市、区）、乡镇（街道）四级的体育公共管理服务执法机制和执法体系至关重要。这一机制的建立将促进行政部门和社会组织在提供体育公共服务时，更有效地预防和解决可能出现的纠纷，同时充分利用社会法律资源，为公众提供更多样化和便捷的公共体育法律、法规政策咨询和服务。

第八章　贵州体育治理新格局
机制创新

第一节　贵州体育治理形成、动力和运行机制创新

　　"创新社会治理"被确立为党的十九大报告所强调的核心改革议题之一。报告明确指出了我国社会治理的发展目标，即构建一个共建共享的社会治理格局。①在体育领域，提升体育供给的效率与质量对于满足公众需求、推动体育事业的可持续发展具有极其重要的意义。深入审视贵州省体育治理体系的现状，可以发现存在一些迫切需要解决的问题，这些问题主要涉及绩效考核、过程监督以及改革创新等关键方面。针对这些问题，结合当前社会治理体制的改革背景，对贵州体育治理的改革路径进行系统的梳理与分析显得尤为关键。通过深入探究，我们可以识别出体育治理改革的新方向，为贵州省体育治理体系的优化提供理论依据和实践指导。这一分析不仅有助于我们更好地理解贵州体育治理面临的挑战和机遇，而且对于制定有效的政策措施、推动体育治理体系和治理能力现代化具有重要的现实意义。通过改革，可以进一步提高体育治理的科学性、系统性和有效性，促进体育公共服务的均等

① 打造共享共建的社会治理格局[EB/OL].https：//news.gmw.cn/2017−10/23/content_26573619.htm.

化和标准化，实现全省体育治理水平的整体提升。

一、新时代我国体育治理的经验审视

为实现国家宏观战略目标，努力找出传统体育管理模式中体制机制的弊端，打破体育利益固定的壁垒，促进中国体育治理现代化。

体育治理存在的问题主要表现为：政府的意识形态与体育治理改革不完全兼容；体育管理体制与体育治理改革之间存在着一定的矛盾；体育管理的方法和手段不适应体育治理的改革；多学科能力与体育治理改革的需求存在一定差距。

我国体育管理领域当前面临的挑战极为复杂，随着城镇化、信息化、市场化的深入发展，以及全球化的加速，体育管理环境日益多变。这种变化背景下，信息技术的快速进步、人口结构的变化以及公众体育兴趣的多样化转型，都极大地影响了体育领域的需求与发展。因此，我国的体育矛盾也日益显示出多样化、层次化和深入化的特征，这为体育治理的改革和现代化建设提出了更为严峻的要求。[1]

二、贵州体育治理形成机制创新

体育治理机制定义了在治理活动中所采用的权力运作框架和制度设置。这一机制不仅反映了治理过程中各参与方的权力结构，也展示了多元化主体在体育治理中的参与方式。体育治理的多方面内容包括但不限于主体培育和激励两大机制的构建，这些机制是支撑有效体育治理的关键要素。

---

[1] 王凯.新时代体育治理体系与治理能力现代化建设的政府责任[J].体育科学，2019（1）：12-19.

（一）塑造体育治理形成机制

1.主体培育机制

构建与发展体育领域的主体培育机制是一项系统工程，它包含观念转变、引导参与、培育主体及建立信任等四个关键层面。

首先，必须对现有的理念进行调整。这意味着要摒弃过时的管理观念，转而采用合作治理的理念，以此作为体育治理改革的引领力量，推动体育治理工作向更高效、更开放的方向发展。

其次，鼓励社会各界积极参与体育治理工作。体育治理不仅是政府的职责，也是社会各界共同关注的公益事业和公共事务。政府在此过程中扮演着宏观指导的角色，需要构建一个广泛的参与机制，这是体育治理体系建设的基石。

第三，积极培育体育治理的主体，如体育俱乐部、体育协会和体育服务机构等社会组织，以完善体育治理的主体结构。通过有效的宣传教育，激发公民的参与意识，引导他们积极投身于体育治理之中。

最后，建立信任是实现有效体育治理的前提。信任的建立是多个治理主体协同合作、共同管理体育事务的基础。为此，需要完善体育治理的相关法律法规，为制度信任提供坚实的基础。同时，通过简政放权，提高政府体育治理工作的效率和透明度，增强政府的公信力。

此外，还需推动社会信用体系的建设，通过宣传诚实守信的典型案例，提高公众的诚信意识，共同营造一个正直、透明的社会信用文化环境。

2.动力机制

体育协同治理局面的构建及其治理效能的发挥，依赖于强大的动力机制作为推动力量。这一动力主要源自三个方面：利益驱动、政府驱动以及目标驱动。

首先，利益驱动是推动协同治理的主要动因。在体育治理过程中，不论是政府机构、社会组织还是教育机构，他们虽然在参与方式上有所不同，但共同的目标在于保护和提升各自的核心利益。因此，构建有效的利益协调机制，确保各方利益不受损害，同时提升治理效率，实现利益最大化，是体育协同治理的重要任务。

其次，政府驱动是推进体育协同治理现代化的关键。政府应积极转变职能，推动体育治理体系和治理能力现代化。通过优化政府及其管理机构设置，减少不必要的行政审批，增强体育公共服务和治理能力，同时强化政府对体育发展水平的监督职能。此外，政府还应积极鼓励社会组织、学校和公民个人参与体育锻炼治理，为他们赋予相应的治理职能，共同为体育治理贡献力量。

最后，目标驱动是激发体育活动参与者积极参与协同治理的内在动力。在体育治理中，体育活动的参与者扮演着关键角色，他们的积极参与是提高治理效能和发挥协同优势的关键因素。治理主体需要深入探索与理解参与者的动机和需求，准确地连接他们的需求、动机与行为，通过塑造需求和加强动机，来激励他们的参与行为。此外，体育教师和其他相关治理者应该创造有利的环境，满足并推动参与者的活动需求，从而形成一种强大的动力，促使参与者积极投身体育锻炼和共同治理过程。

综上所述，体育协同治理的动力机制涵盖了利益驱动、政府驱动和目标驱动三个方面。只有充分发挥这些动力的作用，才能推动体育协同治理局面的形成和治理效果的发挥。

（二）提升协同治理形成机制

1.诉求表达机制

在体育协同治理的过程中，由于各治理主体在信息、资源和能力上的差异，可能会导致意见表达和利益争夺的不均衡。为了确保所有治理主体在地位上的平等，并平衡这些差异，构建一个完善的协同治理诉求表达机制显得尤为重要。

这一机制的建立旨在鼓励和激发各治理主体，特别是那些治理能力相对较弱的主体，积极参与到治理文件的起草工作中。通过亲身参与，这些主体可以更直接地推动法律法规的制定、治理政策的实施以及监督工作的执行。为此，需要建立并畅通参议制、参议制机构以及参与治理的有效渠道。

同时，现代网络信息技术的应用对于打破传统管理中的信息壁垒至关重要。通过构建一个集治理信息发布、意见表达、信息共享、监督及报告等多功能于一体的网络互动平台，可以促进体育协同治理主体的多元价值观和利益诉求得到充分的表达和沟通。

这样的平台不仅能够提高治理的透明度和效率，还能够确保各治理主体，无论其规模大小或能力强弱，都能在体育治理中发出自己的声音，从而实现更加公平、开放和包容的体育协同治理。

2.沟通与协调机制

体育治理的有效运行与治理效果的实现，均离不开多个治理主体间顺畅且高效的沟通与协调。这不仅是消除主体间误解与摩擦、建立稳固信任关系的基石，更是推动体育治理体系向前发展的必要条件。为确保沟通协调机制的成功建立，以下三个方面尤为关键。

首先，信息共享是体育协同治理的基础。构建一个高效的信息共享机制对于准确捕捉和传达基层体育治理中的挑战、多元价值观以及各方的利益诉求至关重要。这一机制的核心在于利用现代信息技术平台，以及电子邮件、即时通讯等多样化的信息交流工具，以实现信息资源的全面共享和高效利用。此外，通过优化业务流程，确保信息流、工作流和责任流之间的协调一致，可以构建一个由政府、社会组织、学校以及公民共同参与的协同治理信息系统。这样的系统将促进治理信息的顺畅传递和有效交互，增强治理主体之间的沟通与合作。

其次，信息沟通。在信息共享的基础上，各治理主体需结合自身的价值观念和利益诉求，通过面对面的对话与协商，或非面对面的虚拟网络沟通，充分交流意见，汇聚集体智慧，以达成思想和行动上的共识。治理决策的制定应在尊重差异、寻求共识的原则下进行。

最后，领导协调起着至关重要的作用。正如雅诺什·科尔奈指出的，任何涉及多个个体或组织的活动都需有一种协调形式。在传统的社会主义制度中，国家通常采用强有力的领导协调机制来确保活动的顺利进行。[①]

体育多主体协同治理的有效实施，依赖于一个高效的协调机制。在我国现有的体制机制下，领导协调机制被视为一个合适的选择。但需要明确的

① 周定财. 基层社会管理创新中的协同治理研究[D]. 苏州大学，2017：237.

是，领导协调机制并非意味着政府单方面行使权力，而是通过行政干预以外的多种手段来平衡各主体之间的关系。核心在于选择适当的协调者来引导整个过程，这通常是基于每个参与主体在其专业领域内的权威性和专业性。这些协调者可能是政府机构、社会组织、教育机构，或者是由积极参与的公民组成的特别委员会。领导协调机制在充分理解治理的复杂背景和潜在冲突的基础上，灵活运用经济、行政、法律、共识和道德等多种手段。这样的机制有效地协调多方资源，合理分配权力和责任，以及平衡各方利益，从而有效解决冲突并增强整体的治理效能。

三、新发展格局下贵州体育产业治理现代化动力机制创新

促进体育产业链现代化可以实现体育产业高质量发展和大流通。政府持续释放政策红利，注入大量经济社会资本，为体育产业发展带来新的机遇。在体育产业政策等因素的影响下，不同地区的体育产业与相关产业基于竞争与合作的需要，形成具有连锁经营能力的经济关系。要大幅提高体育产业链的运营效率，不断提高体育产业链的附加值、关联度和可控特性，需要在基于外部政策环境的内外部激励机制背景下形成双循环，加快体育产业现代化步伐。[①]

（一）终端需求动力

作为体育服务和体育产品的终端需求，对于推动体育产业链的现代化发挥了重要作用。提高需求端质量不仅增强了高质量体育服务和产品的表现效果，而且引起了中低端与高端产品价格的相对变化。此外，这一变化也对产

---

① 黄谦，谭玉姣，王铖皓，等."双循环"新发展格局下体育产业高质量发展的动力诠释与实现路径[J].西安体育学院学报.2021，38（3）：297—306.

业链上游企业的生产策略和终端产品的制造过程产生了影响。在需求品质不断提高的牵动下，终端产品制造商为了更好提升消费者的效用水平，将侧重于创造新的体育产品、新业态和新模式。

（二）生产要素提供动力

产业技术的进步使得产品与服务流动性增强，从而极大地拓展了体育市场的空间。此外，这种变革还改变了体育产业链的原始禀赋结构，推动了产业形态的更新，以适应新的发展格局。

需求端质量的持续提升对体育产业的发展具有深远的影响。首先，它直接推动了体育服务和体育产品的效用水平提升，意味着消费者对更高品质体育产品的需求不断增长。这种提升不仅促进了体育服务和产品的优化，同时也对市场上优质产品与中低端产品之间的相对价格产生了重要影响。

此外，需求端的变化还作用于产业链的上游企业，影响其生产决策和终端产品的制造。企业需要根据市场需求的变化，调整生产计划，引入新技术，提高产品质量，以满足消费者对高品质体育产品的追求。

同时，需求规模的扩大与体育产业内部市场潜在利润空间的大小紧密相关。当市场潜力增大时，会吸引更多的微观主体进入市场，增加市场竞争的激烈程度。这种竞争有助于推动行业内的创新和优化，促进体育产业的整体健康发展。

互补性需求的出现将进一步推动体育产业链的深度融合。例如，体育赛事的举办可能带动体育旅游、体育传媒等相关产业的发展，形成产业链上下游的良性互动。这种融合不仅影响消费者的体育偏好结构，还促进了体育产业链现代化水平的提升，为体育产业的长远发展奠定坚实基础。

（三）产业协同动力

体育产业链的现代化发展着重于推动上下游环节的协同，以及主体、环节与环境的同步。通过激发产业链的内在动力，实现个体与整体之间的有序进化。

（四）市场竞争动力

在体育产业链条中，竞争不仅发生在提供同类服务或产品的企业之间，也存在于不同环节的同类型产业链之间。特别是在体育服务和产品同质化趋势日益显著的背景下，同一产业链中的企业竞争显得尤为激烈。

为了推动产业链的健康发展，关键在于构建一个合理而协调的竞争机制。产业链的全面动态性和内在复杂性为其中的合作与竞争关系提供了基础。动态性作为企业竞争的一个基本特征，要求产业链内各参与主体能够迅速适应并有效应对系统中出现的不确定性和变化。

产业链中的竞争与合作机制主要受到以下几方面的驱动：技术需求、可持续发展的需求、市场的需求以及整体产业环境。在当前体育消费需求日益多样化，以及供给侧结构性改革不断深化的大背景下，跨行业的融合模式，如"体育+旅游""体育+健康"等，已经成为企业竞争和发展的新焦点。

四、贵州体育治理运行机制创新

（一）创建"共建共享共治"的体育治理新格局

在党的十九大报告中就对社会治理提出了新的要求，核心是"构建共建共治共享的社会治理格局"。体育管理也是如此。体育管理体制改革自提出以来已历经40余年，然而在贵州乃至众多省份，改革成效并不显著。这主要源于政府职能转变的力度尚待加强。在实际体育运营过程中，政府并未充分发挥后续服务的作用。绝大多数竞技体育运动皆由政府主导并提供，然而投入与产出的效益并不相符。

（二）构建法治与德治相结合的体育治理体系

（1）法律制度作为体育治理改革的基础保障，对现代化体育治理的实现具有重要意义。在这一过程中，多元化的主体需参与体育治理的各个环节，同时将法治、德治与自治相结合，以实现体育治理秩序的规范化，确保高效治理成果。作为民主社会的象征，法治为对话协商提供坚实基础。

（2）德治对促进体育治理改革具有重要作用。就体育治理来说，德治是具体改革的重点。因此要提高对道德治理的认识程度，最大限度发挥道德治理在体育治理中的引领和"靠山"作用。

（三）创新激发活力与提升效率的体育治理手段与方法

各个行业的信息化水平在互联网和信息技术的持续发展下不断提高。在提供服务时，为处理好当下体育服务供应难以量化、记录以及监督和分析的问题，可结合最新的NB-IoT技术、ICT技术和云计算技术等，从而使体育治理大体上能够满足现代治理体系的开放性和快速反应性要求。

（四）创新协作模式，形成多元合力，提高体育治理能力

当前，在贵州体育治理改革的关键阶段，核心任务在于政府职能的转变，即由管理者向"指挥者"的角色蜕变。在这一转型过程中，政府需积极推动市场力量与社会力量的协同进步，进一步促使我省体育治理改革从必要性迈向现实可行性。现阶段，我们主要需关注以下三个方面：（1）政府与市场之间实现合理协作，逐步推进我省体育治理市场化进程。（2）为了尽快实现我省体育治理的"支持性"社会化，所以政府应该与体育社会组织联合进行创新和突破。（3）政府还应该与大众进来良性互动，从而实现省级体育治理的"平民化"。

（五）重塑体育权利结构，完善体育治理格局，促进体育治理"对话"

在体育治理领域，面对主体多样、对象复杂及环境多变的情形，实现有效治理的关键在于促进"对话"。为此，建立从上至下的政策传导体系和分级负责的反馈执行机制至关重要，这将加强部门间的协同治理。此外，我们需要打造一个新的体育治理框架，其核心特征包括规章制度、区块间的连接与合作，

以及社会层面的协调。在当前阶段，尤其需要聚焦以下两个重要工作领域。

（1）推动体育管理体制扁平化运行实施。

（2）继续下放体育管理权。

目前，有三个问题需要解决。首先，要确保政府在体育治理中的核心地位，做好推进体育治理改革现代化的工作。其次，在体育治理体系中，明确政府、体育市场以及体育社会组织的角色定位至关重要。这要求我们清晰划分三者的活动领域，确保各自的职责和权限明确无误，从而有效预防体育治理过程中可能出现的垄断现象。最后，针对贵州体育治理的横向问题，需要采取优先解决的策略。这涉及根据体育发展的实际需求和各部门的具体职责，实施有针对性的集中管理，避免资源分散和重复劳动，减少"多头并举"所带来的效率低下问题，有效降低治理成本，提升治理的整体效率。

值得注意的是，这并不意味着体育部门要在治理过程中孤军奋战。相反，我们鼓励相关部门在体育现代化治理的框架内，建立和维护一种新型的合作关系。在这种关系中，各部门应避免相互制约，同时保持密切配合，通过持续的对话和沟通，协调各方的立场和利益，形成协同效应。

（六）规范机制制度，保证执行效果，优化体育治理"保障"

我国体育发展的基石在于满足人民日益增长的物质文化需求，提升人民生活品质。在充分考虑本省社会经济发展实际的基础上，迫切需要在法治框架下构建绩效评估机制和问责机制。这一机制的建立将有助于提升体育治理的质量和效率。

在传统的体育管理模式中，管理的核心往往集中在程序规则和过程控制上。这种做法可能导致体育管理机构和工作人员过分关注于执行上级指令和遵守既定规则，而忽视了对服务对象应尽的责任。为了解决这一问题，建立和完善体育责任追究机制显得尤为重要。

此外，为了激励各方面力量参与体育治理，应进一步设立激励认同机制。通过政策支持、税收优惠、资金援助和金融扶持等手段，为市场主体、社会力量以及公众参与体育治理提供坚实的保障。这将有助于营造一个有利于大众参与体育治理的社会环境，促进体育治理的社会化和民主化。

第二节 体育治理联动、协同、竞争机制创新

一、贵州体育治理联动机制创新——以社区体育为例

（一）城市社区体育的"三社联动"治理

中国的城市社区相较于西方而言，其产生与发展进程较晚。在社区管理的早期阶段，分级管理成为了一种显著的特点。具体来说，"社区体育治理"涉及居委会、社区体育组织以及群众体育组织在民主协商的基础上，共同参与公共体育事务的管理。这一过程不仅包括制度化的外部管理，也涵盖了非制度性的内部管理，其目的是建立一个公开、透明、灵活、高效，并且制度化和完整的多元治理体系。[①]在社区体育治理的演进和探索过程中，通过促进多个社会组织的有效联动，即采取"三个社会组织联动"的模式，社区体育治理得以逐步完善。

城市社区体育"三社联动"治理的核心目标是运用专业人才，激发居民参与体育活动的热情。通过体育治理主体间的相互协作与沟通，提升了城市社区体育资源开发的内生积极性。这一举措对于推动城市社区体育事业的繁荣发展，以及提升公众体育参与度具有积极影响。

（二）城市社区体育治理联动创新

1.提升智慧城市社区体育治理水平

互联网技术在现代城市社区体育治理中扮演着举足轻重的角色。它不仅

① 陈金鳌，张林，徐勤儿，等. 城市社区体育治理主体角色的缺失与回归[J].体育文化导刊，2015（12）：16-20.

加速了经济的发展和信息的快速流通，还促进了体育治理模式从传统的"网格化管理"向更为先进的"网络化治理"转型。数据平台技术的应用为社区体育的持续进步和创新提供了智能化的支撑。

在当代城市社区中，居民们有更多样的方式和更广阔的空间来表达自己的运动偏好和需求，同时也更容易建立起运动群体间的联系。与过去以血缘关系为纽带的乡村社会相比，城市社区的社会联系更多建立在地理位置的接近和产业的关联上。随着数据技术的进步，利益关系的跨界构建变得日益明显和便捷。

当众多治理主体和社区居民掌握了更多的体育信息收集渠道和互动平台时，体育治理的效率自然而然得到了提升。网络化治理模式的融入，不仅满足了治理主体多元化的需求，也满足了社区居民参与体育活动的愿望。

城市居民通过网络平台建立了基于相同体育兴趣的社群，这不仅促进了体育信息的交流，还极大地提高了居民参与体育活动的积极性和热情。网络化和智能化的社区体育空间建设，为推动群众体育的普及和发展提供了坚实的社区基础和保障。

2.情感治理将推进城市社区体育治理多元主体的功能耦合

全球化、现代化、一体化进程的加速推动了城市化的迅猛发展，使得城市社区的规模不断扩大。城市社区居民构成的多样性和复杂性日益凸显。在城市经济飞速发展的背景下，生活压力不断加大，现代城市中人与人之间的关系呈现出冷漠化和疏离化的趋势，导致居民对参与社区体育的积极性不高。这在一定程度上影响了居委会干部的行政工作力度。

在进行社区工作时，应充分考虑理性因素，避免感情用事。原生情绪治理作为一种基本的非战略性治理机制，有助于营造良好的社区情绪氛围，节约情绪资源，并为工具性情绪治理创造有利条件。通过策略性地运用情绪来解决实际问题，有助于提升社区工作的效果。

在城市社区体育治理中，情感治理的引入显得尤为重要，它有助于更有效地融合各利益相关方的力量和资源。通过情感治理，可以促进不同主体和要素之间的功能整合，从而提高治理的整体效能。这种方法强调的是在治理过程中对公众情感需求的深入理解和尊重。

居委会在体育资源配置和治理策略制定过程中，应更多地从社区居民的情感视角出发，而不仅仅是基于表面的反应或数据评估。这意味着，居委会需要主动听取社区成员对体育设施和活动的感受、期待与建议，并将这些情感反馈融入治理决策中。社会体育工作者进行指导和技能传授，并非追求功利性的评价要求和社区标准，而是致力于将体育知识传授给社区居民，提升他们的体育热情。

（三）体育治理联动运行机制创新

1.社会体育组织——核心联动

社区体育组织在社区开展群众性体育活动，形成横向网络，并通过多方的联系，比如县、区体育社会组织与市、省、国家体育社会组织的联系等，形成垂直的网络关系。

2.社区居委会——宏观指导

在我国现阶段，社区居委会是小区和相关部门的组织机构，承担着众多任务和工作。同时，各市区之间还要展开交流与合作。此外，社会体育指导员协会需深入社区，旨在为社区提供专业服务，并最终构建适应新时代的社区体育治理模式。

3.社会体育指导员——开展具体工作

社会体育指导员队伍在构建群众体育组织方面发挥着关键作用，同时，他们还能融入各类社会体育组织以及整个群众体育组织网络体系。

（四）构建社区体育"三社联动"的策略创新

随着社会体育组织的兴起，它们在实际操作中面临了诸多挑战，尤其是在推动各项工作的有效性上存在缺陷。为了解决这些问题，政府部门应采取更为积极的社会治理策略，推进深层次的改革。这包括简化行政流程，将更多的权力下放给社会，实现政府与社会组织的明确分离及管理与运营的分离，从而使社会体育组织能够更加独立和全面地展开其运作。这种改革旨在激发社会体育组织的活力，促进其在体育推广与发展中发挥更大的作用。

当前，我国社会体育工作者正逐步实现职业化。然而，在群众体育领域，人力资源尤其是体育管理人才供应严重不足。为实现社会体育工作的专业化，有必要针对性地制定培养计划，改革高校社会体育专业人才培养体系，以满足"三社联动"运行模式下岗位的特殊需求。为实现社会体育指导员的专业化发展，应对现有社会体育指导员制度进行相应调整。

组织多维协作。社区体育组织模式之"三社联动"为全民健身网络体系建设提供了新的参照。各级政府部门全力支持各社会体育组织，分工合作，使其布局全国社区体育网络，打通各个环节，采取市场化运作和激励制度，充分发挥各方力量为群众体育服务。

基于项目的支持。通过众多项目的运营，势必促进广大公众对体育的了解和参与。从供给侧发力，按照项目运营管理理念推动活动。根据体育赛事本身的特点，组织大众喜欢的体育赛事活动。

二、贵州体育治理协同机制创新

自党的十九大以来，我国体育管理体制正在积极响应国家对现代化治理体系和治理能力的全面提升要求，由传统的自上而下的管理模式转向更加开放和参与性强的治理模式。这种转型是深化体育管理体制改革的核心内容及增强我国体育治理能力的关键步骤。基于此，从多元化主体广泛参与、体育治理协调发展的视角，对贵州体育治理现状进行深入剖析显得尤为重要。

地方体育治理的核心在于坚持"现代性、人民性、公共性"的原则，通过协调、协商、合作的方式，充分激发各类主体的活力与创造力，推动贵州体育治理模式的现代化转型。

（一）充分发挥各类体育社会组织的协同作用

随着经济的蓬勃发展、社会持续进步、文化交流日益加深以及政府改革不断深化，体育社会组织迎来了广阔的成长空间和发展机遇。当前，体育社会组织的发展不仅得益于政府层面的大力推动，也受到了社会各界的广泛支持，展现出迅猛发展的态势和广泛的社会覆盖。

在政策的引领和政府的有力支持下，体育社会组织已经取得了令人瞩目的进步。它们在一定程度上能够有效地填补政府和市场双重失灵所留下的治理空白，发挥着不可或缺的作用。体育社会组织在促进政府职能转变、整合体育资源，以及增强政府与社区之间的互信等方面，扮演着重要角色。

鉴于此，培育和发展体育社会组织已经成为体育治理领域的一项紧迫任务。在政府与社会分别推进改革的大背景下，体育社会组织的协同作用在提升国家体育治理能力和推动体育治理现代化的过程中显得尤为重要。

（二）多元主体协同治理

多元主体协同治理意味着为不同的治理参与者寻找最合适的管理方法，这些方法需满足三个基本要求。

首先，确保所有参与方的利益得到满足。选择的治理模式必须能够平衡并满足所有相关方的利益，使得与职业体育发展有关的治理主体能顺利参与到治理体系中，避免相关治理主体因机会主义行为而被剥夺其权利，确保多元治理主体与政府保持良好的合作关系，优化政府和多元治理主体的激励，促使多元治理主体的目标达到最优化。

第二，多元主体利益的制度安排。多元主体协同治理并不是让多元主体都分享政府的利益，因为这样会使多元主体利益难以平衡，最终导致没有人负责结果。因此，在涉及多种主体且治理层级较低的情形中，协调的可能性提高，集体决策的成本降低，这使得该制度安排在实际执行中更加高效。[①]

第三，关于治理成本的控制。在确保多元主体利益得以充分体现的前提下，需要将治理成本控制在合理范围内。这些成本主要包括：交易成本，指与政府或其他利益相关方的治理活动相关的成本；监控成本，即监督管理者和其他治理主体的开销；机会成本；集体决策成本，特别是在多元主体利益存在冲突时，达成共识所需的成本可能较高。因此，在选择治理策略时，应在保护各方利益的同时，努力将这些成本维持在可接受的水平，确保治理效

① 刘美玉.企业利益相关者共同治理与相互制衡研究[D].东北财经大学，2007.

益能够覆盖这些成本。

多元主体治理模式的选择取决于多元主体与政府之间关系的特性。根据治理主体与政府之间是否存在有效契约，可将治理主体划分为两大类别。

在体育治理中，可分为两类治理主体。第一类是具有合同的治理主体，如俱乐部、社会组织等。它们依据合同规定承担相应的权利和义务，合同的法律约束力使其经济利益关系得以形成。然而，鉴于合同的完整性程度各异，这些治理主体对政府施加影响的方式和方法也不尽相同，它们或通过不同途径对职业体育运作产生影响。对于那些存在不完全契约的治理主体，它们主要依靠政府的内部治理机制来保护自身的利益并对管理者的行为进行约束；相对地，拥有完全契约的治理主体则更多地通过市场机制、法律法规等间接手段来影响治理决策。第二类治理主体则不存在合同关系，但其利益受政府影响，例如公众。

在政府治理中，治理主体的参与方式可以被明确区分为两种类型：交易合同型治理和公共合同型治理。

交易合同型治理：这种治理方式进一步细分为两种情况，参与内部治理的交易合同治理，治理主体通过参与到政府治理的内部机制中，利用交易合同来实现自身利益；不参与内部治理的交易合同治理：在这种情况下，治理主体并不直接参与政府的内部治理，但仍通过交易合同的形式与政府进行互动，以维护和推动自己的利益。

公共合同型治理：当治理主体面临无法通过交易合同实现自身利益的情况时，他们将转向公共合同形式的治理。这种形式通常涉及更广泛的社会和公共利益，而不仅限于个体治理主体的利益。

换言之，治理主体在选择参与治理的方式时，会基于合同的完备性来做出决策。如果存在能够充分保障其利益的有效合同，治理主体倾向于选择交易合同型治理。相反，如果合同不完全，无法覆盖所有潜在的利益点，治理主体则可能选择公共合同型治理，以确保更全面的利益实现。

对于拥有不完全合同的治理主体，他们可能会选择更深入地参与政府的内部治理，以便更直接地影响决策过程，从而保护自己的利益。而那些拥有完全合同的治理主体，则可能更倾向于通过市场机制来进行外部治理，因为这样可以更有效地利用市场力量来实现其目标。

（三）健全协同治理保障机制

协同治理的本质是根据行动者的意愿和目标的变化而适时调整，但在实际的社会互动中，偏离和变异是难以避免的，因此，在理论上虽有完美的执行，实际操作中往往难以达到。[①]因此，构建科学和合理的监管及问责机制是提高治理效能的关键。

（1）监督机制

协同治理的实质是一个动态的、演进的过程，随着参与者目标的多样性和行为的可变性，治理活动往往面临着多种挑战。因此，确立科学和透明的治理监管与问责机制，显得尤为关键。

在青少年体育锻炼协同治理体系中，确立有效的监督机制是至关重要的。这不仅要求明确各参与方的责任，还需建立一种互相制衡、相互激励的环境。具体来说，监督机制的构建应从以下几方面入手。

首先，拓宽监督渠道。应鼓励社会各界参与，通过民主的方式监督政府和体育机构的行为[②]，同时保障公众的知情权和媒体的监督自由，建立有效的网络和舆论监督体系。

其次，设立独立的监督机构。考虑到现有的治理体系中存在的利益关联问题，应当成立独立的监督机构，以保证监督活动的权威性和独立性。[③]

最后，制定绩效评价标准。通过建立动态的、科学的绩效评估体系，不仅要量化监督结果，还要确保评价过程的公平性和透明性，让评估结果能够得到社会的广泛认可和监督。[④]

---

① [匈牙利]雅诺什科尔奈. 社会主义体制：共产主义政治经济学[M]. 张安译. 北京：中央编译出版社，2007：214.

② 西宝，陈瑜，姜照华. 技术协同治理框架与机制——基于"价值—结构—过程—关系"视角[J]. 科学学研究，2016，34（11）：1615-1624.

③ 赵彦志，周守亮. 多元嵌入视角下科研组织的网络治理与创新绩效关系[J].经济管理，2016，38（12）：170-182.

④ 张成福，李昊城，边晓慧. 跨域治理：模式、机制与困境[J].中国行政管理，2012（3）：102-109.

（2）问责机制

建立一个科学和合理的问责机制是提高体育协同治理效率与成效的核心部分。为此，我们需要按照决策权和权力分配明确地界定各个治理主体间的责任，构建一个高效的问责系统。在这一系统中，责任不应在纵向或横向之间互相推诿。基于"共同责任"的原则，我们应明确各方的责任承担和执行问责的机制。[①]

此外，增强问责的力度不容忽视。问责范围应扩展到不仅仅是学校校长，还包括地方党政领导和所有相关职能部门。通过实施"学校监督"与"行政监督"的双重机制，可以确保治理活动沿着健康的发展轨迹推进。同时，对学校校长、地方政府及相关部门的主要负责人，我们应加强监督和问责力度，通过"督学"和"督政"的措施确保治理行为的正常运行。对于在治理政策执行过程中出现的拖延、偏离、敷衍及抵制等行为，必须坚决问责并严肃处理。

最后，应当建立终身问责制度。对于那些违法及违规的行为，必须持续保持零容忍政策，实施终身追责，这是重塑问责严肃性和强化其严厉性的关键。

三、体育治理竞争机制创新

（一）竞争机制的释义

竞争机制在商品经济中是最重要的经济机制。其反映了市场与竞争活动之间的联系，如供求关系、价格变动、资本和劳动力流动。竞争机制充分发挥和发展的标志是优胜劣汰。

竞争机制在市场经济的运行和发展中发挥着重要作用，主要表现于以下

---

① Amsler L B, Sherrod J Accountability forums and dispute system design[J].Public Performance Mangement Review, 2017, 40（3）: 529-550.

三方面：（1）为了实现价值规律的功能和要求，因而转化商品的个体价值为社会价值，以及将商品的价值以价格的形式表现出来。（2）可以促使生产者改进管理和技术，因而提高劳动生产率。（3）为使生产与需求相适应，它还能促使生产者根据市场需要筹划生产。

在体育治理领域，竞争机制是一种优胜劣汰的机制，建立区域财政收支协调制度，通过中央财政转移支付资金、区域政府财政资金和社会福利资金的协调，跨行政组织和协调机构根据申报的最佳项目选择、分配管理资金；建立区域体育企业和区域体育社会组织服务水平考核年检制度，形成竞争氛围，激发社会参与需求。

（二）竞争机制与协作机制相辅相成

在体育治理的过程中，既要发挥竞争机制，形成竞争有序的市场体系，建立差异化竞争模式，完善各类相关利益主体的激励机制，促进体育事业发展的活力竞相迸发。同时也要建立协作机制，协调体育主体各方利益，优化后备人才培养模式，提高体育部门、教育部门、社会组织、市场主体的协同性。

在传统举国体制背景下，不同利益主体缺少合作。体育资源比如教练员、康复师等可以随着赛事直接调动给所需运动队伍。而目前体育事业参与主体多元化，如企业、事业单位、社会组织和个人，有着不同的利益目标。因此在运动科研攻关、队员的复合团队建设、运动队联合市场开发、科技服务团队组建等活动中，企业坚持经济利益最大化的原则，重视品牌推广与知识产权保护；而科研单位和体育院校等事业单位有自己的科研和教学任务，害怕在帮助运动赛事科技研发过程中耽误自己科研进程；社会组织由于名气和资金等实力不一，项目的市场化进程也不同，成绩排名存在较大差异；个人则更多考虑自己的择业发展、薪资待遇、名誉名声以及职称评定问题。因此，上述组织难以形成相同的目标和建立共同体。进入社会主义市场经济新阶段，这样集中力量办大事的优势无法有效施展；而且当前资金和人才供给主体的多元化，政府也支持和倡导发挥多方的力量，参与到运动员的选拔、培养和保障工作中来，利用不同资源组建的省市的后备体育人才队伍，采用相似甚至相同的组织方式、训练模式和形式化的协作关系，加剧了市场竞争而非合作。

一方面，形成竞争有序的激励格局。政府应当制定相关的研发激励和产业引导政策文件，简化和规范化行政程序，通过政府购买公共服务、省内体育赛事、体育先进技术和组织评比的方式，促进各类科研院所、企业、和社会组织能够利用自身的力量与优势，开展跨团队、跨学科的研发活动、人才培育、赛事举办等的竞争活动，充分发掘各方主体的优势与活力，规范各单位责任，提高体育服务业市场化程度，建立充满活力、有序竞争的市场网络。重视市场秩序与规则的建设，保障所有市场参与者能够依法依规具有平等的参与资格与竞争机会，在竞争中激发多元主体的资源和专长，从体育设施器材的制造与销售、体育场馆和基础设施建设、体育基地展馆运营、体育表演、人才培训、健身休闲等产业链、供应链环节开展广泛而有序的竞争，促进体育市场的繁荣发展，朝着共同目标促进资源的一致性协调，最后达成优势体育资源的发现、挖掘、集成、决策与升值等多个维度的效益，完善贵州体育经济市场和促进成熟的产业化发展。

利益相关者的积极参与对于提升产业创新能力、优化资源配置、降低成本以及提高工作效率具有显著作用，进而强化了创新驱动发展的产业保障能力。为此，构建一个灵活、竞争力和创新性兼具的项目团队，建立新型的公私合作伙伴关系至关重要。借助运动项目分析研讨会的平台，通过正式或非正式的"联盟"等形式，将政府部门、科研机构、企业和社会组织等共同利益群体汇聚一堂，增进政府与私营部门间的信任，强化沟通，推动双方的信息共享与知识交流，形成协同合作的环境氛围，促进更多的生产性合作。

此外，通过更加规范、广泛和互惠的信息交流与交换，建立利益相关者在先进技术、专业术语和思想理念上的共识，推动大中小企业的融合发展，开展技术创新并解决问题，从而提升谈判与合作的效率，促进体育科技的试验与创新。同时，政府部门和体育行业的领军企业需积极履行社会责任，为民营企业提供技术支持与指导，鼓励民营企业、体育院校和科研机构就重大政策问题和需求提出宝贵意见和建议。这将增强政府对市场主体的响应性，推动相关领域的合作探索方式，共同应对创新驱动发展的挑战，以合作强化抵御能力，支持构建稳定、可持续的创新驱动体育发展环境。

在新的发展阶段，充分发挥新型全民新体制优势，这不仅有利于提高科技创新，还可以促进我省经济发展质量，有利于应对外部环境中的各种风险和挑战。这是现代体育治理体系和治理能力建设的重要要求。需要指出的是，未来在社会主义市场经济条件下，完善新型全民体育体系需要继续加强三个方面的内容：第一，坚持党的领导，坚持政府在组织协调方面的主导作用，构建多主体竞技合作参与体系。第二，处理好政府与市场的关系。既要有效发挥政府的作用，更要重视市场在资源配置中的决定性作用。第三，构建竞争共享的新发展观，开拓利用国际市场，不断完善生产要素和创新要素分配机制。充分显示中国特色社会主义集中力量办大事的制度优势，为建设体育强国目标提供强大动力。

第三节　体育治理利益分配机制、奖励机制、保障机制创新

一、利益分配机制创新

（一）体育赛事经济收益分配机制的理论解析

从利益相关者的视角出发，对体育治理领域的经济收益分配机制进行深入审视，需要构建一个供应链框架，将各方利益主体纳入分析之中。在体育治理的演进过程中，经济收益的分配机制正逐步从集中式管理向创新驱动的自发发展制度转变，赋予了俱乐部更大的自主权。

在这一博弈过程中，俱乐部的角色经历了显著的转变：从最初只能对联赛收益分配产生有限影响，到现在能够参与到联赛收益分配的决策和机制设计中。尽管如此，目前仍有部分体育赛事的利益相关者未能建立起稳固的合作伙伴关系，俱乐部在收益分配的决策过程中仍然缺乏足够的发言权。此外，体育协会在联赛收益分配中的权责界限也不够明确，迫切需要建立一个

更为合理的分配机制。

鉴于目前尚未形成一个多方利益相关者共同参与治理的体系，利益均衡尚未实现，因此，体育协会与俱乐部之间关于收益分配的博弈还在继续。为了推动体育赛事（体育活动）经济收益分配机制向更加合理的方向发展，关键在于重新设计收益分配机制，以实现利益的均衡，确保体育协会和俱乐部都能获得更多的潜在利益。

首先，体育协会应当执行宏观层面的管理职能，避免直接作为市场利益主体参与竞争，而是在公平、公正、公开的原则下，扮演好"裁判员"的角色。这样做不仅能够防止体育协会因控制权而获得超额收益，还能保证其对体育团队保持适度的控制力度，并推动体育赛事从政府主导向政府引导转变，吸引更多的社会和市场因素参与其中。

其次，应当根据各利益相关者投入的专用性资产的多少以及承担风险的大小，来确定合作收益的分配原则。

最后，在体育赛事利益博弈主体地位逐渐平等的基础上，进一步提升主体的多元性。引入独立董事机制是一个可行的方案，这将确保体育赛事的运营既能符合体育协会的目标，又能防止赛事大股东因"越位"而获得不合理的收益。[①]

（二）体育产业利益相关者群体分化

在当今社会行政和经济体制改革深入进行的大背景下，体育产业已经成为新时代经济发展的关键领域。它不仅支持新型城镇化建设、推动体育产业的转型升级和供给侧结构性改革，还满足了广大人民群众日益增长的健身需求，发挥着多重社会经济功能。为了深入理解体育产业各相关方之间的利益冲突，并协调这些冲突以促进产业的持续发展，有必要系统地研究体育产业的利益结构、各利益相关者以及他们的利益诉求。这种研究将有助于揭示并

---

① 梁伟. 中国足球超级联赛控制性股东的控制权收益研究：基于对超控制权收益的理论认识[J]. 天津体育学院学报，2012，27（1）：54-57.

解决产业发展中的关键问题，推动体育产业健康、有序地向前发展。

1.以国家利益为核心的各级政府及体育相关职能部门

在当前贵州省推动经济高质量发展、缓解社会不平衡不充分发展的背景下，各级政府及体育职能部门以国家利益为核心，扮演着体育产业发展的主导角色。政府通过制定宏观发展战略、政策，引导社会和市场的规范化发展，并通过财政金融政策的宏观调控，促进社会资源的合理配置，解决市场本身难以解决的问题。

2.以个体利益为核心的业主

"以人为本"是我国及贵州省体育特色产业建设的核心价值导向，重点在于满足体育产业所有者在生产、生活、生态三方面的需求。体育产业的所有者是体育特色产业建设的重要参与者。因此，体育特色产业的发展与当地居民的生产生活利益及生态环境保护紧密相关。贵州省体育特色产业的构建遵循"政府引导、企业主体、市场运作"的创新模式。

为贯彻"以人为本"的发展理念，政府在体育特色产业建设中应首先加强公共基础设施建设，确保居民基本生活需求和公共体育健身需求得到满足。企业则应根据体育特色产业的具体需求，为当地居民提供专业培训，既为居民提供就业机会，促进区域经济发展，又为企业提供必要的劳动力支持。

在体育特色产业的建设实践中，还需重视本土体育文化的传承与保护，注重文化生态的维护和地理环境的生态建设。这不仅有助于保持文化特色和居民的社会归属感，还能通过文化与建筑的融合，促进体育特色产业的长期可持续发展。

（三）利益分配机制创新

1.明晰产权制度

明晰产权制度，产权清晰，不仅有利于降低交易成本、平衡利润分配，更有利于保障联赛健康运行，因此，明确和建立合理的产权制度对体育经济运行具有重要意义，鉴于此，构建一套权益分配公平、职责清晰、监管有效的现代产权制度显得尤为重要。针对此，我们提出以下具体对策：一是要规范产权主体结构，确保权益分配的合理性；二是在管理体系上，撤销体育协会对俱乐部的直接管理权限，释放俱乐部的自主发展空间；三是在组织架构上，支持俱乐部根据自身需要自下而上组建职业体育联盟，并由联盟直接负责各俱乐部的日常运营；四是赋予职业体育联盟联赛的所有权、经营权、剩余价值索取权和收益权，由其负责联赛的市场运营和开发工作。通过上述措施，我们期望产权结构得到优化，利益相关者之间的关系得以进一步协调，从而推动整个行业的健康发展。

2.完善利益分配制度

利益分配的不均衡是导致利益相关者关系失衡的关键因素。为优化分配制度，首先需健全收益冲突的调节机制。其次，可借鉴国际经验，在收益分配上，根据利益相关者所承担的风险程度及投资额度制定分配原则，设定各利益相关者间的合理利益比例，以防利益分配失衡和不公现象的出现。最后，针对利益分配权力的分散问题，可通过重新界定和划分利益分配权益，完善相关利益保障制度，以"政府推动、市场主导"的方式进行利益重新分配。在此过程中，政府作为中立方，肩负维护公平正义、保护弱势群体权益、协调利益相关者关系及行为的重任，确保利润分配方式及结果符合广大利益相关者的期望。

3.组建体育特色产业"双轨"利益分配机制，创新多元利益分配方式

在现代社会，一个科学合理的利益分配机制对于推动产业的持续发展至关重要。对于贵州体育特色产业而言，构建一个包含政府和社会体育利益的"双轨"体系是关键。这一体系需要综合考虑政府层面的宏观调控与社会体育利益的微观分配，以及体育特色产业中各利益相关者的具体分配情况。

在社会体育利益分配层面，利用当前政治和经济体制深化改革的机遇，逐步实现城乡体育发展的均衡供给。这不仅能够强化体育利益对贫困地区的补偿机制，还能够促进体育特色产业建设中城乡之间、区域之间的利益均衡。

对于体育特色产业中各利益相关者之间的利益分配，应采取多元化的分配方式。鉴于当地居民的利益主要集中在生产、生活和生态三个方面，政府需要与企业和社会各界共同努力，打造一个既适合商业发展又适宜居住的特色体育产业环境，体现对"人本"理念的深刻关怀。

4.逐步健全体育利益表达机制，加强多元主体补偿能力，建立体育利益补偿机制

随着计划经济遗留问题的影响减弱，我们的社会经济结构已实现快速发展，但体育领域的发展仍显不均衡，特别是在竞技体育与群众体育、城乡体育、省区体育及社会阶层体育之间。为了应对这些挑战，建立一个健全的体育利益表达机制至关重要。我们需要加强多元主体的补偿能力，建立体育利益的补偿机制。这不仅能有效地缩小各体育领域之间的发展差异，也是"以人为本"的体育特色产业建设的核心需求，以及体育产业与体育事业和谐发展的基本准则。通过对弱势群体利益诉求的理解和补偿，可以实现体育利益的公平再分配，从而推动整个体育产业的均衡发展。

二、体育治理奖励机制创新

（一）我国体育现有行政奖励机制现状和问题

1.我国体育行政奖励机制现状

近年来，国家政策对体育产业的扶持力度不断加大，体育行政奖励作为激励体系中的重要组成部分，起到了显著的推动作用。例如，安徽省和江苏省为有突出贡献的运动员提供几十万元的奖励。

然而，体育产业的激励政策尚存不少问题。目前，多数激励措施更多地以政策建议而非具体实施细节出现，使得实际物质奖励的界限模糊不清。此外，随着市场环境的快速变化，激励政策显示出一定的不稳定性，影响了体育产业的长远发展。这种不稳定性还导致体育行政奖励机制在与体育投资的博弈中往往处于不利地位。因此，为了更有效地推动体育产业的持续发展，迫切需要对现有的体育激励政策进行深化改革，增强其稳定性和透明度。这样的改革不仅有助于激发运动员和教练员的积极性，还能为体育产业的整体提升提供坚实的政策支持。

2.竞技体育行政奖励突出

地方行政部门领导业绩的重要考核指标是金牌总数，竞技体育成绩则具

有明显的政治效果，奖励机制在制度建设上存在一些缺陷，如强调单一奖励，这导致了竞技体育在中国的快速发展，中国已然成为体育强国。

3.群众体育行政奖励法规匮乏

目前，我国体育行政管理部门尚未出台专门的奖励制度针对此领域，仅有部分地方政府如大连市体育局，制定了如《大连市区市县群众体育、竞技体育、体育产业工作百分考评细则》①的奖励措施。尽管我国存在《中国成年人体质测定标准》和《全民健身纲要》等相关法规，但在实际执行中，尚未有相应的奖励制度出台。②

4.学校体育行政奖励制度基本缺失

尽管我国已经出台了《学校体育工作条例》《在校学生体育工作规范》《实施办法》等多项法律法规，针对学校体育管理的研究表明，学校体育奖励制度的缺陷仍然显著。这些制度在理论上为学校体育工作提供了框架和指导，但在具体实施过程中，行政激励机制的不足显然成为了阻碍学校体育健康发展的关键因素。

（二）根据博弈论的体育行政奖励机制阐述

1.博弈论的基本思想

博弈论，也被称作对策论，是一门专注于研究博弈主体行为特征的学科。它聚焦于那些决策主体行为相互直接影响的场景，分析决策者的特性，探讨在特定情境下为实现既定目标应采取的策略选择，并揭示决策后各主体达到的均衡状态。

2.体育事业行政奖励和体育产业之间的利益博弈

在体育领域的行政奖励体系中，可以观察到生物学中的类似现象，即各个参与者如同生物体中的细胞，他们的自利行为对群体目标的实现具有重要

---

① 仓江，张丽彦.辽宁省大众体育管理体制及运行机制的特色[J].武汉体育学院学报，2005（7）：29.

② 陈孝平.论东西方大众体育发展的共同点及发展趋势[J].解放军体育学院学报，1996（4）：12.

影响。在体育行政奖励的博弈模型中，奖励通常分为物质奖励和精神奖励。理想情况下，若奖励设置得当，各方都能达到更高的效益，进而实现均衡状态。然而，受到资源限制和非理性的物质回报风险的约束，实现这一均衡状态往往需要政府的宏观调控和市场监管的支持。

如果体育事业和体育产业主要依赖精神奖励，那么重视精神奖励的一方可能因为这种奖励的非实物性质而无法满足基本的生存需求，从而只能得到有限的实际利益。在现有的体育行政奖励机制中，由于资源的有限性，政府往往将物质资源投入到具有政治展示意义的体育产业中，而对体育产业的激励则更多依赖于精神奖励和政策法规的指导，这种偏向可能会损害到博弈的均衡效果。

（三）体育治理奖励机制创新

经分析，两大障碍制约了体育企业博弈困境及体育产业行政奖励模式所带来的奖励机制平衡，分别为体育资源局限性与体育市场竞争权的垄断。为摆脱博弈困境，应对这两大障碍展开积极改革与探索。

针对体育行政奖励机制，我国需对其主体结构进行优化完善。在此过程中，适当地将权力下放至市场，以防止权力垄断导致的寻租现象。在表彰体育精神时，应实施分类与分级制度。当前的体育体制改革须遵循我国体制改革的基本原则，具体到我省，创新体育行政激励制度改革的实施策略如下。

首先，体育行政部门要对体育产业和体育事业的发展进行有效干预，对体育行政奖励机制进行创新，以及使体育市场机制的作用得以调动；其次，设置合理规范的体育产业和大众体育指标体系，制定更合理适用的体育行政奖励机制。在奖励政策方面，我们采纳了"重任厚奖"的理念，专注于对尚未充分发展的体育领域进行革新，利用政府部门的策略优势，以加速体育服务业的快速扩展及其相关产业的增长。改革的步骤选择了渐进式实施，以缓解体育事业与体育产业之间的不一致问题。在这一过程中，"权力引导体育"与"财富体育"的相互促进可见成效。然而，改革也可能触发一些非预期的矛盾和冲突，导致初期的实施效果并不完美。因此，目前的体育体制改革仍然需要体育行政部门的深入参与和协调。改革的关键在于创新体育行政奖励机制，逐步推动体育体制的整体改革。

经过数十载的发展，我省竞技体育事业的辉煌成就离不开省级体育行政奖励制度的鼎力支持。这一制度不仅激发了运动员的斗志，也在国际舞台上赢得了无数荣耀，为体育事业的进一步壮大播下了希望的种子。然而，体育产业的蓬勃发展亦带来了新的挑战，竞技体育与体育产业之间的不平衡发展以及体育事业内部的诸多问题逐渐显现，亟待我们深入探讨并寻求改革之道。目前，贵州省竞技体育、学校体育以及群众体育之间存在的发展不均衡问题，其根源在于体育行政奖励机制的不完善和不公正。此外，我省体育资源主要集中在体育行政部门和事业单位手中，体育体制改革也需遵循渐进式原则。因此，为优化体育总体布局结构、打造"体育强省"，我们必须调整并创新体育行政激励机制，特别是要重新分配竞技体育、学校体育、群众体育和体育产业在奖励体系中的权重。同时，实施体育行政奖励制度的关键在于构建群众体育、学校体育和体育产业的量化核算指标体系，以确保奖励的公正性和有效性。

三、体育治理保障机制创新

所谓保障机制，系指为管理活动提供必要精神及物质支持的机制，系按照其功能特性所划分出的概念范畴。

（一）体育治理主体的保障机制

在体育供给机制方面，政府和市场各具特色，承担着不同的职能和责任。政府在保障基础体育服务和公平访问方面起着关键作用，而市场则在提高服务效率和创新能力方面展示其优势。为了有效整合这两方面的优势，建议建立一个成熟且多样化的协同治理体系。这一体系应当包括多元的参与主体和灵活的治理机制，以促进政府与市场在体育供给上的合作，确保体育服务的高效、广泛供给。

1.供给主体创新

在体育领域，随着社会经济的变迁，体育赛事正在从传统的公共产品转变为准公共产品。这一转变要求我们重新审视和调整政府与市场的角色。首先，政府职能应从"全能政府"向"有限政府"转变，更注重成为一个服务导向型的政府。其次，应鼓励私营企业和市场力量通过税收优惠等激励措施进入体育行业，建立一个多元化的供给体系。此外，明确这些市场参与者的产权，确保他们在体育领域的可持续投资和经营。

政府还需要促进体育管理和运营的管办分离，通过委托代理的方式将管理职责交由具备相应权益的组织来执行。同时，应当推动体育俱乐部、社会体育组织与政府机构之间的合作，以构建一个包括生产、经营和监督在内的协作模式。在这种合作模式下，还需要建立一个全面的利益协调和监督机制，以平衡不同供给主体之间的利益，并有效约束和监督各方的行为，防止资源滥用和不正当竞争。

通过这种多元化和协作的供给框架，体育产业可以更好地融入国家的社会经济发展大局，同时也能够更有效地满足公众日益增长的体育需求。

2.建立有效的激励机制

在赛事服务产品的供应体系中，若缺乏有效的激励机制，很可能导致参与各方的积极性不足，从而影响整个赛事服务的质量和效率。因此，在建立职业多元主体协同治理保护机制的过程中，一个关键的环节是设计和实施一个高效的激励机制。这样的机制能够显著促进不同主体之间的协同合作，提高赛事服务的整体效能。

3.建立民主监督机制

鉴于我国职业体育法律体系尚不健全，社会力量参与职业体育供给过程中难以避免出现"暗箱操作"现象，从而对正常运行的职业体育造成破坏，引发诸多丑闻。因此，为降低投机事件发生概率，建立规范的监管机制至关重要，确保各供给主体之间实现平等合作。一方面，针对"市场失灵"问题，需要强化政府监督职能；另一方面，政府应加强内部及外部监督，秉持维护公共利益原则，对供给主体实施约束与监督。此外，加大对供给过程的监管力度，在引入市场导向机制以提高赛事服务产品效益的同时，防范权力寻租与腐败现象。因此，构建多层次监督体系，全面覆盖供给主体，如公众监督、舆论媒体监督等，以确保职业体育健康发展。

在体育治理的市场导向机制中，俱乐部确实以盈利为目标，而政府则需适应并满足公众需求的变化。在这一过程中，建立有效的民主监督机制显得尤为重要。首先，应设立机制以确保赛事服务产品消费者的需求得到听取和尊重，从而增强消费者在赛事服务决策中的声音。这包括设立反馈和建议平台，让消费者能够自由表达其期望和需求。

此外，体育治理也应采纳"自上而下"与"自下而上"的双向决策流程，这样可以更好地反映和满足消费者的需求偏好。这种双向机制不仅能增进政府与民众之间的互动，也促进企业和社会体育组织在提供更符合市场需求的服务产品方面的紧密合作。

最终，这样的治理模式能够确保体育行业的健康发展，使其更加响应市场变化和消费者需求，同时也增强体育赛事产品和服务的质量和多样性。

（二）公共体育服务治理保障机制

1.对相关配套政策法规进行优化，提高公共体育服务的多元保障

为确保全民基本体育权益的实现与提升，需要对现行的公共体育服务政策法规进行全面优化。这包括加强制度的权威性与执行力，确保基层组织者能够严格执行政策，并有效防止政策的虚置。此外，政府应根据不同地区、城乡差异和社会阶层的具体需求，及时调整和更新相关政策法规。

在具体实施层面，各地政府部门需遵循国家政策的大方向，同时考虑当地的经济、文化和体育发展水平，制定符合地方特色的公共体育服务实施细则。这些细则应涵盖体育设施建设、体育活动组织、社会体育指导、体育信息推广、体育社团支持及体质健康监测等多个方面。同时，政策应加强对社会弱势群体的特别关注，如制定对边缘群体和特殊人群的扶持政策，以及优化对个人或小团体举办全民健身活动的激励与支持机制。

2.完善贵州地区公共体育服务分层治理资金保障机制

（1）公共体育服务的相关专用资金可以根据财政收入的变化而形成相对应的比例增长；（2）对贵州省社会企业投资公共体育服务减税免税，提高企业自身投入生产和服务的积极性；（3）激励各地区的商业银行努力进行金融

创新，发展抵押融资和发行债券等产品，努力向国家银行争取贷款项目，获得更多国家支持；（4）实现体育公益彩票更大比重投入民生项目，促进当地体育场地建设和服务。

（三）体育产业治理保障机制创新

1.提高要素利用效率，优化要素投入结构

要推动体育产业高质量和可持续发展，必须超越传统依赖于劳动力和自然资源的生产模式，提高资源利用效率并优化要素配置。首先，提高体育产业链与人力资本之间的协同效益是关键；其次，增强体育产业与现代金融服务的结合，利用区块链、物联网、人工智能和5G技术，为体育产业提供服务平台，改善中小微体育企业的融资结构；最后，培养引领市场的核心体育企业，利用其社会资本和网络效应，提高整个产业链的效率。

2.优化政策保障，推行产业链现代化导向型政策

为了应对体育产业链现代化的战略需求，优化政策保障至关重要。我们需要充分发挥政策的潜力，加快现代导向型产业政策的出台。这包括：（1）制定创新政策以强化核心企业的领头羊角色；（2）通过政策手段提升体育产业链的整体运作效率。

3.保护体育产业链利益，设立监督激励机制

确立体育产业链的监督激励机制也是保护产业链利益的关键措施。这涉及对产业链中每个环节实施有效监控与激励，建立针对商誉、价格、贡献和订单的激励机制，并设立透明的监督机制以保障整体利益，防止信息不对称和潜在的利益冲突。

在当前经济向高质量发展转型的背景下，体育产业的结构正在优化，供给侧结构性改革深入推进，区域体育产业布局也在完善。在这样的发展基础上，深入探讨体育产业链现代化的策略、实践路径及驱动机制，对于推进体育产业的大循环、促进地区健康发展以及提升产业整体质量具有重大意义。

（四）建立科学完善的多元监督机制，实现对政府、企业和体育社会组织的有效监管

要确保政府、企业以及体育社会组织在提供公共体育服务方面的合作高效且监管有力，就必须实施一套科学和有效的监管机制。目前，如杭州和深圳等城市已经开始通过地方性法规，加强对公共体育服务供应主体的职能、行为和供应成效的监管，这一做法为其他地区提供了借鉴。

在现有的监管框架中，存在如监管主体过于单一、监管能力有限、缺少针对性监管对象以及缺乏综合性监管体系等问题。因此，构建一个多元化的监管机制对于确保公共体育服务供应主体行为的规范至关重要。

首先，监管体系需要实现内部与外部监督的有效结合。内部监督主要是政府优化自身职能部门的监督机制，涉及项目立项、采购流程、资质审查及资金使用等方面，形成一个快速反应的监督机制。同时，体育社会组织和企业也应通过完善内部管理、培养专业人才和标准化流程等措施，增强自我监管能力。外部监督则侧重于政府、企业与社会组织之间的相互制衡，并鼓励公众作为服务需求者，积极参与服务评价和监督，以实现监督机制的全面覆盖和有效运作。

其次，必须建立严格的责任追究机制。监督的目的在于发现并解决问题，因此，一旦政府人员、企业或社会组织的行为违反了法律、法规或合同约定，应立即采取措施，并严格追责。所有的处理结果应记录并与相关人员或组织的年度考核相挂钩，以此来保证公共体育服务的质量和效率。

最后，应通过信息技术加强公共体育服务的透明度和监督的便利性。政府、企业和体育社会组织应共同努力，建设公共体育服务项目的评价平台，通过该平台发布服务相关信息，实现服务质量的可追溯性和公众的广泛参与。这不仅有助于优化服务，也能提升公共体育服务系统的整体效能和信任度。

参考文献

[1]柳桂云.我国体育非营利组织治理机制研究[M].武汉：武汉理工大学出版社，2020.

[2]纪成龙.中国省级体育行政部门治理能力评价研究[M].南昌：江西人民出版社，2020：139-196.

[3]张保华.中国特色职业体育的政府治理与路径选择[M].广州：中山大学出版社，2020：100-126.

[4]郑芳.基于要素分析的职业体育治理结构研究[M].杭州：浙江大学出版社，2010.

[5]曾维和.创新乡镇社会管理：一个复杂系统的分析框架[J].社会科学，2013（4）：35-39.

[6]曾昭懿.我国体育传媒产业跨越式发展思路探讨[J].吉林体育学院学报，2017，33（06）：26-29.

[7]柴茂.洞庭湖区生态的政府治理机制建设研究[D].湘潭大学，2016.

[8]陈春明，刘希宋.基于混沌理论的耗散结构组织研究[J].学术交流，2004（6）：53-55.

[9]陈道裕，赵国华，张丹丹.我国竞技体育人才多元化培养方式的协同发展研究[J].中国体育科技，2015（4）：16-20.

[10]陈贵松.森林公园利益相关者共同治理研究[D].北京林业大学，2010.

[11]陈洪玲.现代治理视域下新时代社会主要矛盾论析[J].湖南科技大学学报

（社会科学版），2018，21（1）：84-90.

[12]陈慧敏，宋月国.经济学视野下不同类型奥运竞技生产组织利弊评析[J].体育学刊，2013，20（3）：20-24.

[13]陈金龙.发展中国家走向现代化的中国经验[J].思想理论教育导刊，2017（12）：12-16.

[14]陈凯.粤超联赛品牌建设的理论与实证研究[D].北京体育大学，2013.

[15]陈立基.体育新观念[M].北京：北京体育大学出版社，2009.

[16]陈林会，邹玉玲，宋昱，等.外控与自律双重缺失下竞技体育异化的必然及控制研究[J].西安体育学院学报，2011，28（1）：45-49.

[17]陈民.基于院长负责制的公立医院治理结构研究[J].中国医院，2011（2）：21-24.

[18]陈述飞.基于利益博弈视角的城市治理研究[J].中共南京市委党校学报，2014（4）：46-50.

[19]陈伟明，郑芳.职业体育发展与地方政府介入之研究[J].浙江体育科学，2011，33（1）：1-3+30.

[20]陈伟胜，张喆，李斌.恒之有道：广东足球的史经子集[M].广州：暨南大学出版社，2016.

[21]陈曦.职业网球制度研究[D].北京体育大学，2013.

[22]陈宜泽.中国和英格兰职业足球管理体制的比较研究[D].北京体育大学，2006.

[23]陈玉忠.论当代中国体育核心价值：兼论社会主义核心价值体系在体育领域的具体化[J].上海体育学院学报，2013，37（1）：44-48.

[24]陈运来.江苏省业余足球联赛经营与管理研究[D].扬州大学，2010.

[25]陈志勇.试论水务行业特性[J].厦门科技，2010（5）：41-44.

[26]程卫波，唐绍军.论竞技体育可持续发展中科技代价的合理性[J].体育文化导刊，2006（8）：52-54.

[27]崔爱迪，张玉超.我国体育赛事新媒体转播权市场开发困境与策略研究[J].辽宁体育科技，2018，40（2）：28-30.

[28]崔鲁祥.中国职业体育利益相关者分析及协同治理：职业篮球、足球实证[D].北京体育大学，2012.

[29]崔新建."有中国特色社会主义的文化"初探[J].北京师范大学学报，1992（1）：88–92.

[30]戴永冠，罗林.竞技体育举国体制分析：兼论后奥运时期举国体制发展[J].体育学刊，2012，19（5）：54–58.

[31]戴永冠.竞技体育举国体制分析：兼论奥运时期举国体制发展[J].体育学刊，2012，19（6）：1–4.

[32]邓弋青.善治目标下的中国政府行政改革[J].云南行政学院学报，2003（5）：39–42.

[33]丁涛，李勇.中国足球产业发展的现状、问题及对策[J].北京体育大学学报，2003（6）：731–733.

[34]丁一.中美职业体育俱乐部与城市互动关系的比较研究[D].上海体育学院，2013.

[35]董进，战熠磊.新常态下扩大体育消费的动因与路径[J].学术论坛，2016，39（10）：87–91.

[36]董群.我国职业体育俱乐部产权及解决对策[J].体育与科学，2007（2）：60–61.

[37]董瑛.权力结构优势与治理效能转化规律研究[J].人民论坛·学术前沿，2018（6）：45–55.

[38]杜宝贵，隋立民，李泽昊.优化中国高等教育治理结构进程中应正确认识的几个关系[J].中国冶金教育，2017（6）：106–110.

[39]杜光友.我国职业体育体制改革研究[D].华中师范大学，2006.

[40]杜凯.金融创新视角下政府与市场的边际界定[J].浙江金融，2017（12）：17–23.

[41]杜英歌.我国国家治理体系结构复杂性分析[J].北京行政学院学报，2016（2）：35–40.

[42]段夫贵，孟治刚.治理视角下的公共行政改革[J].山东行政学院山东省经济管理干部学院学报，2004（6）：12–13.

[43]顿日霞.利益相关者共同治理模式研究[D].青岛大学，2005.

[44]范如国.复杂网络结构范型下的社会治理协同创新[J].中国社会科学，2014（4）：98–120.

[45]范文敏，厉国威.关于加强农村宅基地流转评估的探讨[J].新会计，2014（7）：6–7+20.

[46]范泽龙.自贡市业余足球联赛开展情况的利弊分析[D].成都体育学院.2012.

[47]方平.新发展理念推进现代化经济体系建设[J].企业经济，2017，36（12）：13–14.

[48]付光辉，安春晓.集体经营性建设用地入市利益相关者共同治理研究[J].安徽农业科学，2016（33）：191–193+244.

[49]付玉培.广东先行呼吁中国足协完善协会体系[EB/OL].https://sports.qq.com/a/20121218/000589.htm，2012–12–18.

[50]改革助推民间足协来了——刘孝五将绣球抛给中国足协[EB/OL].http://sports.sina.com，2016–12–23.

[51]高立.论公共产品概念之厘清[J].黑龙江科技信息，2013（35）：287.

[52]施雪华，方盛举.中国省级政府公共治理效能评价指标体系设计[J].政治学研究，2010，（2）：55–66.

[53]曹惠民.地方政府治理型绩效评价中的公民参与研究[D].兰州大学，2013.

[54]卢晖临，李雪.如何走出个案——从个案研究到扩展个案研究[J].中国社会科学，2007，（1）：118–130+207–208.

[55]杨桦.深化体育改革推进体育治理体系和治理能力现代化[J].北京体育大学学报，2015，38（1）：1–7.

[56]杨桦.论体育治理体系的价值目标[J].北京体育大学学报，2016，39（1）：1–6.

[57]范叶飞，马卫平.体育治理与体育管理的概念辨析与边界确定[J].武汉体育学院学报，2015，49（7）：19–23.

[58]王邵励.从"体育管理"到"体育治理"：改制背景与内涵新创[J].成都体育学院学报，2015，41（5）：7–11.

[59]任慧涛.论体育治理理念[D].江西财经大学，2016.

[60]刘盼盼.体育智库建设与体育治理体系和治理能力现代化[J].体育学刊，2015，22（1）：19–22.

[61]姜南，陈洪.国家体育治理现代化背景下高校体育智库建设研究[J].武汉体育学院学报，2016，50（9）：22-26.

[62]陈林会.挑战与超越：基于中观视角的体育治理创新[J].体育与科学，2016，37（5）：47-54.

[63]董红刚.职业体育联赛治理模式：域外经验和中国思路[J].上海体育学院学报，2015，39（6）：1-5+10.

[64]郑芳，杜林颖.欧美职业体育联盟治理模式的比较研究[J].体育科学，2009，29（9）：36-41.

[65]袁春梅.我国体育公共服务效率评价与影响因素实证研究[J].体育科学，2014，34（4）：3-10.

[66]邵伟钰.基于DEA模型的群众体育财政投入绩效分析[J].体育科学，2014，34（9）：11-16.

[67]张瑞林，王晓芳，王先亮.基于平衡计分卡的全民健身公共服务绩效管理[J].成都体育学院学报，2013，39（1）：8-13+21.

[68]周丽珍，宋灵燊，张国梅.构建上海市区县体育局绩效评估指标体系[J].体育科研，2011，32（4）：79-84.

[69]张凤彪.基于结构方程模型的竞技体育公共支出绩效评价研究——25个省、自治区、直辖市的实证分析[J].体育科学，2015，35（2）：31-40+53.

[70]夏崇德，陈颇，殷樱.竞技体育可持续发展的综合评价体系研究[J].北京体育大学学报，2007（11）：1564-1566+1570.

[71]周凯，吕万刚，聂应军，等.我国城市社区体育文化评价的指标体系[J].武汉体育学院学报，2012，46（8）：54-60.

[72]邱雪.体育强国指标体系的创建[J].中国体育科技，2010，46（1）：10-14.

[73]刘美桂."体育强国"评价指标体系的构建[D].武汉体育学院，2014.

[74]王智慧.体育强国的评价体系与实现路径研究[D].北京体育大学，2014.

[75]易剑东，舒竞，朱亚坤.运动会排行榜的局限与中国体育政绩评价的改革思路[J].武汉体育学院学报，2015，49（5）：5-12.

[76]董红刚，易剑东.体育治理评价：英美比较与中国关注[J].武汉体育学院学报，2016，50（2）：25-31.

[77]李详.我国22省体育部门网站政务信息公开现状分析[J].中国体育科技，2012，48（6）：132-136.

[78]董夏子.我国省级体育政府网站研究[D].上海体育学院，2014.

[79]邱旭东，刘文浩，梁效平，等.我国体育信息化建设现状及对策研究[J].中国体育科技，2013，49（5）：134-138+145.

[80]尹龙，陈小玲，司虎克，等.我国政府体育部门网站规模与影响因子分析[J].体育科研，2011，32（4）：96-99.

[81]芮宝宣，司虎克，李芳，等.基于链接分析的我国省市体育局网站信息特征研究[J].上海体育学院学报，2009，33（5）：62-66.

[82]易剑东，任慧涛.事权、财权与政策规制：对中国体育公共财政的批判性阐释[J].当代财经，2014（7）：21-32

[83]宋亨国.我国体育行政主体的分类研究[J].武汉体育学院学报，2013，47（12）：12-17.

[84]王斌.外国体育行政管理体制比较研究[J].体育文化导刊，2008（2）：104-106.

[85]张成福.信息时代政府治理：理解电子化政府的实质意涵[J].中国行政管理，2003（1）：13-16.

[86]蒋洪，刘小兵.中国省级财政透明度评估[J].上海财经大学学报，2009，11（2）：50-58.

[87]段国华，后向东.政府信息公开：成效可观未来可期[J].中国行政管理，2014（6）：9-13.

[88]鲍明晓，李元伟.转变我国竞技体育发展方式的对策研究[J].北京体育大学学报，2014，37（1）：9-23+70.

[89]朱汉义.我国财政体育投入效能实证分析[J].上海体育学院学报，2015，39（1）：12-17.

[90]杨强.体育产业与相关产业融合发展的内在机理与外在动力研究[J].北京体育大学学报，2013，36（11）：20-24+30.

[91]杨越.我国体育产业现状与未来发展重点分析——基于三次全国经济普查的调查研究[J].体育科学，2015，35（11）：24-29.

[92]王占坤.发达国家公共体育服务体系建设经验及对我国的启示[J].体育科

学，2017，37（5）：32–47.

[93]周志忍，蒋敏娟.中国政府跨部门协同机制探析——一个叙事与诊断框架[J].公共行政评论，2013，6（1）：91–117+170.

[94]俞可平.中国治理变迁30年（1978—2008）[J].吉林大学社会科学学报，2008（3）：5–17+159.

[95]蓝志勇，陈国权.当代西方公共管理前沿理论述评[J].公共管理学报，2007（3）：1–12+121.

[96]周晓丽.新公共管理：反思、批判与超越——兼评新公共服务理论[J].公共管理学报，2005（1）：43–48+90–93.